Herzig/Schach
Juristenausbildung in Berlin

Juristenausbildung in Berlin

Die Ausbildungsvorschriften in der Neufassung 1985
mit Erläuterungen

Zweite, neubearbeitete Auflage

von

Manfred Herzig

und

Klaus Schach

1985

Walter de Gruyter · Berlin · New York

Ltd. Senatsrat Manfred Herzig,
Präsident des Justizprüfungsamtes Berlin

Vorsitzender Richter am Landgericht Klaus Schach,
Referendarausbilder

Die 1. Auflage ist im Kulturbuch-Verlag, Berlin, erschienen.

CIP-Kurztitelaufnahme der Deutschen Bibliothek

Herzig, Manfred:
Juristenausbildung in Berlin : d. Ausbildungsvorschr. von 1985 mit Erl. / von Manfred Herzig u. Klaus Schach. – 2., neubearb. Aufl. – Berlin ; New York : de Gruyter, 1985.
1. Aufl. im Kulturbuch-Verl., Berlin
ISBN 3-11-010473-3
NE: Schach, Klaus:

Printed in Germany.

Satz: Arthur Collignon GmbH, Berlin 30
Druck: Ludwig Vogt, Berlin 61
Bindearbeiten: Lüderitz & Bauer GmbH, Berlin 61

Vorwort

Die Geschichte der Ausbildungsvorschriften für Juristen ist höchst wechselvoll. Solange man zurückdenken kann, wurde die Juristenausbildung in Deutschland für reformbedürftig gehalten. Die Anstände sind ein Spiegelbild der Kritik am Juristen schlechthin, zumeist an dem im Staatsdienst. Das besondere Interesse, das die Art und Weise der Ausbildung junger Juristen findet, kommt nicht von ungefähr. Juristen hatten schon immer nicht unerheblichen Einfluß auf Staat und Gesellschaft. Ihre Bedeutung nimmt in einem immer komplizierter werdenden, in allen Lebensbereichen verrechtlichten Staatswesen eher noch zu. Kein Wunder, daß die Vorstellungen darüber, was in welcher Form in der Ausbildung vermittelt werden soll, höchst unterschiedlich sind. Sie hängen teils vom Zeitgeist ab, teils aber auch vom ideologischen Vorverständnis des Kritikers. Die Betonung juristischer Dogmatik und Rechtsanwendungstechnik auf der Grundlage der sogenannten Kernfächer des Rechts erscheint dem einen als unabdingbare Voraussetzung juristischer Schulung, dem anderen höchst suspekt. Gesetzestreue muß sich nicht selten gegen den Verdacht des blinden Rechtspositivismus, der Anpassung an herrschende Strukturen und der Autoritätsgläubigkeit verteidigen, eine Hypothek aus der Zeit der NS-Justiz, an der noch lange zu tragen sein wird.

Verfolgt man die jüngere Geschichte der Juristenausbildung zurück, wird man feststellen, daß sie nicht zur Ruhe gekommen ist und jede Neuerung den Keim einer Reform bereits in sich trug. Dabei ist die Entwicklung keineswegs gradlinig verlaufen, sondern eher als Wellenlinie zwischen Reformeuphorie und Rückbesinnung. Nachdem mit dem Zusammenbruch 1945 die Zuständigkeit für Angelegenheiten der Ausbildung und Prüfung wieder auf die Länder übergegangen war, hat keine Ausbildungsordnung in Berlin ihr zehnjähriges Bestehen erreichen oder überdauern können. Mit jeder Reform sind die Regeln, nach denen Juristen ausgebildet und geprüft werden, detaillierter und komplizierter geworden. Diese – wohl zwangsläufige – Entwicklung kontrastiert zur Situation nach dem Kriege, als der Ausbildungsbetrieb ohne verläßliche rechtliche Grundlagen gleichsam provisorisch aufgenommen werden mußte, weil auf die Justizausbildungsordnung des Reiches vom 4. Januar 1939 (RGBl. S. 5) wegen des in ihr teilweise zum Ausdruck kommenden nationalsozialistischen Gedankenguts nicht mehr zurückgegriffen werden konnte und eine Reaktivierung der Regelungen von vor 1933, wie sie dem die Umgestaltung des deutschen Gerichtswesens betreffenden Kontrollratsgesetz Nr. 4 vom 30. Oktober 1945 vorschwebte, an den tatsächlichen Entwicklungen und Verhältnissen scheitern mußte. So wurde zwar in punktueller Anlehnung an die alten organisatorischen Abläufe ausgebildet, aber mangels eines Landesjustizprüfungsamtes zunächst nicht geprüft. Erst am 31. Mai 1947 konnte der Kammergerichtspräsident die im Entwurf längst vorliegende erste Nachkriegs-Ausbildungs- und Prüfungsordnung für Referendare und Gerichtsassessoren verabschieden (VOBl. für Groß-Berlin S. 185), weil die alliierte Genehmigung (Anordnung Nr. BK/0 [47] 131) nicht früher zu erlangen war. Gesetzlich geregelt wurde die Materie erst nach der Spaltung Berlins durch die vom Abgeordnetenhaus beschlossene Ausbildungsordnung für Juristen vom 24. Januar 1953 (GVBl. S. 77), die durch Änderungsgesetz vom 21. Dezember 1961 (GVBl. S. 1766) novelliert und in einer Neufassung vom 1. Januar 1962 (GVBl. 1961 S. 1770) bekannt gemacht worden ist. Lediglich geringfügige Änderungen brachte das Zweite Gesetz zur Änderung der Ausbildungsordnung für Juristen vom 23. Oktober 1963 (GVBl. S. 1033), bevor die Ausbildungs- und Prüfvorschriften je nach Gewichtung und Bedeutung in gesetzliche und untergesetzliche Regelungen auseinanderdividiert wurden und unter anderem die bisland dreieinhalbjährige Dauer des Vorbereitungsdienstes eine Reduzierung um ein Jahr erfuhr. Die seit dem Gesetz über die juristische Ausbildung vom 29. April 1966 (GVBl. S. 735) und die Ausbildungs- und Prüfungsordnung für Juristen vom 8. Juli 1966 (GVBl. S. 1103) eingeführte Zweiteilung der Materie ist trotz der damit verbundenen Erschwernisse in der praktischen Handhabung bis heute beibehalten worden, um den Gesetzgeber auf das Wesentliche zu beschränken und von Detailregelungen zu entlasten. Eine einschneidende Neuerung des Ausbildungs- und Prüfungswesens brachte sechs Jahre später das Erste Gesetz zur Änderung des Gesetzes über die juristische Ausbildung vom 8. Juni 1972 (GVBl. S. 994) und die Ausbildungs- und Prüfungsordnung vom 9. Juni 1972 (GVBl. S. 1004). Sie griff bereits teilweise Entwicklungen vor, die bundesweit erst jetzt standardisiert sind, wie die Abschichtung und Schwerpunktausbildung im juristischen Vorbereitungsdienst und in der zweiten Staatsprüfung. Neben der Einführung von Wahlfachgruppen für Studium und Referendarexamen sowie von insgesamt 10 Schwerpunktgebieten für den Vorbereitungsdienst und das Assessorexamen standen so einschneidende Änderungen wie die abermalige Verkürzung des Referendariats auf nunmehr zwei Jahre, die Ablösung der häuslichen Arbeit für die zweite Prüfung durch weitere Aufsichtsarbeiten, von denen drei während der Ausbildung zu fertigen waren, und die Drittelanrechnung der Ausbildungsnote auf die Gesamtnote. Das Zweite Gesetz zur Änderung des Gesetzes über die juristische Ausbildung vom 11. Januar 1979 (GVBl. S. 58) enthielt lediglich einige Anpassungen, ohne die

Konzeption des Jahres 1972 als solche in Frage zu stellen. Eine gegenläufige Tendenz zeichnete sich freilich durch Rechtsänderungen ab, die das Dritte Gesetz zur Änderung des Gesetzes über die juristische Ausbildung vom 9. Juli 1982 (GVBl. S. 1097) und die Ausbildungs- und Prüfungsordnung vom 11. Oktober 1982 (GVBl. S. 1897) vorsahen. Die Verlängerung des Vorbereitungsdienstes auf zweieinhalb Jahre, die Abschaffung der Drittelanrechnung der Ausbildungsnote in der zweiten Staatsprüfung, eine stärkere Betonung der sogenannten klassischen Rechtsgebiete (Zivil-, Straf-, Öffentliches Recht) bei den Möglichkeiten der Schwerpunktwahl der Referendare sowie die Einführung einer bundeseinheitlichen Noten- und Punkteskala zur Bewertung von Ausbildungs- und Prüfungsleistung läuteten eine etwas härtere Gangart ein. Nunmehr gelten das Gesetz über die juristische Ausbildung in der Neubekanntmachung vom 26. November 1984 (GVBl. S. 1684) und die Ausbildungsordnung für Juristen vom 26. November 1984 (GVBl. S. 1688). Sie beruhen auf dem Vierten Gesetz zur Änderung des Gesetzes über die juristische Ausbildung vom 30. Oktober 1984 (GVBl. S. 1548), das seinerseits auf dem Dritten Gesetz zur Änderung des Deutschen Richtergesetzes vom 25. Juli 1984 (BGBl. I S. 995/GVBl. S. 1098) basiert. Hierdurch hat eine fast zwanzigjährige Diskussion über die Notwendigkeit einer Reform der Juristenausbildung ihren — vorläufigen — legislatorischen Abschluß gefunden.

Die Kritik an den Strukturen und Inhalten der herkömmlichen Ausbildung (z. B. zu starker Zuschnitt auf den Justizjuristen, nicht hinreichende Einbeziehung der Sozialwissenschaften, Praxisferne des Studiums, Wissenschaftsferne der Praxisausbildung, zu lange Ausbildungsdauer und zu späte Auslese der Ungeeigneten) hatte 1971 den Bundesgesetzgeber veranlaßt, der in Aussicht genommenen Reform eine Experimentierphase vorzuschalten, in der einstufige Ausbildungsmodelle erprobt werden konnten. Von dieser Möglichkeit haben Bremen, Bayern (Augsburg und Bayreuth), Nordrhein-Westfalen (Bielefeld), Baden-Württemberg (Konstanz), Niedersachsen (Hannover), Hamburg und Rheinland-Pfalz (Trier) mit höchst unterschiedlichen Konzeptionen Gebrauch gemacht. Die Ergebnisse haben freilich nicht ausgereicht, die Mehrheit im Bundesrat und Bundestag davon zu überzeugen, daß eine Abkehr von der zweistufigen Struktur herkömmlicher Ausbildung unter den Bedingungen der Massenuniversitäten eine entscheidende Verbesserung bei erträglichen finanziellen Belastungen der öffentlichen Haushalte gewährleisten kann. Die Reform beschränkt sich daher im wesentlichen auf maßvolle Korrekturen innerhalb des zweistufigen Ausbildungsweges: Einführung studienbegleitender Leistungskontrollen, deren fristgerechter Erfolg Zulassungsvoraussetzung zur ersten juristischen Staatsprüfung darstellt, Erweiterung der Ferienpraktika, Schwerpunktausbildung während der letzten sechs Monate des juristischen Vorbereitungsdienstes, Abschichtung der auf die Pflichtstationen bezogenen schriftlichen Prüfungsleistungen und fakultatives Studium an einer Universität im Rahmen der Schwerpunktausbildung der Referendare.

Der Spielraum der Länder zu eigenständigen Regelungen ist kleiner, die Gemeinsamkeiten sind größer geworden. Dennoch gibt es auch heute noch nicht unerhebliche Abweichungen in den Ländern, die es den Studenten und Referendaren ermöglichen, unter mehreren Konzeptionen zu wählen. So bleiben Unterschiede in der Art der Prüfungsleistungen (Länder mit und ohne Hausarbeit), im Zuschnitt der Pflichtfächer und Wahlfachgruppen sowie der Schwerpunktbereiche im Vorbereitungsdienst. Weitere Unterschiede ergeben sich bei der Ausgestaltung der studienbegleitenden Leistungskontrollen.

Das vorliegende Werk soll Studenten der Rechtswissenschaft und Rechtsreferendaren, aber auch Lehrenden und Praxisausbildern den ersten Zugriff auf die recht unübersichtliche Materie erleichtern. Es erläutert die Berliner Ausbildungs- und Prüfungsvorschriften für Juristen, wie sie für Studenten, die ab dem Sommersemester 1985 ihr Studium beginnen, und für Referendare, die ab 1. Mai 1985 in den juristischen Vorbereitungsdienst eintreten, gelten. Angefügt sind Auszüge weiterer Gesetze, Hinweise und Formblätter, soweit sie für die juristische Ausbildung relevant sind.

Berlin, Mai 1985 *M. Herzig*

Inhaltsverzeichnis

Vorwort V

Abkürzungsverzeichnis XIII

Einführung 1

1. Gesetz über die juristische Ausbildung (JAG) in der Fassung vom 26. November 1984 (GVBl. S. 1683) mit Erläuterungen 3

2. Ausbildungs- und Prüfungsordnung für Juristen (JAO) vom 26. November 1984 (GVBl. S. 1688) mit Erläuterungen . . . 51

3. Auszug aus dem Deutschen Richtergesetz vom 19. April 1972 (BGBl. I S. 713), zuletzt geändert durch das Dritte Gesetz zur Änderung des Deutschen Richtergesetzes vom 25. Juli 1984 (BGBl. I S. 995) und das Fünfte Gesetz zur Änderung dienstrechtlicher Vorschriften vom gleichen Tage (BGBl. I S. 998) mit Erläuterungen 140

4. Verordnung über Noten- und Punkteskala für die erste und zweite juristische Staatsprüfung vom 3. Dezember 1981 (BGBl. I S. 1451) 154

5. Auszug aus dem Gerichtsverfassungsgesetz in der Fassung vom 9. Mai 1975 (BGBl. I S. 1077), zuletzt geändert durch Gesetz vom 17. Juli 1984 (BGBl. I S. 990) 156

6. Auszug aus der Bundesrechtsanwaltsordnung vom 1. August 1959 (BGBl. I S. 565), zuletzt geändert durch Gesetz vom 25. Juli 1984 (BGBl. I S. 995) 157

7. Auszug aus der Bundesgebührenordnung für Rechtsanwälte vom 26. Juli 1957 (BGBl. I S. 907), zuletzt geändert durch Gesetz vom 23. Dezember 1982 (BGBl. I S. 2071) 157

8. Auszug aus der Strafprozeßordnung in der Fassung vom 7. Januar 1975 (BGBl. I S. 129; ber. S. 650), zuletzt geändert durch Gesetz vom 17. Juli 1984 (BGBl. I S. 990) 158

9. Auszug aus den Richtlinien für das Straf- und Bußgeldverfahren in der ab 1. Januar 1977 geltenden Fassung, AV des Senators für Justiz vom 10. Dezember 1976 (ABl. S. 1688), geändert mit Wirkung vom 1. April 1984 (Sonderdruck) . . 159

10. Auszug aus dem Rechtspflegergesetz vom 5. November 1969 (BGBl. I S. 2065), zuletzt geändert durch Gesetz vom 25. Juli 1984 (BGBl. I S. 995) 159

11. Auszug aus dem Landesbeamtengesetz in der Fassung vom 20. Februar 1979 (GVBl. S. 368), zuletzt geändert durch Gesetz vom 30. Oktober 1984 (GVBl. S. 1541) 161

12. Auszug aus der Verordnung über den Erholungsurlaub der Beamten und Richter in der Fassung vom 8. April 1983 (GVBl. S. 775), zuletzt geändert durch VO vom 8. November 1983 (GVBl. S. 1423) 170

13. Auszug aus der Verordnung über den Urlaub der Beamten und Richter aus besonderen Anlässen in der Fassung vom 1. Januar 1971 (GVBl. S. 245) 172

14. Ausführungsvorschriften über den Urlaub der Beamten und Richter aus besonderen Anlässen vom 4. Juli 1980 (DBl. I S. 131) 175

15. Auszug aus der Verordnung über den Mutterschutz für Beamtinnen (Mutterschutzverordnung) in der Fassung vom 3. Februar 1981 (GVBl. S. 290), zuletzt geändert durch VO vom 23. Dezember 1983 (GVBl. S. 1737) 177

16. Auszug aus der Verordnung über die Nebentätigkeit der Beamten in der Fassung vom 2. Oktober 1978 (GVBl. S. 2002) 181

17. Auszug aus dem Bundesbesoldungsgesetz in der Fassung der Bekanntmachung vom 13. November 1980 (BGBl. I S. 2081) mit Auszug aus den Allgemeinen Verwaltungsvorschriften vom 29. Mai 1980 (ABl. S. 1109) 183

18. Auszug aus der Reichsversicherungsordnung vom 19. Juli 1911 (RGBl. S. 509) in der Fassung der Bekanntmachung vom 15. Dezember 1924 (RGBl. I S. 779), zuletzt geändert durch Gesetz vom 27. Juli 1984 (BGBl. I S. 1029) 188

19. Anordnung über Versicherungsfreiheit in der Sozialversicherung und Aufschub der Nachentrichtung von Beiträgen zur Rentenversicherung vom 28. September 1982 (ABl. S. 1365) 191

20. Zulassung von Hilfsmitteln für die erste juristische Staatsprüfung, Bekanntmachung vom 14. März 1985 ABl. S. 810 194

21. Zulassung von Hilfsmitteln für die zweite juristische Staatsprüfung, Bekanntmachung vom 14. März 1985 ABl. S. 811 197

22. Zulassungsgesuch für die erste juristische Staatsprüfung mit Merkblatt 200

23. Hinweise für die Bearbeitung der häuslichen Arbeit in der ersten juristischen Staatsprüfung 204

24. Der Vorbereitungsdienst — Anregungen zur Gestaltung — und Beispiele für Ausbildungspläne 207

25. Hinweise für den Aktenvortrag in der zweiten juristischen Staatsprüfung 224

Sachregister 231

Abkürzungsverzeichnis

AA	Amtsanwaltschaft
Abghs.	Abgeordnetenhaus
ABl.	Amtsblatt für Berlin
Abs.	Absatz
AbzG	Abzahlungsgesetz
AGB	Allgemeine Geschäftsbedingungen
Änd.	Änderung
a. F.	alte Fassung
Anm.	Anmerkung
ArbGG	Arbeitsgerichtsgesetz
ASOG	Allgemeines Sicherheits- und Ordnungsgesetz
AZG	Gesetz über die Zuständigkeit in der allgemeinen Berliner Verwaltung
Ba-Württ.	Baden-Württemberg
BayVBl.	Bayerisches Verwaltungsblatt
BBesG	Bundesbesoldungsgesetz
BerlHG	Berliner Hochschulgesetz
Beschl.	Beschluß
BezVG	Bezirksverwaltungsgesetz
BGB	Bürgerliches Gesetzbuch
BGBl.	Bundesgesetzblatt
Bln.	Berlin
BLV	Bundeslaufbahnverordnung
BMJ	Bundesminister der Justiz
BNotO	Bundesnotarordnung
BRAGO	Bundesgebührenordnung für Rechtsanwälte
BRAO	Bundesrechtsanwaltsordnung
BRRG	Beamtenrechtsrahmengesetz
BVerwG	Bundesverwaltungsgericht
BVFG	Bundesvertriebenengesetz
bzw.	beziehungsweise
DBl.	Dienstblatt
DöD	Der öffentliche Dienst
DöV	Die öffentliche Verwaltung
DRiG	Deutsches Richtergesetz
Drs.	Drucksache
DVBl.	Deutsches Verwaltungsblatt
Einf.	Einführung

ErlVO	Erholungsurlaubsverordnung
FB	Fachbereich
FHSVR	Fachhochschule für Verwaltung und Rechtspflege Berlin
FlüHG	Flüchtlingshilfegesetz
FUB	Freie Universität Berlin
GG	Grundgesetz
GVBl.	Gesetz- und Verordnungsblatt für Berlin
GVG	Gerichtsverfassungsgesetz
HA	Hausarbeit
HessVGH	Hessischer Verwaltungsgerichtshof
HKG	Heimkehrergesetz
HL	Hochschullehrer
IHK	Industrie- und Handelskammer
i. V.	in Verbindung
JAG	Gesetz über die juristische Ausbildung
JAO	Ausbildungs- und Prüfungsordnung für Juristen
JPA	Justizprüfungsamt
jur.	juristisch
JuS	Juristische Schulung
JZ	Juristenzeitung
Kl.	Klausur
KMK-HSchR	Kultusministerkonferenz — veröffentlichte Entscheidungen zum Hochschulrecht
LBG	Landesbeamtengesetz
LfbG	Laufbahngesetz
mdl.	mündlich
MuSchVO	Mutterschutzverordnung
NJW	Neue Juristische Wochenschrift
OVG	Oberverwaltungsgericht
PersVG	Personalvertretungsgesetz
Pkte	Punkte
PräsJPA	Präsident des Justizprüfungsamtes
PräsKG	Präsident des Kammergerichts
RVO	Reichsversicherungsordnung
SoUrlVO	Sonderurlaubsverordnung

sogen.	sogenannte
SPB	Schwerpunktbereich
StAKG	Staatsanwaltschaft bei dem Kammergericht
StALG	Staatsanwaltschaft bei dem Landgericht
SZG	Gesetz über die Gewährung einer jährlichen Sonderzuwendung
u.	und
u. ä.	und ähnliches
u. U.	unter Umständen
Urt.	Urteil
VBl. BW	Verwaltungsblatt Baden-Württemberg
VG	Verwaltungsgericht
VGH	Verwaltungsgerichtshof
vgl.	vergleiche
VO	Verordnung
v. H.	vom Hundert
VvB	Verfassung von Berlin
VwGO	Verwaltungsgerichtsordnung
VwVfG	Verwaltungsverfahrensgesetz
VwVG	Verwaltungsvollstreckungsgesetz
VwZG	Verwaltungszustellungsgesetz
wiss.	wissenschaftlich
z. B.	zum Beispiel
ZBR	Zeitschrift für Beamtenrecht
ZPO	Zivilprozeßordnung

Einführung

Ziel einer volljuristischen Ausbildung ist die Befähigung zum Richteramt. Sie erwirbt, wer ein rechtswissenschaftliches Studium an einer Universität mit der ersten Staatsprüfung und einem anschließenden Vorbereitungsdienst mit der zweiten Staatsprüfung erfolgreich abschließt (§ 5 Abs. 1 DRiG). Wer die zweite Staatsprüfung bestanden hat, darf die Bezeichnung „Assessor" führen und besitzt neben der Befähigung zum Richteramt auch die für den höheren Verwaltungsdienst (§ 13 Abs. 1 JAG). Ihm erschließen sich alle sonstigen juristischen Berufe, für die die Befähigung zum Richteramt vorausgesetzt wird, wie die des Rechtsanwalts (§ 4 BRAO) und des Notars (§ 5 BNotO). Das gleiche gilt für den Beruf des Staatsanwalts (§ 122 Abs. 1 DRiG), der jedoch in aller Regel aus dem richterlichen Probedienst hervorgeht (§ 12 Abs. 1 DRiG) und daher schon nach § 5 DRiG über die Befähigung zum Richteramt verfügen muß.

Es gibt auch sonst vielerlei Berufe, in denen eine volljuristische Ausbildung gewünscht, wenn nicht sogar vorausgesetzt wird. Hierzu gehören viele Positionen in der freien Wirtschaft, im Bankwesen, in den Verbänden und Gewerkschaften, in Vereinen und Stiftungen, und zwar vornehmlich in Justitiariaten und sonstigen Arbeitsgebieten mit juristischem Einschlag.

Für juristische Berufe unterhalb der Schwelle der zweiten juristischen Staatsprüfung gibt es keine festgefügten Berufsbilder. Juristen, die lediglich die erste juristische Staatsprüfung erfolgreich abgelegt haben, finden nicht selten in der Versicherungsbranche, in Mahnabteilungen, aber auch im Journalismus und in den Medien Beschäftigung. Zusätzliche Fähigkeiten dürften die Berufschancen wesentlich erhöhen. Die erste Staatsprüfung kann ferner als Einstieg in eine Ausbildung für den Beruf des Rechtspflegers dienlich sein. Auf den dreijährigen Vorbereitungsdienst des Rechtspflegeranwärters (§ 2 Abs. 1 RpflG) können nämlich ein erfolgreich abgeschlossenes Studium der Rechtswissenschaften bis zur Dauer von 12 Monaten und ein Vorbereitungsdienst als Referendar bis zur Dauer von 6 Monaten angerechnet werden. Der Zugang zum Beruf des Hochschullehrers am Fachbereich Rechtswissenschaft ist ebenfalls nicht vom Erwerb der Befähigung zum Richteramt abhängig. Nach § 134 Abs. 1 BlnHG ist neben anderen Eignungsvoraussetzungen lediglich eine Staatsprüfung vorgeschrieben. Dasselbe gilt beispielsweise für die höheren Dienste im Auswärtigen Amt, dem ein spezieller Vorbereitungsdienst vorgeschaltet ist. Zugangsvoraussetzung ist nach § 30 BLV u. a. ein mit dem Staatsexamen abgeschlossenes Hochschulstudium.

Die starke Verjüngung in den volljuristischen Berufen, insbesondere im höheren Justizdienst und im höheren Verwaltungsdienst einerseits und der starke Andrang der Studenten zum juristischen Studium andererseits werden vermutlich in Zukunft verstärkt dazu führen, daß sich junge Juristen Betätigungsfelder an der Peripherie juristischer Berufe suchen müssen. Der Ersatzbedarf im öffentlichen Dienst wird bis 1990 lediglich auf etwa 2000 pro Jahr geschätzt, der in den übrigen Bereichen, in denen Volljuristen in einem Dienst- oder Arbeitsverhältnis stehen, in etwa gleicher Höhe. Die Zahl der zugelassenen Rechtsanwälte dürfte mit über 40000 schon den Sättigungsgrad überschritten haben (Steigerung allein in Berlin vom Januar 1979 bis März 1985 von 1821 auf 2468). Eine ähnliche Entwicklung zeichnet sich auch bei den Notaren ab (Steigerung im oben genannten Zeitraum von 451 auf 519).

Andererseits können Volljuristen mit guter allgemeiner Befähigung durchaus in andere, auch kaufmännische Bereiche vordringen. Die Vorzüge einer breit angelegten juristischen Ausbildung und die Erziehung zum systematischen und folgerichtigen Denken dürften nicht unbeträchtliche Wettbewerbsvorteile sichern.

1. Gesetz über die juristische Ausbildung (JAG)

in der Fassung vom 26. November 1984 (GVBl. S. 1683)

Erster Abschnitt

Die erste juristische Staatsprüfung

§ 1

Zulassung

(1) Zur ersten juristischen Staatsprüfung wird vom Justizprüfungsamt zugelassen, wer

1. die Voraussetzungen des § 5a Abs. 1 Satz 2 des Deutschen Richtergesetzes erfüllt,
2. an Übungen für Anfänger im Bürgerlichen Recht, Strafrecht und öffentlichen Recht mit Erfolg teilgenommen hat,
3. in den unter Nummer 2 bezeichneten Fächern je eine Aufsichtsarbeit unter Prüfungsbedingungen (studienbegleitende Leistungskontrollen) innerhalb der nach Absatz 3 vorgesehenen Fristen erfolgreich angefertigt hat sowie
4. nach jeweils erfolgreicher studienbegleitender Leistungskontrolle an Übungen für Fortgeschrittene in den unter Nummer 2 bezeichneten Fächern,
5. an einer Übung in einem anderen Prüfungsfach oder einem Seminar in einem der Prüfungsfächer und
6. an einem Seminar oder an einer in gleicher Weise durch aktive Mitarbeit der Teilnehmer gekennzeichneten Lehrveranstaltung, in der die außerrechtlichen Bezüge des Rechts, seine Geschichte oder die Methodik seiner Anwendung an Einzelthemen vertieft behandelt werden, mit Erfolg teilgenommen hat und
7. nach erfolgreichem Abschluß aller studienbegleitenden Leistungskontrollen nach Maßgabe des Absatzes 4 während der vorlesungsfreien Zeit für die Dauer von insgesamt drei Monaten an praktischen Studienzeiten (Praktikum) teilgenommen hat.

Auf die Übungen nach Satz 1 Nr. 2 soll sich der Student durch Teilnahme an Arbeitsgemeinschaften vorbereiten.

(2) Die studienbegleitenden Leistungskontrollen (Absatz 1 Satz 1 Nr. 3) können im Rahmen der Übungen für Anfänger (Absatz 1 Satz 1 Nr. 2) durchgeführt werden. Bietet die Hochschule innerhalb einer Übung für Anfänger zwei Aufsichtsarbeiten unter Prüfungs-

bedingungen an, gilt die Teilnahme an der weiteren Aufsichtsarbeit nicht als Wiederholung im Sinne des Absatzes 3 Satz 2.

(3) Der Student darf an den studienbegleitenden Leistungskontrollen in den nach Absatz 1 Satz 1 Nr. 2 vorgeschriebenen Fächern nacheinander teilnehmen. Spätestens bis zum Ende des zweiten Studienjahres muß er sich in jedem dieser Fächer erstmals der studienbegleitenden Leistungskontrolle unterzogen haben; sie kann einmal bis zum Ende des übernächsten Semesters ab dem Zeitpunkt des erfolglosen Versuches wiederholt werden.

(4) Das Praktikum kann bei den Gerichten, Staatsanwaltschaften, öffentlichen Verwaltungen des Bundes und der Länder einschließlich der Anstalten und Körperschaften des öffentlichen Rechts, Rechtsanwälten, Notaren sowie Rechtsabteilungen von Gewerkschaften, Verbänden und Wirtschaftsunternehmen entweder bei einer Stelle zusammenhängend oder bei höchstens drei Stellen abgeleistet werden. Die Mindestdauer des Praktikums bei einer Stelle soll einen Monat nicht unterschreiten.

(5) Eine erfolgreich abgeschlossene Ausbildung für den gehobenen Justizdienst oder für den gehobenen nichttechnischen Verwaltungsdienst kann vom Justizprüfungsamt bis zur Dauer von einem Jahr auf das Universitätsstudium angerechnet werden; von den Zulassungsvoraussetzungen des Absatzes 1 Satz 1 Nr. 2, 3, 5, 6 und 7 kann das Justizprüfungsamt ganz oder teilweise Befreiung erteilen. Die Entscheidung ist auf Antrag des Bewerbers schon während des Studiums zu treffen.

(6) In sonstigen besonderen Fällen kann das Justizprüfungsamt von einzelnen Zulassungsvoraussetzungen mit Ausnahme der des Absatzes 1 Satz 1 Nr. 3 und des Absatzes 3 befreien. Absatz 5 Satz 2 gilt entsprechend.

(7) Das Justizprüfungsamt entscheidet ferner, ob und inwieweit vergleichbare Ausbildungsabschnitte und Leistungsnachweise einer einstufigen Ausbildung im Sinne des § 5 b Abs. 1 des Deutschen Richtergesetzes in der Fassung vom 19. April 1972 (BGBl. I S. 713 / GVBl. S.892), zuletzt geändert durch Gesetz vom 16. August 1980 (BGBl. I S. 1451 / GVBl. S. 1745), die Voraussetzungen nach Absatz 1 ganz oder teilweise erfüllen und hierauf angerechnet werden. Die Zulassung ist zu versagen, wenn dem Bewerber in dem Bundesland, in dem er sich der einstufigen Ausbildung unterzogen hat, der Wechsel in die zweistufige Ausbildung nicht mehr gestattet wäre.

1. Für alle Studenten, die das Jurastudium nach dem 31. März 1985 aufnehmen, gelten die vorstehenden Zulassungsbestimmungen (Art. II Abs. 1 des Vierten Gesetzes zur Änderung des Gesetzes über die juristische Ausbildung vom 30. Oktober 1984, GVBl. S. 1548). Die Neuregelung der Voraussetzungen für die Zulassung zur ersten juristischen Staatsprüfung verfolgt zwei Zielrichtungen: Einmal wird der Nachweis bestimmter Aktivitäten und Leistungserfolge während des Studiums verlangt, um das Prüfungsverfahren nicht mit Studenten zu belasten, die sich das für das Bestehen des Examens notwendige Rüstzeug noch nicht angeeignet haben. Zum anderen, und dies ist ebenso wichtig, soll mittelbar auf einen geordneten und vernünftig strukturierten Studiengang hingewirkt werden. Nach geltendem Recht kommt es nicht nur — wie noch nach § 1 JAG 1982 (GVBl. 1982 S. 1982) — auf die Leistungserfolge als solche an, sondern auch auf die Einhaltung bestimmter Fristen und Reihenfolgen. Das JAG bildet insoweit die Grundlage für die von der Hochschule mit Genehmigung des Senators für Wissenschaft und Forschung zu erlassende Studienordnung (§ 29 Abs. 1 und 3 BerlHG). Es empfiehlt sich dringend, das rechtswissenschaftliche Studium von Anfang an Gesetz und Studienordnung entsprechend aufzubauen und sich mit den einzelnen Voraussetzungen für die Zulassung zur Prüfung rechtzeitig vertraut zu machen.

2. Der Nachweis einer Mindeststudienzeit ist nur noch insofern zu erbringen, als zwei Jahre auf ein Studium im Geltungsbereich des Deutschen Richtergesetzes entfallen müssen, § 5 a Abs. 1 S. 2 DRiG. Die Zulassung zur Prüfung wird jedoch nicht mehr von einem mindestens dreieinhalb Jahre dauernden Studium, wie es früher gemäß § 5 Abs. 2 DRiG in der Fassung der Bekanntmachung vom 19. April 1972 (BGBl. I S. 713/GVBl. S. 892) der Fall war, abhängig gemacht. § 5 a Abs. 1 S. 1 DRiG in der Fassung des Dritten Gesetzes zur Änderung des DRiG vom 25. Juli 1984 (BGBl. I S. 995/GVBl. S. 1098) sieht zwar eine dreieinhalbjährige Studienzeit vor, läßt aber in seinem zweiten Halbsatz eine Unterschreitung zu. Letzteres beruht auf der illusionären Vorstellung des Bundesgesetzgebers, der Wegfall der bisherigen Mindeststudienzeit könne zu einer tatsächlichen Verkürzung der Studiendauer führen. Abgesehen davon, daß es nur darum gehen kann, der überlangen Studiendauer entgegenzuwirken (sie betrug in Berlin 1983 hinsichtlich aller Prüflinge durchschnittlich 11,31 Semester und bundesweit 11,55 Semester), läßt sich der benötigte Wissensstoff sicher nicht in weniger als sieben Semester vermitteln. Ebensowenig dürften auch die Zulassungsvoraussetzungen nach Abs. 1Nr. 2 und 4 bis 7 in einer kürzeren Zeit nachweisbar sein.

3. Der Kandidat benötigt zur Zulassung acht Scheine, drei Nachweise über erfolgreich abgelegte studienbegleitende Leistungskontrollen und den Nachweis eines dreimonatigen Praktikums, also zusammen mit dem Studienbuch (§ 4 Abs. 2 S. 2 JAO) 13, wird das Praktikum aufgeteilt, 15 Belege.

a) Im Bürgerlichen Recht, Strafrecht und öffentlichen Recht ist die Teilnahme an einer Anfängerübung nachzuweisen, in der mindestens eine Hausarbeit und eine Klausur mit „ausreichend" oder besser bewertet sein müssen (§ 1 Abs. 2 JAO). Die Vorbereitung auf die Anfängerübungen durch Teilnahme an Arbeitsgemeinschaften wird zwar empfohlen (vgl. Abs. 1 Satz 2), aber als Zulassungsvoraussetzung nicht vorgeschrieben.

b) Bevor in den gleichen Fächern die Leistungsscheine in den Fortgeschrittenenübungen erworben werden, sind die studienbegleitenden Leistungskontrollen erfolgreich zu absolvieren, d. h. in jedem Fach ist mindestens eine Klausur unter Prüfungsbedingungen mit wenigstens „ausreichend" zu schreiben. Aus dem Zusammenhang mit Absatz 3 ergibt sich, daß sie sukzessive, also nicht als gleichzeitige Prüfung in allen drei Kerngebieten durchgeführt werden müssen. Obwohl Bundesrecht studienbegleitende Leistungskontrollen auch in weiteren Rechtsgebieten gestattet, ist landesrechtlich eine Beschränkung auf das Bürgerliche Recht, das Strafrecht und das öffentliche Recht vorgesehen, weil es in diesem frühen Stadium des Studiums ausreicht, die Eignung des Studenten anhand der Kernfächer des Rechts zu testen. Was unter Prüfungsbedingungen zu verstehen ist, regelt § 1 Abs. 1 JAO.

Je nach dem, wie der Fachbereich die Leistungskontrollen organisiert, ergeben sich zwei Möglichkeiten:

– **Entweder** werden die studienbegleitenden Leistungskontrollen integrierter Bestandteil einer Anfängerübung: In diesem Fall würde mindestens eine der angebotenen Klausuren unter Prüfungsbedingungen anzufertigen sein. Wird sie „bestanden" und hat der Student daneben in der Hausarbeit mindestens „ausreichend" erzielt, wird ihm nicht nur der kleine Übungsschein, sondern auch in dem entsprechenden Fach der Erfolg der studienbegleitenden Leistungskontrolle attestiert. Ist er hingegen lediglich bei einer nicht unter Prüfungsbedingungen geschriebenen Klausur und bei der Hausarbeit erfolgreich, erhält er nur den Übungsschein. Andererseits ist es möglich, daß ihm der Erfolg der studienbegleitenden Leistungskontrolle bestätigt wird, er im übrigen aber keinen Schein erhält, weil er an der Hausarbeit gescheitert ist. Da in Übungen im allgemeinen mehrere Klausuren geschrieben werden, können auch 2 Klausuren unter Prüfungsbedingungen angeboten werden. Geschieht dies, so gilt die Teilnahme an der 2. Klausur im Zusammenhang einer Lehrveranstaltung nicht als Wiederholung (Abs. 2 S. 2). Dies zu regeln ist deshalb notwendig, weil bei Mißerfolg nur eine einmalige fristgebundene Wiederholung möglich ist. Wer zwar den Übungsschein erhalten, aber die Leistungskontrolle nicht bestanden hat, braucht an einer späteren Übung nur zu dem Zweck teilnehmen, die unter Prüfungsbedingungen angebotenen Klausuren mitzuschreiben.

– **Oder** die studienbegleitenden Leistungskontrollen werden von Anfängerübungen gelöst und als Sonderveranstaltung durchgeführt: In diesem Fall muß sich der Student der Übung und den Leistungskontrollen getrennt unterziehen, wobei hier das Gesetz eine dem Abs. 2 Satz 2 entsprechende Regelung nicht vorsieht, die Chancen also verkürzt wären. Andererseits wäre es nicht gesetzwidrig, wenn der Fachbereich auch bei isolierten Leistungskontrollen qua Studienordnung das Angebot auf zwei Klausuren je Fach erhöhen würde, solange der Zusammenhang *einer* Veranstaltung erhalten bleibt. Dies schon deshalb nicht, weil der Fachbereich von der einen auf die andere Form innerhalb nachfolgender Semester übergehen könnte und es dann für die Studenten vom Zufall abhinge, ob sie die Leistungskontrollen unter erschwerten (ein Klausurangebot) oder erleichterten Bedingungen (zwei Klausurenangebote) abzuleisten hätten, eine Folge, die vom Gesetzgeber nicht beabsichtigt ist. Andererseits wäre es wiederum zulässig, für beide Formen der Leistungskontrolle einheitlich nur eine Klausur unter Prüfungsbedingungen anzubieten. Verfassungsmäßige Bedenken bestehen nicht, weil die Wiederholungschance gewährleistet ist. Der Vorteil der integrierten Lösung besteht im stärkeren Zusammenhang zwischen Lehre und Leistungskontrolle, hat aber den Nachteil, daß die Aufgabenstellungen von Übung zu Übung verschieden sind. Die isolierte Lösung bietet den Vorteil besserer Vergleichbarkeit der Leistungen aller Studenten eines Jahrgangs, stößt aber auf nicht unerhebliche organisatorische Probleme.

Die studienbegleitenden Leistungskontrollen müssen auf jeden Fall unter der Verantwortung eines Hochschullehrers stehen. Dies folgt aus der Bedeutung, die das Kontrollverfahren für den weiteren Berufsweg des Studenten hat. Andererseits kommt eine unmittelbare Anwendung des § 42 Abs. 5 BerlHG, wonach schriftliche Prüfungsleistungen in Prüfungen, deren Bestehen Voraussetzung für die Fortsetzung des Studiums ist, von mindestens zwei Prüfern zu bewerten sind, nicht in

Betracht, weil es sich bei den Leistungskontrollen nicht um Prüfungen im engeren Sinne handelt und weil das Nichtbestehen nicht zwangsläufig zur Exmatrikulation führt. § 19 Abs. 2 Nr. 3 BerlHG besagt nur, daß derjenige zu exmatrikulieren ist, der seinen bisherigen oder einen anderen Studiengang nicht fortführen darf, nicht aber, wann dies der Fall ist.

Allerdings ist die Universität nicht gehindert, in der Studienordnung gemäß § 29 Abs. 3 BerlHG die Modalitäten der Korrektur nach dem Standard des § 42 Abs. 5 BerlHG zu regeln.

c) Nach bestandener Leistungskontrolle können in dem jeweils korrespondierenden Fach die Fortgeschrittenenübungen besucht werden. Ein Schein für eine derartige Übung, der vor der entsprechenden Leistungskontrolle erteilt wird, kann als Zulassungsvoraussetzung nicht anerkannt werden. Das gleiche gilt entsprechend für das Praktikum, das erst nach erfolgreicher Ablegung aller drei Leistungskontrollen abgeleistet werden darf. Wer in den Leistungskontrollen ganz oder teilweise bis zum Ende des vierten Semesters keinen Erfolg hat, verzögert sein Studium, weil er zwangsläufig auch hinsichtlich der Fortgeschrittenenübungen und des Praktikums stagniert.

Die Wiederholung der studienbegleitenden Leistungskontrollen ist in den einzelnen Fächern nur bis zum Ende des übernächsten Semesters möglich, im Extremfall also spätestens bis zum Ende des 6. Semesters.

Wer in der BGB-Leistungskontrolle im 2. Semester einen Mißerfolg hatte, kann in diesem Fach nur bis zum Ende des 4. Semesters wiederholen. Wurde die Leistungskontrolle in einem anderen Fach im 3. Semester begonnen, kann sie bis zum Ende des 5. Semesters wiederholt werden. Tritt der Student bis zum 4. Semester erstmals zu Leistungskontrollen an (letzter Zeitpunkt), ist eine Wiederholung nur noch bis zum Ende des 6. Semesters möglich. Gelingt dies nicht, geht der Prüfungsanspruch verloren.

d) Die weiteren Scheine entsprechen bisherigem Recht. Der Kandidat muß seine Teilnahme an einer weiteren Übung oder an einem Seminar in einem der in § 5 und § 6 JAO genannten Pflicht- oder Wahlfächer nachweisen. Entscheidet sich der Kandidat für ein Fach aus dem Katalog des § 6 JAO, muß es nicht notwendigerweise dasjenige sein, daß er im Zulassungsgesuch als sein Wahlfach bezeichnet. Ferner ist ein Nachweis über die erfolgreiche Teilnahme an einer Lehrveranstaltung im Sinne des Abs. 1 Nr. 6 erforderlich. Dieser Schein muß, obwohl er in erster Linie die außerrechtlichen Bezüge des Rechts betrifft, am FB Rechtswissenschaft unter der Verantwortung eines dem

FB angehörenden oder mit einem Lehrauftrag des FB ausgestatteten Rechtslehrers erworben sein. Unter den außerrechtlichen Bezügen sind weder die Nebengebiete des Rechts noch außerhalb der Rechtswissenschaft liegende Gebiete zu verstehen. Es muß sich vielmehr um die Erörterung von Teilgebieten des Rechts handeln, bei der nicht die Rechtsdogmatik, sondern Fragestellungen der sozialen Wirklichkeit und der Auswirkung des Rechts im Vordergrund stehen; hierfür kommen besondere Seminare oder Projektgruppen in Betracht.

Auf jeden Fall muß die seminarähnliche aktive Mitarbeit gewährleistet sein, wozu auch gehört, daß die Lehrveranstaltung keine vorlesungsübliche Dimensionen annimmt und jeder Student ausreichend zu Wort kommen kann.

e) Weitere Scheine über die Teilnahme an Übungen, Seminaren, Projektgruppen, Klausurenkurse oder andere Universitätsveranstaltungen dürfen ergänzend vorgelegt werden. Sie können Bedeutung gewinnen im Rahmen des Punktzu- oder -abschlags gem. § 5d Abs. 3 DRiG, § 15 Abs. 1 S. 6 JAO, da bei der Kennzeichnung des Leistungsstandes des Prüflings der Gesamteindruck auch von den vorgelegten Bescheinigungen geprägt wird.

4. Absatz 5 sieht für Studenten, die eine erfolgreich abgeschlossene Ausbildung für den gehobenen Justizdienst oder für den gehobenen nichttechnischen Verwaltungsdienst vorweisen können, gewisse Erleichterungen vor. Ihnen kann mit Ausnahme der Fortgeschrittenenübungen ganz oder teilweise Befreiung von Zulassungsvoraussetzungen einschließlich der studienbegleitenden Leistungskontrollen erteilt werden. Auf die Teilnahme an Fortgeschrittenenübungen kann nicht verzichtet werden, weil die dort anzufertigenden Hausarbeiten eine notwendige und sinnvolle Vorbereitung für die erste juristische Staatsprüfung sind. Befreiung von *allen* sonstigen Zulassungsvoraussetzungen dürfte freilich nur in ganz vereinzelten Ausnahmefällen in Betracht kommen. Es ist stets eine Einzelfallprüfung erforderlich, wobei die Vorleistungen zu gewichten sind. Wer beispielsweise an der FHSVR, Fachbereich 2, das Rechtspflegerdiplom erworben hat, mag zwar von der studienbegleitenden Leistungskontrolle im Zivilrecht, nicht aber von der im Strafrecht und öffentlichen Recht befreit werden. Umgekehrt kann einem Absolventen des Fachbereichs 1 (Verwaltung) zwar die öffentlich-rechtliche Leistungskontrolle, nicht aber die im Zivilrecht und Strafrecht erlassen werden. Die Entscheidung ist sinnvollerweise bereits zu Beginn des Studiums herbeizuführen.

5. Absatz 6 regelt die allgemeinen Befreiungsmöglichkeiten von Leistungsnachweisen, wobei allerdings auf die studienbegleitenden Leistungskontrollen auf keinen Fall verzichtet werden kann. Das weite Ermessen des Prüfungsamtes wird sich im allgemeinen an folgendem Grundsatz orientieren: Es müssen gewichtige und anerkennenswerte Gründe nachgewiesen sein, die den Kandidaten gehindert haben, einen einzelnen Schein zu erwerben. Auf jeden Fall muß dem JPA die Überzeugung vermittelt werden, daß der entsprechende Leistungsstand erreicht ist. Eine Befreiung von sämtlichen Scheinen ist ausgeschlossen, denn es kann immer nur von *einzelnen* Zulassungsvoraussetzungen befreit werden.

6. Absatz 7 harmonisiert die Zulassungsregeln für ehemalige Einphasen-Studenten mit denen anderer Länder, weil Berlin von der Experimentierklausel des § 5 DRiG in der Fassung der Bekanntmachung vom 19. April 1972 (BGBl. I S. 713) keinen Gebrauch gemacht hat. Wechsler von der ein- zur zweistufigen Ausbildung werden nur zugelassen, wenn sie auch im Bundesland, in dem sie die einstufige Ausbildung abgebrochen haben, noch zugelassen werden könnten. Diese Regelung verhindert insbesondere, daß an der Zwischenprüfung der einstufigen Ausbildung endgültig gescheiterte Studenten nunmehr die Zulassung zum Referendarexamen begehren. Die Vorschrift hat nur temporäre Bedeutung, weil nach Art. 3 Abs. 1 des Dritten Gesetzes zur Änderung des Deutschen Richtergesetzes vom 25. Juli 1984 (BGBl. I S. 995) nur noch bis zum Ablauf des 15. September 1985 Studenten in einphasige Studiengänge aufgenommen werden dürfen.

§ 1 a

Regelstudienzeit

Das Studium der Rechtswissenschaft einschließlich der ersten juristischen Staatsprüfung umfaßt in der Regel neun Semester (Regelstudienzeit).

Die Vorschrift über die Regelstudienzeit wurde durch das Zweite Gesetz zur Änderung des JAG vom 11. Januar 1979 (GVBl. S. 58) eingefügt und geht auf § 28 BerlHG zurück. Danach ist in der Prüfungsordnung die Studienzeit festzulegen, in der in der Regel, eine entsprechende Gestaltung der Studienordnung und die Lehrangebote vorausgesetzt, ein erster berufsqualifizierender Abschluß erworben werden kann; sie soll acht Semester nicht überschreiten.

Die Regelstudienzeit für das juristische Studium einschließlich der ersten juristischen Staatsprüfung wurde auf neun Semester bemessen, zumal allein die Examensdauer durchschnittlich etwa 7 Monate und 3 Wochen (ohne diejenigen Kandidaten, bei denen sich das Verfahren durch Krankheit oder andere in der Person des Prüflings liegende Gründe verzögert) beträgt und sowohl die Studieninformation des Fachbereichs Rechtswissenschaft der FUB als auch die – noch nicht vom zuständigen Senatsmitglied genehmigte – Studienordnung von einem achtsemestrigen Studium (ohne Prüfungszeit) ausgeht.

Dem steht § 5a Abs. 1 DRiG („Die Studienzeit beträgt dreieinhalb Jahre") nicht entgegen, denn diese Vorschrift will die Studienzeit nicht bindend festlegen, sondern nur empfehlen. Dies ergibt sich schon daraus, daß die bisherige Fassung der entsprechenden Vorschrift des § 5 Abs. 2 Satz 1 DRiG (BGBl. I 1972 S. 713) eine Mindeststudienzeit von dreieinhalb Jahren vorsah und durch die Neuregelung nur die Möglichkeit der Unterschreitung dieser Zeit eröffnet, nicht aber eine bindende Begrenzung nach oben geschaffen werden sollte.

Der eingefügte Halbsatz, „diese Zeit kann unterschritten werden", mußte zwangsläufig redaktionell dazu führen, die Worte „mindestens" in der bisherigen Fassung zu streichen. Weitergehende Folgen in bezug auf die Gestaltungsfreiheit der Länder, die Stoffvermittlung so zu strukturieren, daß acht Semester benötigt werden, waren nicht beabsichtigt.

§ 2

Zweck der Prüfung

Die erste juristische Staatsprüfung dient der Feststellung, ob der Bewerber das Ziel des Studiums der Rechtswissenschaft erreicht hat und damit für den Vorbereitungsdienst fachlich geeignet ist. Der Bewerber soll in der Prüfung zeigen, daß er das Recht mit Verständnis erfassen kann und über die erforderlichen Kenntnisse in den Prüfungsfächern verfügt, um es unter Berücksichtigung seiner geschichtlichen, gesellschaftlichen, wirtschaftlichen, politischen und rechtsphilosophischen Grundlagen anzuwenden.

1. Mit der Ablegung der ersten juristischen Staatsprüfung wird das Universitätsstudium abgeschlossen und zugleich der Zugang zum juristischen Vorbereitungsdienst, der in der Regel im Beamtenverhältnis auf Widerruf abgeleistet wird, eröffnet, § 6 Abs. 1 und 3.

2. Das Examen ist Wissens- und Verständnisprüfung zugleich. Es gibt kein Verständnis ohne das erforderliche Wissen in den Prüfungsfächern. Auf der anderen Seite ist die Kenntnis von Rechtsvorschriften ohne Verständnis der rechtlichen Zusammenhänge und der in § 2 S. 2, letzter Halbsatz, genannten Grundlagen wertlos. Die Wissensexplosion erfordert aber mehr denn je eine Begrenzung des zu vermittelnden und zu prüfenden Stoffs (dazu §§ 5 f. JAO). Hieraus folgt, daß der Prüfling vor allem methodische Fertigkeiten und das notwendige Verständnis haben muß, um sich andere Rechtsgebiete erschließen zu können.

§ 3

Bestandteile und Gegenstand der Prüfung

(1) Der schriftliche Teil der Prüfung umfaßt eine Hausarbeit und vier Aufsichtsarbeiten. Danach folgt die mündliche Prüfung.

(2) Prüfungsfächer sind die Pflichtfächer und eine von dem Bewerber zu bestimmende Wahlfachgruppe. Außerdem soll der Bewerber einen Überblick über die Rechtsordnung im ganzen haben.

(3) Als Pflichtfächer sind mindestens vorzusehen die allgemeine Rechtstheorie und die Methodenlehre sowie Gebiete des Bürgerlichen, Handels-, Gesellschafts-, Arbeits-, Straf-, öffentlichen und Prozeßrechts.

(4) Rechtsgebiete, die der Ergänzung und Vertiefung der mit ihnen zusammenhängenden Pflichtfächer dienen, und andere Wissenschaften, soweit sie zum Verständnis und zur Anwendung des Rechts erforderlich sind, werden als Wahlfächer vorgesehen und nach ihrem theoretischen oder praktischen Zusammenhang zu untereinander gleichgewichtigen Wahlfachgruppen zusammengefaßt.

(5) Fragen aus Gebieten, die weder zu den Pflichtfächern noch zu der von dem Bewerber bestimmten Wahlfachgruppe gehören, können zum Gegenstand der Prüfung gemacht werden, soweit sie in der Praxis in einem häufigen und typischen Zusammenhang mit Fragen aus den Prüfungsfächern auftreten oder soweit lediglich Verständnis und Arbeitsmethode festgestellt werden sollen und Einzelwissen nicht vorausgesetzt wird.

1. Die Struktur der ersten juristischen Staatsprüfung ist nunmehr entsprechend der Länderpraxis insoweit bundesrechtlich vorgeschrieben,

als es sich um einen schriftlichen und einen mündlichen Teil handelt, § 5d Abs. 1 S. 1 DRiG (Nr. 3). Landesrechtliche Unterschiede bleiben allerdings hinsichtlich der Art der schriftlichen Prüfungsleistungen bestehen. Im süddeutschen Raum ist die Hausarbeit unbekannt und wird durch eine vermehrte Zahl von Aufsichtsarbeiten ersetzt. Für die Hausarbeit spricht, daß sie Gelegenheit gibt, die Fähigkeit zu wissenschaftlicher Arbeitsweise darzutun; sie bietet zugleich einen möglichen Ausgleich für diejenigen Kandidaten, denen es schwerfällt, unter zeitlichem Druck Aufsichtsarbeiten zu schreiben. Gegen sie spricht freilich die Gefahr der Verzerrung der Chancengleichheit, weil die Selbständigkeit der Leistung nicht im gleichen Maße gewährleistet werden kann wie bei den Aufsichtsarbeiten. In den Ländern werden folgende schriftliche Arbeiten verlangt:

Baden-Württemberg:	8 Kl.
Bayern:	8 Kl.
Berlin:	HA, 4 Kl.
Hamburg:	HA, 3 Kl.
Hessen:	HA, 4 Kl.
Niedersachsen:	HA, 3 Kl.
Nordrhein-Westfalen:	HA, 3 Kl.
Rheinland-Pfalz:	8 Kl.
Saarland:	8 Kl.
Schleswig-Holstein:	HA, 3 Kl.

Während in der zweiten juristischen Staatsprüfung die häusliche Arbeit (Gutachten und Urteil) seit 1972 abgeschafft ist (vgl. Erstes Gesetz zur Änderung des JAG vom 8. Juni 1972, GVBl. S. 994), behält das JAG für die erste Staatsprüfung die häusliche Arbeit in Form eines wiss. Gutachtens über einen mitgeteilten Sachverhalt bei.

2. Der Ablauf des Prüfungsverfahrens wird durch die Termine für die Aufsichtsarbeiten bestimmt, die in zwei Jahreskampagnen (§ 8 Abs. 1 JAO) im Frühjahr und Herbst stattfinden. Ob das Prüfungsverfahren mit den Aufsichtsarbeiten oder der Hausarbeit beginnt, bestimmt das JPA (§ 11 Abs. 2 JAO). Im allgemeinen wünscht etwa die Hälfte aller Prüflinge, die Hausarbeit vor den Klausuren anzufertigen. Dies entspricht auch den zweckmäßigsten organisatorischen Abläufen, so daß die Bestimmung des JPA weitgehend unter Berücksichtigung der Wünsche der Kandidaten getroffen wird. Wer am schnellen Ablauf des Prüfungsverfahrens interessiert ist, sollte die Hausarbeit vor den Klausuren anfertigen, weil auf diese Weise ein früherer Termin für die mündliche Prüfung angesetzt werden kann (vgl. dazu Anm. 2 zu § 11 JAO).

3. Die Prüfungsfächer gliedern sich in Pflichtfächer (§ 5 JAO) und Wahlfachgruppen (§ 6 JAO). Nach § 5 a Abs. 2 DRiG sind Gegenstand des Studiums vor allem die Kernfächer Bürgerliches Recht, Strafrecht, öffentliches Recht und Verfahrensrecht einschl. der rechtswissenschaftlichen Methoden mit ihren philosophischen, geschichtlichen und gesellschaftlichen Grundlagen; die Wahlfächer dienen darüber hinaus der Ergänzung des Studiums und der Vertiefung der mit ihnen zusammenhängenden Pflichtfächer. Auf dieser Grundlage ist der Kanon der Pflicht- und Wahlfächer aufgebaut, aber trotz im wesentlichen übereinstimmender Beschlüsse des Juristischen Fakultätentages und der Leiter der Justizprüfungsämter in den einzelnen Ländern noch immer leicht divergierend. Berlin hat sich von geringfügigen Abweichungen abgesehen an den o. a. Beschlüssen orientiert.

Im übrigen muß der Prüfling einen Überblick über die gesamte Rechtsordnung haben, wobei Fragen aus Gebieten, die nicht zu den Pflichtfächern oder der gewählten Wahlfachgruppe gehören, ebenfalls zum Gegenstand der Prüfung gemacht werden können. Einzelwissen wird insoweit jedoch nicht abverlangt (Abs. 5).

4. Die Hausarbeit kann sich sowohl auf die Pflichtfächer als auch auf die Wahlfachgruppe des Prüflings beziehen. Das JPA berücksichtigt die mit dem Zulassungsgesuch geäußerten Wünsche soweit als möglich; ein Anspruch besteht jedoch nicht (§ 11 Abs. 3 JAO). Soweit sich Prüfungsfächer nur auf die Grundzüge erstrecken, gilt dies nicht für die Hausarbeit (§ 11 Abs. 1 S. 3 JAO). Die Zahl der Klausuren beträgt vier, wovon eine auf die Wahlfachgruppe des Prüflings und der Rest auf die Pflichtfächer entfallen. Auch in der mündlichen Prüfung wird neben den Pflichtfächern die Wahlfachgruppe berücksichtigt (§ 14 Abs. 2 JAO).

§ 4

Bewertung der Prüfungsleistungen

(1) Die einzelnen Prüfungsleistungen und die Gesamtnoten werden mit einer der Noten und Punktzahlen bewertet, die in der auf Grund von § 5 d Abs. 3 Satz 6 des Deutschen Richtergesetzes vom Bundesminister der Justiz erlassenen Rechtsverordnung vom 3. Dezember 1981 (BGBl. I S. 1243 / GVBl. 1982 S. 15) in der jeweiligen Fassung festgelegt sind.

(2) Wer in mehr als drei schriftlichen Arbeiten eine schlechtere Note als „ausreichend" erhalten oder in der schriftlichen Prüfung

nicht mindestens einen Punktdurchschnitt von 3,5 erzielt hat, ist von der mündlichen Prüfung ausgeschlossen und hat die Prüfung nicht bestanden. Bei der Berechnung des Durchschnitts der Punkte wird die Hausarbeit mit der doppelten Punktzahl berücksichtigt.

1. Die Bewertung der Prüfungsleistungen richtet sich bundeseinheitlich nach der VO des BMJ vom 3. Dezember 1981 (Nr. 4). Sie lehnt sich an das süddeutsche Punktesystem an und gestattet eine differenzierte Notengebung (kritisch hierzu: Haas, VBlBW 1982, S. 327 ff.). § 1 der VO ordnet den Notenstufen jeweils drei verschiedene Punktzahlen zu (mit Ausnahme der Note ungenügend — 0 Punkte), so daß der obere, mittlere und untere Bereich einer Notenstufe ausdifferenziert werden kann. Die Skala reicht von 1 bis 18; die Mittelwerte betragen für sehr gut 17, gut 14, vollbefriedigend 11, befriedigend 8, ausreichend 5 und mangelhaft 2 Punkte.

2. Soweit Einzelbewertungen zu Gesamtbewertungen zusammengefaßt werden, sind die auf zwei Dezimalstellen rechnerisch ermittelten Punktwerte mit den in § 2 Abs. 2 der VO vorgesehenen Notenbezeichnungen zu versehen. Keine Gesamtbewertung in diesem Sinne sind Teilergebnisse im Rahmen der Rechenoperationen zur Feststellung des Prüfungsergebnisses nach § 15 JAO. Lediglich das Endergebnis ist eine Gesamtbewertung. Die Gesamtnoten sind so geschnitten, daß eine Anhebung ab der Note „befriedigend" integriert ist. Wer im Gesamtdurchschnitt ein an der oberen Grenze liegendes „Befriedigend" erzielt (z. B. 10 Prüfungsleistungen à 9 Punkte = 90 : 10 = 9.00), schließt das Examen nach § 2 Abs. 2 mit der Gesamtnote „vollbefriedigend" ab. In der nächsten Notenstufe genügt sogar statt 12 ein Wert von 11,50, um ein „Gut" zu erzielen. Wer in den Einzelbewertungen schließlich durchweg gute Leistungen aufweist, braucht nur eine Gesamtnote von 14,00, um auf „Sehr gut" zu kommen. Diesem System liegt der Gedanke zugrunde, daß derjenige, der durchweg auf allen Rechtsgebieten und in allen Prüfungsteilen gleichmäßig an der oberen Grenze des „Befriedigend" liegende oder sogar überdurchschnittliche Leistungen erbringt, in der Gesamtschau eine bessere Note verdient hat, als es in den Einzelnoten zum Ausdruck kommt. Hieraus ergibt sich zugleich, daß gleichmäßige überdurchschnittliche Leistungen für sich genommen kein Grund sein können, von der fakultativen Anhebungsmöglichkeit Gebrauch zu machen (§ 5 d Abs. 3 S. 1 DRiG, §§ 15 Abs. 1 S. 6; 38 Abs. 3 JAO).

3. Das JAG sieht eine Bewertung nach der NotenVO nur für Prüfungsleistungen vor. Es versteht sich von selbst, daß die Leistungen während des Studiums in gleicher Weise zu bewerten sind, d. h. mit Noten und Punktzahlen nach § 1 der VO. Eine Bildung von Gesamtnoten gemäß § 2 der VO kommt während des Studiums nicht in Betracht. Für die erfolgreiche Teilnahme an einer Lehrveranstaltung kommt es nur auf die Zahl und Bewertung der Einzelleistungen an (§ 1 Abs. 1–3 JAO), nicht auf ein Rechenergebnis nach § 2 Abs. 2 der VO. Das gleiche gilt für den juristischen Vorbereitungsdienst (§§ 31 Abs. 1, 33 Abs. 5 JAO).

4. Um zur mündlichen Prüfung zugelassen zu werden, muß der Kandidat von den fünf schriftlichen Arbeiten (1 HA, 4 Kl.) in mindestens zwei ein „Ausreichend" und einen Punktdurchschnitt von mindestens 3,5 erzielt haben. Diese Sperrklausel ist verfassungsgemäß (BVerwG, Beschl. vom 28. 9. 1982 – 7 B 243.81; OVG Saarl., Urt. vom 24. 9. 1981 – 1 R 163/80). Sind mehr als drei Arbeiten mangelhaft oder schlechter ausgefallen oder sind zwar nur drei oder weniger Arbeiten mißlungen, der Punktdurchschnitt aller Arbeiten aber geringer als 3,5, so ist die Prüfung nicht bestanden. Da die Hausarbeit bei der Punktebewertung mit doppeltem Gewicht zu Buche schlägt, ist es in jedem Fall günstiger, wenn unter den gelungenen Arbeiten die Hausarbeit ist.

Beispiele:

a)	HA = 2 P	= 4	(2×2)
	1. Kl.	= 2	
	2. Kl.	= 3	
	3. Kl.	= 5	
	4. Kl.	= 6	
		20 : 6 = 3,33 (nicht bestanden)	
b)	HA = 5 P	= 10	(2×5)
	1. Kl.	= 2	
	2. Kl.	= 3	
	3. Kl.	= 2	
	4. Kl.	= 6	
		23 : 6 = 3,83 (zur mündl. Prüfung zugelassen)	

Diese Regelung ist differenzierter als die im JAG 1982, wo ohne Rücksicht auf den Punktdurchschnitt zwei erfolgreiche Arbeiten zur Zulassung zum Mündlichen genügten. Der neue Standard entspricht dem der meisten übrigen Bundesländer und ist angesichts der Mathematisierung des Prüfungsergebnisses sinnvoll. Wer beispielsweise lediglich in zwei Klausuren 4 Punkte erzielt hat und in allen übrigen schriftlichen Arbeiten einschl. der Hausarbeit nur je 1 Punkt, wäre nach bisherigem Recht zur mündlichen Prüfung zugelassen worden, obwohl dies jeden Sinnes entbehrt; sein Punktdurchschnitt beträgt nur 2. Zur mündlichen Prüfung sollte aber nur zugelassen sein, wer nach dem Ergebnis der mit einem Gewicht von 60 v. H. der Gesamtprüfung versehenen schriftlichen Arbeiten zu einer mindestens ausreichenden Leistung tendiert. Mit dieser Regelung wird zugleich dem Gebot der Einheitlichkeit der Prüfungsanforderungen entsprochen (§ 5 d Abs. 1 S. 2 DRiG).

§ 5

Wiederholung der Prüfung

Hat der Bewerber die Prüfung nicht bestanden, so kann er sie einmal wiederholen.

Die erste juristische Staatsprüfung kann nur einmal wiederholt werden. Eine zweite Wiederholungsmöglichkeit aufgrund einer Ausnahmeentscheidung des Senators für Justiz, wie sie für das zweite Examen gilt (§ 13 Abs. 3), ist ausgeschlossen. Zweifelhaft ist, ob dies auch für Heimkehrer gilt. Nach § 11 a HkG kann ein Heimkehrer eine nicht bestandene Prüfung, für die es nach allgemeinen Vorschriften keine Wiederholungsmöglichkeit gibt, innerhalb eines Jahres wiederholen. Mit dieser 1953 eingefügten Vorschrift sollte für den Fall, daß Prüfungsordnungen keine Wiederholungsmöglichkeit vorsehen, eine solche eröffnet werden. Das VG Berlin (nicht rechtskräftiges Urteil vom 8. Mai 1984 – VG 9 A 77/84) – legt § 11 a HkG dahin aus, daß Heimkehrern in jedem Fall eine zusätzliche Prüfungschance geboten werden soll, also auch nach nicht bestandener Wiederholungsprüfung.

Zweiter Abschnitt

Der Vorbereitungsdienst

§ 6

Eintritt in den Vorbereitungsdienst

(1) Wer die erste juristische Staatsprüfung bestanden hat, wird auf Antrag in den Vorbereitungsdienst aufgenommen und zum Referendar ernannt.

(2) Über den Antrag entscheidet der Präsident des Kammergerichts. Er kann die Entscheidung höchstens bis zu einem Jahr zurückstellen, wenn mehr Referendare, als bereits ernannt sind, nicht ausgebildet werden können.

(3) Die Aufnahme in den Vorbereitungsdienst erfolgt in der Regel im Beamtenverhältnis auf Widerruf. Bewerber, die die beamtenrechtlichen Voraussetzungen nicht erfüllen, können in ein öffentlich-rechtliches Praktikantenverhältnis aufgenommen werden. Sie erhalten eine Unterhaltsbeihilfe in Höhe der an Beamte im Vorbereitungsdienst gezahlten Bezüge. Sie werden nach § 1 des Verpflichtungsgesetzes vom 2. März 1974 (BGBl. I S. 469, 547 / GVBl. S. 874, 952), geändert durch Gesetz vom 15. August 1974 (BGBl. I S. 1942 / GVBl. S. 2068), auf die gewissenhafte Erfüllung ihrer Obliegenheiten verpflichtet. Im übrigen gelten für sie die Bestimmungen über die Pflichten des Beamten nach dem Landesbeamtengesetz in der jeweils geltenden Fassung entsprechend.

(4) Angehörige anderer Mitgliedstaaten der Europäischen Gemeinschaft, die die erste juristische Staatsprüfung bestanden haben, sind in ein öffentlich-rechtliches Praktikantenverhältnis aufzunehmen.

1. Die Einstellungsvoraussetzungen für das Beamtenverhältnis auf Widerruf ergeben sich aus § 9 LBG (vgl. Gesetzestext Nr. 11). Bewerber, die nicht Deutsche im Sinne des Art. 116 GG sind, *können* in ein öffentlich-rechtliches Praktikantenverhältnis aufgenommen werden. Dasselbe gilt für deutsche Bewerber, die nicht die Gewähr bieten, daß sie jederzeit für die freiheitlich-demokratische Grundordnung im Sinne des Grundgesetzes und der Verfassung von Berlin eintreten (§ 9 Abs. 1 Nr. 2 LBG). Bewerber aus Mitgliedsstaaten der EG, die die erste juristische Staatsprüfung bestanden haben, *sind* in das Praktikantenverhältnis aufzunehmen. Praktikanten führen ebenfalls die Bezeichnung Referendar. Sie erhalten wie Beamte auf Widerruf die Möglichkeit, den für die zweite juristische Staatsprüfung erforderlichen Vorbereitungsdienst zu durchlaufen. § 10 JAG unterscheidet nicht zwischen Referendaren als Beamte auf Widerruf und Praktikanten.

2. Einstellungen erfolgen z. Z. zu Beginn der Monate Februar, Mai, August und November eines jeden Jahres. Die Bewerbungen finden grundsätzlich in der zeitlichen Reihenfolge ihres Einganges Berücksichtigung (vgl. auch § 25 f. JAG), wobei die Bewerbung erst dann als erfolgt gilt, wenn sämtliche Unterlagen eingereicht sind, die für die Prüfung

der Bewerbung erforderlich sind. Dazu kann der geprüfte Rechtskandidat bei dem Justizprüfungsamt (mit dem Zeugnis über die bestandene erste juristische Staatsprüfung) oder auf Anforderung von dem Präsidenten des Kammergerichts, Witzlebenstraße 4/5, 1000 Berlin 19, ein Merkblatt erhalten, in dem die erforderlichen Unterlagen genannt sind. Zu nennen sind hier ein ausgefülltes Personalblatt (Vordruck vom Kammergericht), ein Lichtbild, ausführlicher hand- und (identischer) maschinengeschriebener Lebenslauf, Zeugnis über das Bestehen der ersten juristischen Staatsprüfung, Geburtsurkunde des Bewerbers und ggf. der Kinder, eventuell auch Heiratsurkunde, ggf. rechtskräftiges Scheidungsurteil. Die vertrauensärztliche Untersuchung über die gesundheitliche Eignung des Bewerbers zum Vorbereitungsdienst wird vom PräsKG bei dem für den Wohnsitz des Bewerbers in Berlin zuständigen Gesundheitsamt veranlaßt. Bewerber aus anderen Ländern der Bundesrepublik können sich zwecks Ersparung von Reisekosten (das amtsärztliche Zeugnis muß *vor* dem voraussichtlichen Einstellungstag vorliegen) auf eigene Kosten ein entsprechendes amtsärztliches Zeugnis von dem Gesundheitsamt ihres Wohnortes beschaffen und einreichen.

3. Ein Stichtag, bis zu dem die Bewerbung für den jeweiligen nächsten Einstellungstermin eingegangen sein muß, ist bisher nicht festgesetzt. Um die Einstellung zum vorgesehenen Einstellungstermin zu gewährleisten, *soll* jedoch die Bewerbung mindestens einen Monat vor dem Einstellungstermin erfolgen, da die Einholung des amtsärztlichen Zeugnisses, der unbeschränkten Auskunft aus dem Bundeszentralregister durch den Senator für Justiz und der Zustimmung des Personalrats der Referendare im Bezirk des Kammergerichts einige Zeit in Anspruch nimmt. Die Ernennung zum Referendar zum vorgesehenen Einstellungstermin kann nicht erfolgen, wenn nicht alle Unterlagen vorhanden sind, aus denen sich die Voraussetzungen für die Ernennung ergeben.

4. Bei Vorliegen aller Voraussetzungen hat der geprüfte Rechtskandidat einen Anspruch auf Aufnahme in den juristischen Vorbereitungsdienst. Es besteht jedoch nur ein eingeschränkter Anspruch auf Aufnahme zu dem von dem Bewerber vorgesehen Einstellungstermin. Die Entscheidung über den Antrag kann der PräsKG höchstens bis zu einem Jahr zurückstellen, wenn die Ausbildungskapazität erschöpft ist. Diese hängt in erster Linie von der Zahl der Ausbildungsplätze in der ersten Pflichtstation bei einem ordentlichen Gericht in Zivilsachen (§ 21 Abs. 2 Nr. 1 JAO) ab. Hier erfolgt die Ausbildung bei dem Landgericht und den Berliner Amtsgerichten in Zivilsachen. Die Überweisung erfolgt für sechs Monate (§ 8 Abs. 2 Satz 1 JAG), während alle drei Monate Einstellungstermine sind, so daß sich jeweils zwei Einstellungsgruppen in der jeweiligen sechsmonatigen Pflichtausbildung befinden. Bei der Entscheidung nach § 6 Abs. 2 Satz 2 JAG sind einerseits der Anspruch des geprüften Rechtskandidaten auf Ausbildung im juristischen Vorbereitungsdienst sowie andererseits die Funktionsfähigkeit der Ausbildungsstellen zur Erfüllung ihrer gesetzlichen Aufgaben zu beachten. Durch eine zu hohe Anzahl auszubildender Referendare wird nicht nur die Funktionsfähigkeit der ausbildenden Stellen, sondern auch die Ausbildung des einzelnen Referendars beeinträchtigt. Im Grundsatz dürfte die Überweisung von mehr als zwei Referendaren pro Ausbilder nicht mehr sachgerecht sein.

5. Über den Antrag auf Aufnahme in den juristischen Vorbereitungsdienst und somit auch über eine mögliche Zurückstellung nach § 6 Abs. 2 Satz 2 JAG ist bis zu dem der Bewerbung folgenden Einstellungstermin zu entscheiden. Die Zurückstellung kann mehrmals erfolgen. Die Einstellung muß jedoch vor Ablauf der Jahresfrist zu dem nächsten Einstellungstermin erfolgen.

Bewirbt sich ein Kandidat z. B. am 1. März eines Jahres, kann er frühestens zum Mai desselben Jahres berücksichtigt werden. Bei Zurückstellung der Entscheidung muß die Einstellung spätestens zum 2. Mai des nächsten Jahres, dem turnusgemäßen Einstellungstermin nach der Bewerbung im März, erfolgen.

6. Erfahrungsgemäß gibt es jeweils zum Einstellungstermin im November einen sehr großen Andrang, während im Februar die Ausbildungskapazität meist nicht ausgenutzt ist. Offene Stellen stehen erfahrungsgemäß meist auch im August eines Jahres zur Verfügung, da offenbar viele geprüfte Rechtskandidaten erst einmal Urlaub machen möchten, um dann im November ihren Dienst anzutreten.

§ 6a

Ziel und Inhalt der Ausbildung

(1) Der Vorbereitungsdienst gibt dem Referendar Gelegenheit, die durch das juristische Studium erworbenen Kenntnisse und Fähigkeiten zu erweitern und anzuwenden, die juristische Berufsausübung mit ihren gesellschaftlichen und wirtschaftlichen Grundlagen und Auswirkungen kennenzulernen und seine Erfahrungen kritisch zu verarbeiten. Er soll zu diesem Zweck praktische juristische Arbeit leisten und an Arbeitsgemeinschaften teilnehmen, die der Vorbereitung und Ergänzung der praktischen Tätigkeit dienen.

(2) Das Ausbildungsziel bestimmt die Art der dem Referendar zu übertragenden Aufgaben. Die praktischen Aufgaben sind so zu bemessen, daß der Referendar unter Berücksichtigung der Belastung durch die Arbeitsgemeinschaften und andere Ausbildungsveranstaltungen ganztägig beschäftigt ist. Er soll diese Aufgaben in möglichst weitem Umfang selbständig und, soweit die Art der Tätigkeit es zuläßt, eigenverantwortlich erledigen.

1. Im Vorbereitungsdienst lernt der Referendar die praktische Anwendung des Rechts. Hierzu muß er sich vornehmlich mit den entsprechenden Verfahrensordnungen (z. B. ZPO, StPO, GVG, VWGO, ArbGG) beschäftigen, während materiell-rechtliche Kenntnisse weitgehend vorausgesetzt werden. Absatz 1 setzt mit der Formulierung „die juristische Berufsausübung mit ihren gesellschaftlichen und wirtschaftlichen Grundlagen und Auswirkungen kennenzulernen und seine Erfahrungen kritisch zu verarbeiten" recht hohe Ziele, die in der praktischen Ausbildung nicht immer so vermittelt werden können. Es ist Sache des einzelnen Referendars, eigeninitiativ zu werden und sich entsprechend umzuschauen.

2. Der Referendar muß schon in der ersten Ausbildungsstation Entscheidungsentwürfe erarbeiten, die prozeß-rechtliche Kenntnisse voraussetzen. Aus diesem Grund ist ganztägige Beschäftigung (Absatz 2 Satz 2) nicht nur dienstlich gefordert, sondern im Interesse des Referendars angebracht.

3. Während dem Studenten an der Universität fertige Sachverhalte zur rechtlichen Lösung vorgelegt werden, muß der Referendar im Vorbereitungsdienst lernen, den Sachverhalt zu ermitteln, nach bestimmten Kriterien zu ordnen (in Zivilsachen z. B. aufgrund der relations-technischen Methode nach schlüssigem Klägervortrag, erheblichem Beklagtenvortrag mit der eventuellen Rechtsfolge der Beweisbedürftigkeit einer behaupteten Tatsache) und einer vertretbaren Lösung zuzuführen.

4. Die Ausbildung erfolgt bei Gerichten, Staatsanwaltschaft, Behörden, Gewerkschaften, Unternehmen und Rechtsanwälten. Daneben nimmt der Referendar ständig an Arbeitsgemeinschaften teil. Die Arbeit in den Ausbildungsstationen und in den Arbeitsgemeinschaften ist Dienstpflicht.

5. Der Referendar sollte von Anfang an bemüht sein, selbständig zu arbeiten, wobei damit Gruppenarbeit zur Repetition nicht ausgeschlossen ist, sondern sich bewährt hat. Im späteren Berufsleben wird von dem Juristen weitestgehend selbständige Arbeit erwartet.

6. Eine eigenverantwortliche Tätigkeit ist im Vorbereitungsdienst nur in einem beschränkten Maße möglich. Bei Gerichten und Staatsanwaltschaften beschränkt sie sich auf Zeugenvernehmungen im Beisein des ausbildenden Richters, Verhandlungsführung vor dem Spruchkörper (§ 10 GVG) und auf die Vertretung der Anklage vor dem Einzelrichter. Im weiteren Verlauf des Vorbereitungsdienstes ist eher eigenverantwortliche Tätigkeit möglich, so z. B. beim Rechtsanwalt in der Betreuung von Mandanten und der Wahrnehmung von Gerichtsterminen.

§ 7

Leitung der Ausbildung

(1) Die Gesamtausbildung des Referendars leitet der Präsident des Kammergerichts.

(2) Der Referendar ist während der Ausbildung bei einer Stelle, die nicht der Dienstaufsicht des Präsidenten des Kammergerichts untersteht, verpflichtet, auch den für seinen Dienst getroffenen Weisungen der jeweiligen Ausbildungsstelle nachzukommen. Bei Meinungsverschiedenheiten zwischen dem Präsidenten des Kammergerichts und der Ausbildungsstelle entscheidet der Senator für Justiz.

Dienstbehörde des Referendars (§ 4 Abs. 1 LBG) ist der PräsKG. Seiner Dienstaufsicht unterstehen die Berliner Gerichte der ordentlichen Gerichtsbarkeit (§ 13 GVG: Kammergericht, Landgericht, Amtsgerichte).

§ 7 Abs. 2 JAG stellt klar, daß der Referendar auch den dienstlichen Weisungen der jeweiligen Ausbildungsstelle nachzukommen hat, auch wenn die Weisung z. B. von einem Ausbilder bei dem Verwaltungsgericht kommt, der nicht der Dienstaufsicht des PräsKG untersteht.

Der Senator für Justiz ist oberste Dienstbehörde und somit in einem Konflikt zwischen PräsKG und Ausbildungsstelle entscheidungsbefugt. Er kann dem PräsKG Weisungen erteilen, aber nicht sonstigen Stellen, die nicht zu seinem Bereich gehören.

§ 8

Dauer und Gliederung des Vorbereitungsdienstes

(1) Im Rahmen der gesetzlichen Vorschriften bestimmt der Referendar die Dauer der einzelnen Ausbildungsstationen; nach Maßgabe der verfügbaren Ausbildungsplätze wählt er seine Ausbildungsstellen.

(2) Die Ausbildung in den Pflichtstationen dauert vierundzwanzig Monate, in Zivilsachen, Strafsachen und in der Verwaltung mindestens je sechs Monate, beim Rechtsanwalt mindestens drei Monate. Drei Monate der Ausbildung bei einer Verwaltungsbehörde können durch eine Ausbildung bei einem Gericht der Verwaltungs-, Sozial- oder Finanzgerichtsbarkeit oder durch eine Ausbildung bei der Hochschule für Verwaltungswissenschaften Speyer ersetzt werden.

(3) Die Wahlstationen sind folgenden Schwerpunktbereichen zuzuordnen:

1. Justiz,
2. Staat und Verwaltung,
3. Wirtschaft,
4. Arbeit und soziale Sicherung.

Der Referendar kann bei einer Station seines Schwerpunktbereiches sechs Monate oder bei zwei Stationen je drei Monate ausgebildet werden; der Präsident des Kammergerichts kann im Einzelfall Ausnahmen zulassen, wenn anderenfalls der gewählte Ausbildungsgang nicht durchgeführt werden könnte. Auf die Ausbildung im Schwerpunktbereich 2 kann eine Ausbildung an der Hochschule für Verwaltungswissenschaften Speyer mit bis zu drei Monaten angerechnet werden, wenn nicht bereits im Rahmen der Pflichtstation Verwaltung eine derartige Anrechnung stattgefunden hat. Im übrigen kann auf die Ausbildung im Schwerpunktbereich eine bis zu dreimonatige Ausbildung an einer juristischen Fakultät, die eine auf den Schwerpunktbereich bezogene wissenschaftliche Referendarausbildung anbietet, angerechnet werden.

(4) Eine erfolgreich abgeschlossene Ausbildung für den gehobenen Justizdienst oder für den gehobenen nichttechnischen Verwaltungsdienst kann vom Präsidenten des Kammergerichts mit drei oder sechs Monaten auf den Vorbereitungsdienst angerechnet werden.

(5) Der Vorbereitungsdienst verlängert sich nach Beendigung der Ausbildung bis zum Tag der bestandenen mündlichen Prü-

fung. Nimmt der Referendar nicht unmittelbar im Anschluß an die Ausbildung an dem nächstfolgenden Prüfungstermin teil, so kann er bis zur Beendigung des Vorbereitungsdienstes mit Dienstgeschäften betraut werden.

1. Trotz der im Hinblick auf die Einheitlichkeit der Juristenausbildung notwendigen Reglementierung des Vorbereitungsdienstes hat der Referendar vielfältige Möglichkeiten, seine Ausbildung individuell zu gestalten und nach seinen Vorstellungen und Neigungen auszurichten. Wegen der Einzelheiten ist § 8 im Zusammenhang mit §§ 20 ff. JAO zu lesen. Insofern wird auf die dortigen Erläuterungen verwiesen.

2. Die Begriffe der Ausbildungsstation, Ausbildungsstelle und des Ausbildungsplatzes sind voneinander abzugrenzen. Die Ausbildungsstationen ergeben sich aus § 5 b DRiG (vgl. Gesetzestext unter Nr. 3). Der Referendar durchläuft Pflichtstationen (ordentliches Gericht in Zivilsachen, Gericht in Strafsachen und/oder Staatsanwaltschaft, Verwaltungsbehörde, Rechtsanwalt) und Wahlstation(en). Bei den Ausbildungsstellen handelt es sich um die konkreten Ausbildungseinheiten (vgl. § 24 JAO). Damit sind die bestimmten Gerichte, Behörden oder sonstigen Stellen gemeint, denen der Referendar zur Ausbildung überwiesen werden kann. Die Leiter der Ausbildungsstellen weisen dem Referendar einen Ausbildungsplatz in einer Kammer, Abteilung, Dezernat oder Referat zu. Der Ausbildungsplatz ist sach-, nicht personenbezogen (vgl. VG Berlin, Beschluß vom 17. August 1981 zu VG 7 A 200/81).

So kann ein Referendar z. B. in der Ausbildungsstation bei einem ordentlichen Gericht in Zivilsachen dem Präsidenten des Landgerichts als Ausbildungsstelle überwiesen werden, der dem Referendar einen Ausbildungsplatz in einer Zivilkammer zuweist. In der Ausbildungsstation in Strafsachen kann der Referendar je drei Monate den Ausbildungsstellen bei einem Gericht in Strafsachen und der Staatsanwaltschaft zugewiesen werden. Dort stehen Ausbildungsplätze z. B. in einer Abteilung des Amtsgerichts Tiergarten oder einer Abteilung der Staatsanwaltschaft bei dem Landgericht Berlin zur Verfügung.

§ 5 b Abs. 3 Satz 1 DRiG limitiert im Rahmen einer sog. Soll-Bestimmung die Zahl der Ausbildungsstationen auf 7. Da der Berliner Landesgesetzgeber teilweise eine Unterteilung von Ausbildungsstationen zuläßt (z. B. nach § 8 Abs. 2 JAG die Pflichtstation bei einer Verwaltungsbehörde in 3 Monate Behörde und 3 Monate Verwaltungsgericht), limitiert er in Beachtung des § 5 b Abs. 3 Satz 1 DRiG zur Vermeidung einer zu großen Zersplitterung der Ausbildung die Zahl der Ausbildungsstellen auf 7. Hierbei handelt es sich ebenfalls um eine Soll-Bestimmung, die unter bestimmten Voraussetzungen Ausnahmen zuläßt (vgl. wegen der Einzelheiten die Erläuterungen zu § 23 JAO).

3. Der nach § 5b Abs. 1 Satz 1 DRiG dauernde zweieinhalbjährige Vorbereitungsdienst ist in zwei große Abschnitte zu unterteilen, nämlich in die Ausbildung in den Pflichtstationen (24 Monate) und in die Schwerpunktbereichsausbildung (6 Monate). Auf diese Abschnitte ist auch das Prüfungsverfahren abgestimmt (vgl. § 12 JAG: sechs Klausuren gegen Ende der Ausbildung bei der letzten Pflichtstation, zwei Klausuren nach Ende der letzten Wahlstation und mündlicher Teil der Prüfung).

Der Berliner Landesgesetzgeber hat die Pflichtstationen in Zivilsachen, Strafsachen und in der Verwaltung auf mindestens je sechs Monate festgesetzt. Bezüglich der Pflichtstation bei einem Rechtsanwalt ist es bei der Mindestdauer einer Pflichtstation von drei Monaten nach § 5b Abs. 3 Satz 2 DRiG verblieben.

a) Die Pflichtstation bei einem ordentlichen Gericht in Zivilsachen kann nicht unterteilt werden.

b) Die Ausbildung in Strafsachen kann entweder bei einem Gericht in Strafsachen oder der Staatsanwaltschaft erfolgen. Aus § 21 Abs. 2 Nr. 2 JAO ergibt sich, daß diese sechsmonatige Pflichtstation unterteilt werden kann. Der Referendar hat die Möglichkeit, die Station jeweils für drei Monate bei der Staatsanwaltschaft und bei einem Gericht in Strafsachen abzuleisten.

c) Der Referendar kann von der rahmenrechtlich zugelassenen Möglichkeit Gebrauch machen, drei Monate einer Ausbildung bei einem Gericht der allgemeinen oder der besonderen Verwaltungsgerichtsbarkeit auf die Pflichtausbildung in der Verwaltung anzurechnen. Diese Möglichkeit bestand auch bisher schon in Berlin aufgrund des JAG 1982. Diese Wahlmöglichkeit war eingeführt worden, weil in Berlin als Stadtstaat ein Mangel an Ausbildungsstellen bei einer klassischen Verwaltungsbehörde besteht. Der Bundesgesetzgeber hat jetzt diese bewährte Regelung übernommen.

Die Anrechnung einer Ausbildung an der Hochschule für Verwaltungswissenschaften in Speyer mit bis zu drei Monaten entspricht dem bisher schon geltenden Recht. Die Anrechnung ist nur alternativ vorgesehen, damit die Praxisausbildung in der Verwaltung nicht schlechthin abgewählt werden kann.

d) Wählt der Referendar nur die Mindestzeit von drei Monaten für die Ausbildung bei einem Rechtsanwalt, muß er die verbleibenden drei Monate bis zum Ende der Ausbildung in den Pflichtstationen zur weiteren Ausbildung in einer anderen Pflichtstation verwenden. Das muß nicht so geschehen, daß der Referendar die verbleibenden drei Monate sogleich an die zu verlängernde Pflichtstation z. B. bei einem ordentlichen Gericht in Zivilsachen anhängt. Er kann sich auch nach Abschluß der ersten drei Pflichtstationen nochmals bei einem Gericht in Zivilsachen, bei der Staatsanwaltschaft oder bei einer (anderen) Verwaltungsbehörde ausbilden lassen.

Eine ganz andere Frage ist es, ob die Beschränkung der Ausbildung bei einem Rechtsanwalt auf drei Monate sinnreich ist. Hierzu wird auf die Ausbildungsberatung nach § 23 Abs. 7 JAO sowie auf die Anregungen zur Gestaltung der Ausbildung verwiesen (vgl. unter Nr. 24 dieses Erläuterungsbuches).

Die konkrete Gestaltung der Ausbildungsstationen ergibt sich aus §§ 21 ff. JAO (vgl. die dortigen Erläuterungen).

4. Durch Absatz 3 werden die in der JAO im einzelnen geregelten Wahlstationen zu Schwerpunktbereichen zusammengefaßt. Die Bildung von Schwerpunktbereichen ist rahmenrechtlich vorgeschrieben, um eine Verengung des Ausbildungs- und Prüfungsstoffs auf eine bestimmte Wahlstation zu vermeiden. Die Schwerpunktbildung war bisher eine Berliner Besonderheit. Sie ist vom Gesetzgeber des JAG 1972 anläßlich der damaligen Verkürzung des Vorbereitungsdienstes auf 24 Monate eingeführt worden. Man war der Ansicht, daß die verkürzte Dauer des Vorbereitungsdienstes eine umfassende Ausbildung auch nur in den wichtigsten juristischen Berufen nicht mehr zulasse und bei der demnach allein sinnvollen exemplarischen Ausbildung die Frage, auf welchem Spezialgebiet sie stattfinde, in ihrer Bedeutung zurücktrete. Stattdessen sollte jeder Referendar die Möglichkeit erhalten, seinen Vorbereitungsdienst nach seinen Neigungen und beruflichen Vorstellungen einzuteilen. Diese Regelung, die die Selbstbestimmung des Referendars zulasse und fördere, sei seinem Lebensalter und der beruflichen Verantwortung, die zu übernehmen er sich vorbereite, angemessen. Durch die Selbstgestaltung des Ausbildungsganges würden zugleich günstigere Voraussetzungen für eine interessierte Mitarbeit des Referendars bei den von ihm gewählten Ausbildungsstellen geschaffen. Der Referendar hatte damals zwei Schwerpunktgebiete zu wählen, damit eine zu weitgehende Spezialisierung vermieden wird.

Das Argument des verkürzten Vorbereitungsdienstes war mit der Anhebung der Ausbildung auf 30 Monate aufgrund der Neufassung des § 5a Abs. 1 Satz 1 DRiG in der Fassung vom 16. April 1980 relativiert worden. Die Praxis während der Geltung des JAG 1972 hatte überdies die große Gefahr gezeigt, daß der Referendar bei der Wahl bestimmter Schwerpunktgebiete zu einseitig ausgebildet wird und die allgemeinen und klassischen Rechtsgebiete des Zivilrechts, Strafrechts und öffentlichen Rechts vernachlässigt. Das JAG 1982 betonte daher wieder im Hinblick auf § 13 Abs. 1 JAG (Befähigung zum Richteramt und zum höheren Verwaltungsdienst) eine einheitliche Ausbildung des künftigen Volljuristen. Die Möglichkeit des Referendars, den Vorbereitungsdienst nach seinen Neigungen und beruflichen Vorstellungen einzuteilen, sollte dabei nicht aufgegeben werden. Es verblieb daher bei der Wahl von zwei Schwerpunktgebieten. Die Wahl war insofern eingeschränkt, als der Referendar jedenfalls entweder die Schwerpunktgebiete streitentscheidende Zivilrechtspflege oder Strafrechtspflege oder öffentliches Recht wählen mußte. Daneben hatte er freie Wahl aus allen neun Schwerpunktgebieten. Der Referendar hatte bei seiner Wahl abzuwägen, inwieweit er sich schon im Vorbereitungsdienst spezialisiert (ohne im allgemeinen absehen zu können, ob er auch später auf diesem Gebiet einen Arbeitsplatz erhalten kann), oder ob er versuchen soll, eine möglichst allgemeine weitgefächerte Ausbildung zu durchlaufen, um später vielseitig verwendbar zu sein.

Mit dem JAG 1972 entfernte sich der Berliner Gesetzgeber — bildlich gesprochen — zwei Schritte von den Regelungen in den anderen Bundesländern. Mit dem JAG 1982 gab es wieder einen Schritt zurück in Richtung einer einheitlichen Juristenausbildung. Durch die Regelung des Bundesgesetzgebers in dem dritten Gesetz zur Änderung des Deutschen Richtergesetzes vom 25. Juli 1984 (vgl. Nr. 3 dieses Erläuterungsbuches), daß die Wahlstationen zu Schwerpunktbereichen zusammenzufassen sind, wurde bundeseinheitlich eine maßvolle Schwerpunktbildung eingeführt, die für die Berliner Juristenausbildung keine Neuheit ist. Insofern gibt es jetzt wieder einen Gleichklang und eine weitaus bessere Vergleichbarkeit der juristischen Ausbildung in den einzelnen Bundesländern.

Ausbildungsziel ist der Einheitsjurist mit der Befähigung zum Richteramt. Der berufsfertige Jurist soll im Prinzip in der Lage sein, in allen juristischen Berufen ohne zusätzliche Ausbildung tätig zu sein. Es sollen keine Spezialjuristen, sondern Juristen mit in erster Linie fundiertem Wissen in den Kern- und Grundlagenfächern herangezogen werden (vgl. die Begründung in der Vorlage zur Beschlußfassung über das 4. Gesetz zur Änderung des JAG — Drucksache 9/2049, Abgeordnetenhaus von Berlin). Daneben besteht jedoch die Möglichkeit, bestimmte Bereiche in Wahlstationen zu vertiefen.

5. In den vier Schwerpunktbereichen finden sich die bisherigen neun Schwerpunktgebiete des JAG 1982 im wesentlichen wieder. Welche

Einzelgebiete der jeweilige Schwerpunktbereich umfaßt, ergibt sich aus § 36 Abs. 2 JAO in der Beschreibung des Prüfungsinhalts. Insofern wird auf die Erläuterung zu dieser Vorschrift verwiesen.

Die Zusammenfassung von Schwerpunktgebieten zu (nur) vier Schwerpunktbereichen bringt es mit sich, daß der Referendar nicht mehr so spezialisierend (mit der damit verbundenen Möglichkeit der Abwahl anderer Gebiete) arbeiten kann. Er muß sich vielmehr gebietsübergreifend mit dem gesamten Bereich beschäftigen. Nach § 36 JAG kann er zwar für die schriftliche Prüfung Untergruppen wählen. Im mündlichen Prüfungsteil muß er jedoch auf sämtliche Gebiete des Bereichs vorbereitet sein.

Die Neufassung des Deutschen Richtergesetzes hat es mit sich gebracht, daß jetzt auch während der Ausbildung bei den Wahlstationen eine vertiefte wissenschaftliche Ausbildung an einer Universität ermöglicht wird. Das gehört zu den Kernstücken der Reform 1984 und greift positive Erfahrungen aus der einstufigen Juristenausbildung auf. Die Neuerung besteht darin, daß der Referendar nicht nur die Hochschule für Verwaltungswissenschaften Speyer besuchen, sondern sich auch an einer sonstigen juristischen Fakultät vertieft ausbilden lassen kann. Voraussetzung ist allerdings, daß die gewählte Rechtsfakultät ein dem Schwerpunktbereich des Referendars entsprechendes Ausbildungsprogramm anbietet. Die Rückkehr an die Universität ist auf drei Monate beschränkt, damit daneben auf jeden Fall noch eine Ausbildung in der Praxis möglich bleibt (so die amtliche Begründung in Drucksache 9/2049, Abgeordnetenhaus von Berlin).

Es bleibt abzuwarten, welche Ausbildungsprogramme der Fachbereich 9 der Freien Universität Berlin anbieten wird. Die anzubietenden Ausbildungsprogramme sollten sich auf Gebiete beziehen, die während des Hochschulstudiums vor der ersten juristischen Staatsprüfung weniger Beachtung finden, für die Praxis jedoch von erheblicher Wichtigkeit sind. Dazu zählt das Familienrecht, dessen Grundlagen und Auswirkungen vertiefend behandelt werden könnten. Ferner ist es wünschenswert, daß die Universität Ausbildungsprogramme im Wirtschaftsrecht anbietet. In diesem sollten auch wirtschaftswissenschaftliche Veranstaltungen der betriebswirtschaftlichen Propädeutik Berücksichtigung finden (z. B. Buchhaltung).

6. Absatz 5 stellt klar, daß der Vorbereitungsdienst über die eigentliche zweieinhalbjährige Dauer der Ausbildung hinaus bis zum Tag der bestandenen mündlichen Prüfung fortbesteht. In der amtlichen Begründung heißt es dazu, daß für die zahlreichen Fälle, in denen Referendare zum vorgesehenen Prüfungstermin kurzzeitig erkranken und damit im Regelfall weitere drei bis vier Monate bis zum nächsten regulären Prüfungstermin im Vorbereitungsdienst verbleiben, die Möglichkeit eröffnet werden muß, diese Referendare bei Bedarf mit Dienstgeschäften zu betrauen. Dieser Personenkreis habe keinen Anspruch darauf, sich während der Wartezeit ausschließlich der Examensvorbereitung zu widmen, da diejenigen Referendare, die ohne kurzzeitige Erkrankung das Examen zum vorgesehenen Zeitpunkt abgelegt haben, ebenfalls keine erweiterte Vorbereitungszeit zur Verfügung hatten. Als Tätigkeitsfelder für Referendare kämen die Aufgaben eines Rechtspflegers in Betracht (§ 2 Abs. 5 Rechtspflegergesetz, siehe Gesetzestext unter Nr. 10 dieses Erläuterungsbuches) oder die Wahrnehmung von Sitzungsdienst bei der Amtsanwaltschaft Berlin. In der Praxis wird allerdings die Übertragung von Aufgaben eines Rechtspflegers kaum in Betracht kommen, da Referendare hier nur nach Einarbeitungszeit effektiv arbeiten können dürften. Der Sitzungsdienst bei der Amtsanwaltschaft entspricht aber schon den bisherigen Aufgaben eines Referendars in seiner Ausbildung in der zweiten Pflichtstation, so daß sich hier ein Tätigkeitsfeld eröffnet. Von einer derartigen Dienstleistung kann allerdings nur dann Gebrauch gemacht werden, wenn das Prüfungsamt nicht Zwischentermine einschiebt. Der zeitliche Umfang muß so eingerichtet werden, daß dadurch nicht die bevorstehende Prüfung beeinträchtigt werden kann.

§ 9

Beendigung des Vorbereitungsdienstes

(1) Unbeschadet der allgemeinen beamtenrechtlichen Vorschriften kann ein Referendar entlassen werden, der in seiner Ausbildung nicht hinreichend fortschreitet oder sich als ungeeignet erweist, den Vorbereitungsdienst fortzusetzen.

(2) Das Beamtenverhältnis oder das Praktikantenverhältnis endet spätestens sechs Monate nach Beendigung der Ausbildung oder einer Ergänzungsausbildung. Es endet nicht, wenn der Präsident des Kammergerichts vorher feststellt, daß das jeweilige Verhältnis fortdauert. Diese Feststellung kann er nur treffen, wenn die Verzögerung des Prüfungsverfahrens nicht auf einem in der Person des Referendars liegenden Grund beruht. Der Senator für Justiz kann in besonderen Härtefällen auf Antrag Ausnahmen zulassen.

1. Nach bisher geltendem Recht endete das Beamten- oder Praktikantenverhältnis spätestens neun Monate nach Beendigung des Vorbereitungs-

dienstes oder eines Ergänzungsvorbereitungsdienstes. Die Frist ist nunmehr auf sechs Monate verkürzt worden, weil mit einem schnelleren Abschluß der zweiten juristischen Staatsprüfung zu rechnen ist. Während bisher am Ende der Ausbildung fünf Klausuren und die mündliche Prüfung zu absolvieren waren, werden nach dem JAG 1984 nur noch zwei Klausuren vor der mündlichen Prüfung zu schreiben und zu korrigieren sein. Die übrigen sechs Klausuren sind bereits während der Ausbildung korrigiert. Die Frist ist ausreichend, damit ein Referendar die Möglichkeit hat, im Beamten- oder Praktikantenverhältnis bei Gewährung von Anwärterbezügen an zwei Prüfungsterminen teilzunehmen. Da der Vorbereitungsdienst nicht nur die Ausbildung, sondern auch die Wartezeiten umfaßt, ist ferner klargestellt, daß die Sechs-Monatsfrist ab Beendigung der Ausbildung oder der Ergänzungsausbildung rechnet.

2. Von den allgemeinen beamtenrechtlichen Vorschriften ist anzuführen: Die Nichtigkeit der Ernennung nach § 14 LBG, die Rücknahme der Ernennung nach § 15 LBG sowie die Entlassung nach §§ 64 ff. LBG. Die Entlassung des Beamten auf Widerruf kann nach § 68 LBG erfolgen.

3. § 9 Abs. 1 JAG stellt eine Konkretisierung des § 68 LBG dar, der mit der bundesrahmengesetzlichen Bestimmung des § 23 Abs. 3 BRRG im Einklang steht. Da der Vorbereitungsdienst Ausbildungsstätte im Sinne des Art. 12 Abs. 1 Satz 1 GG ist, gilt für Beamte auf Widerruf im Vorbereitungsdienst der Grundsatz der jederzeitigen Entlassung nach § 68 Abs. 1 Satz 1 LBG nicht. Dem Referendar *soll* Gelegenheit gegeben werden, den Vorbereitungsdienst abzuleisten und die Prüfung abzulegen. Die Vorschrift schränkt daher das weite Ermessen des Dienstherrn dahin ein, daß die Entlassung eines Beamten auf Widerruf im Vorbereitungsdienst nur aus Gründen statthaft ist, die mit Sinn und Zweck des Vorbereitungsdienstes in Einklang stehen (vgl. BVerwG, Beschluß vom 9. Oktober 1978 — 2 B 74/77 — Buchholz zu 37. O. § 39 LBG Baden-Württemberg, Nr. 3; OVG Berlin, Urteil vom 3. Juni 1980 zu OVG 4 B 54/79). § 9 Abs. 1 JAG widerspricht daher nicht § 23 Abs. 3 BRRG, sondern gibt Gründe an, die auch eine Entlassung des Referendars während des Vorbereitungsdienstes rechtfertigen können, ohne daß dem Beamten Gelegenheit gegeben wird, den Vorbereitungsdienst abzuleisten und die Prüfung abzulegen (vgl. Battis, BBG, § 32 Anm. 3: „... Von dieser Regel darf nur abgewichen werden aus in der Person des Beamten liegenden und den Sinn des Vorbereitungsdienstes gefährdenden Gründen, wenn der Beamte nicht die an ihn zu stellenden charakterlichen, geistigen oder sittlichen Voraussetzungen erfüllt"; vgl. auch z. B. BVerwG DÖD 64/52; OVG Koblenz DVBl. 58/106).

Dritter Abschnitt

Die zweite juristische (große) Staatsprüfung

§ 10

Zulassung

(1) Der Präsident des Kammergerichts stellt den Referendar unverzüglich nach Beendigung des letzten Ausbildungsabschnitts mit einer abschließenden Beurteilung seiner Leistungen im Vorbereitungsdienst (Ausbildungsnote) dem Justizprüfungsamt zur Prüfung vor.

(2) Über die Zulassung zur zweiten juristischen Staatsprüfung entscheidet das Justizprüfungsamt.

1. Die Zulassung zur zweiten Staatsprüfung ist — anders als im Fall des § 1 — lediglich ein Formalakt, der den Beginn des Prüfungsverfahrens im engeren Sinne ausweist und sich unmittelbar an die — evtl. gemäß § 28 JAO verlängerte — Ausbildung anschließt. Im weiteren Sinne hat das Prüfungsverfahren bereits während der Ausbildung begonnen, weil Teile der Prüfung vorverlagert sind (§§ 5d Abs. 2 S. 2 DRiG, § 12 Abs. 1 JAG, § 36 Abs. 1 JAO). Das JPA hat bei der Zulassung keinen Entscheidungsspielraum, wenn der Referendar vom PräsKG zur Prüfung vorgestellt wird und die gesetzliche Ausbildungszeit absolviert hat. Dies gilt selbst dann, wenn die Ausbildungsnote mangelhaft lautet. Ein mangelhafter Lernfortschritt ist für sich genommen kein Grund, die Ausbildung zu verlängern. Denn nach § 5b Abs. 3 S. 4 DRiG kann der Vorbereitungsdienst nur aus zwingenden Gründen, nicht jedoch wegen unzureichender Leistungen verlängert werden (vgl. auch § 28 JAO).

2. Trotz Beendigung der zweieinhalbjährigen Ausbildung dauert der Vorbereitungsdienst (Beamtenverhältnis auf Widerruf) fort. Die Prüfung wird also in der Regel im Beamtenverhältnis abgelegt. Dies schließt aber nicht aus, auch Externe zur Prüfung zuzulassen. Hiervon betroffen sind ehemalige Referendare, die vor Ablegung der Staatsprüfung aus dem Beamten- oder Praktikantenverhältnis gemäß § 9 Abs. 2 entlassen worden sind, denen der Rücktritt von der Prüfung bei gleichzeitiger Entlassung gemäß § 40 Abs. 3 JAO gestattet worden ist oder die im Wege der Ausnahmeentscheidung nach § 13 Abs. 3 die Prüfung nochmals wiederholen dürfen.

3. Die vom PräsKG festzusetzende Ausbildungsnote (im einzelnen vgl. § 34 Abs. 1 JAO) behält trotz der Abschaffung der sog. Drittelanrechnung (§ 5 d Abs. 3 S. 5 DRiG) ihre Bedeutung. Im Rahmen der zulässigen Abweichung vom rechnerischen Prüfungsergebnis können die Leistungen im Vorbereitungsdienst berücksichtigt werden (§§ 5 d Abs. 3 S. 1 DRiG, 15 Abs. 1 S. 6, 38 Abs. 3 JAO).

§ 11

Zweck der Prüfung

Die große Staatsprüfung dient der Feststellung, ob der Referendar nach seinen fachlichen und allgemeinen Kenntnissen und nach seinen praktischen Fähigkeiten das geltende Recht unter Berücksichtigung seiner geschichtlichen, gesellschaftlichen, wirtschaftlichen, politischen und rechtsphilosophischen Grundlagen anwenden kann und nach dem Gesamtbild seiner Persönlichkeit in der Lage ist, nach einer angemessenen Zeit der Einarbeitung als Richter, Staatsanwalt, Rechtsanwalt oder Beamter des nichttechnischen höheren Verwaltungsdienstes oder in vergleichbaren juristischen Berufen tätig zu sein.

1. Die in ihrem wesentlichen Inhalt seit 1972 geltende Vorschrift besagt etwas Selbstverständliches: Wer die zweite Staatsprüfung bestanden hat, ist nur in dem Sinne berufsfertig, als er nach angemessener Einarbeitung in jedem volljuristischen Beruf tätig sein kann. Denn die beruflichen Anforderungen sind derart umfänglich und – je nach Berufssparte – verschiedenartig, daß ein gewisser Einarbeitungsvorlauf unverzichtbar ist. Um so wichtiger sind allgemeine Befähigung, Grundlagenwissen, methodisches Geschick und gute Kenntnisse in den exemplarischen Kernfächern des Rechts. Wer hierüber verfügt, findet auch schnell Zugang zu Spezialmaterien und denjenigen juristischen Berufen, die nicht im Vordergrund der mehr auf den Justizjuristen zugeschnittenen Ausbildung sind. Eine derart verstandene solide Ausbildung in der Methodik und in den Kernfächern des Rechts bietet mehr Sicherheit als eine zu starke Spezialisierung und Verengung auf bestimmte Rechtsgebiete, von denen der Referendar zumeist nicht einmal weiß, ob er sie beruflich wird umsetzen können. Die breit angelegte Ausbildung dürfte letztlich auf dem Arbeitsmarkt mehr Chancen eröffnen als eine verfrühte Festlegung. Um hier steuernd zu wirken, sind die Wahlmöglichkeiten unter den

bisherigen neun Schwerpunktgebieten abgeschafft und auf vier Schwerpunktbereiche, die größere Berufsfelder abdecken, zurückgeführt worden (§ 8).

2. Die nach § 11 vorausgesetzte Einarbeitung hat in der beruflichen Praxis nicht immer ihre Entsprechung. In vielen juristischen Berufen ist der Berufsanfänger vom ersten Tag an voll für sein berufliches Handeln verantwortlich. Dies gilt nicht nur für den niedergelassenen Rechtsanwalt, sondern auch für den Richter, der mit der Ernennung zum Richter auf Probe und der geschäftsplanmäßigen Zuweisung seiner Aufgaben amtshandlungsfähig und -pflichtig wird. Die Einarbeitung ist deshalb nicht immer über eine abgestufte Verantwortlichkeit steuerbar (Ausnahmen: ein Proberichter darf nicht Familienrichter sein, § 23b Abs. 3 S. 2 GVG, und vor Ablauf eines Jahres keinem Schöffengericht vorsitzen, § 29 Abs. 1 Satz 2 GVG), sondern meist nur über eine nach Maßgabe der Geschäftslage reduzierte Belastung und die Integration in einen mit erfahrenen Richtern besetzten Spruchkörper. Bessere Einarbeitungsmöglichkeiten bietet die Staatsanwaltschaft, die aufgrund ihrer hierarchischen Struktur die Zeichnungsbefugnis (kleines und großes Zeichnungsrecht) abstufen und der zunehmenden Sicherheit des jungen Juristen anpassen kann. Ähnliches gilt im allgemeinen für die öffentlichen Verwaltungen des Bundes und der Länder.

3. Die in § 11 umschriebenen Kenntnisse und Fähigkeiten lassen sich nicht sämtlichst in der großen Staatsprüfung feststellen. Sie gibt allenfalls einen kleinen Ausschnitt dessen wieder, was der Referendar weiß und kann. Diese Tatsache hat immer wieder die Diskussionen um den Sinn der Prüfung belebt (vgl. Wassermann, JZ 1984 S. 1086, mit Nachweisen). Kritiker forderten früher vielfach ihre Abschaffung, freilich zu Unrecht und ohne Überzeugungskraft, weil es im Interesse der rechtsuchenden Allgemeinheit eines Instrumentariums bedarf, das unter möglichst gleichartigen Bedingungen und bei Wahrung der Chancengleichheit die Möglichkeit eröffnet, ungeeigneten Referendaren das Testat der Befähigung zum Richteramt zu versagen. Die Ausbildung selbst kann diese Auslese nicht leisten. Die breite Streuung der Ausbilder und Arbeitsgemeinschaftsleiter, der demzufolge fehlende Gleichklang bei den Beurteilungen, die mangelnde Anonymität bei der Bewertung schriftlicher Vorlagen und das Fehlen jeglicher Gewähr für eigenständige Leistungen sind nur einige Gründe, die eine zweite Prüfung unverzichtbar machen. Hinzu kommt, daß nur über die Anforderungen in der Prüfung das Niveau der Ausbildung gesichert und der Referendar zu kontinuierlicher Leistungsbereitschaft sekundär motiviert werden kann. Dabei geben die schriftlichen Prüfungsleistungen zumeist über Wissen, Können und

Entschlußfreudigkeit Aufschluß, die mündliche Prüfung darüber hinaus über geistige Beweglichkeit, Auffassungsgabe und Gesamtpersönlichkeit. (Einzelheiten dazu: Anm. zu §§ 36, 38 JAO).

§ 12

Bestandteile und Gegenstand der Prüfung, Bewertung der Prüfungsleistungen

(1) Der schriftliche Teil der Prüfung umfaßt acht Aufsichtsarbeiten, von denen sechs gegen Ende der Ausbildung bei der letzten Pflichtstation und zwei nach Ende der letzten Wahlstation angefertigt werden. Der mündliche Teil der Prüfung erstreckt sich auf einen Aktenvortrag und ein sich anschließendes Prüfungsgespräch.

(2) Gegenstand der Prüfung sind unter Einbeziehung des Pflichtstoffs der ersten juristischen Staatsprüfung und unter besonderer Berücksichtigung der praktischen Ausbildung

1. bei den gegen Ende der Ausbildung bei der letzten Pflichtstation anzufertigenden Aufsichtsarbeiten die Zivilrechtspflege, die Strafrechtspflege und die Verwaltung einschließlich des Verwaltungsprozesses,

2. bei den nach Ende der letzten Wahlstation anzufertigenden Aufsichtsarbeiten auf den gewählten Schwerpunktbereich (§ 8 Abs. 3) bezogene Rechtsgebiete und

3. in der mündlichen Prüfung die Zivilrechtspflege, die Strafrechtspflege einschließlich der Grundzüge des Strafvollzugsrechts, die Verwaltung einschließlich des Verwaltungsprozesses und auf den gewählten Schwerpunktbereich bezogene Rechtsgebiete.

§ 3 Abs. 2 Satz 2 und Abs. 5 gilt entsprechend.

(3) § 4 Abs. 1 gilt entsprechend.

(4) Wer in mehr als fünf Aufsichtsarbeiten eine schlechtere Note als „ausreichend" erhalten oder in der schriftlichen Prüfung nicht mindestens einen Punktdurchschnitt von 3,5 erzielt hat, ist von der mündlichen Prüfung ausgeschlossen und hat die Prüfung nicht bestanden.

1. Die Gewichtung des schriftlichen und mündlichen Prüfungsteils im Verhältnis zueinander ist in § 38 Abs. 3 JAO in Verbindung mit § 15

Abs. 1 Satz 4 JAO geregelt, und zwar im Verhältnis 60 : 40. Damit geht das Landesrecht an die Grenze des gemäß § 5d Abs. 3 Satz 3 DRiG Zulässigen. Wie die *einzelnen* schriftlichen Leistungen und die einzelnen Prüfungsabschnitte innerhalb des Mündlichen zu gewichten sind (z. B. Vortrag im Verhältnis zu einem Abschnitt des Prüfungsgesprächs), ist nicht ausdrücklich geregelt. Da JAG und JAO hier schweigen, muß angenommen werden, daß die Gleichgewichtigkeit als selbstverständlich vorausgesetzt worden ist, d. h. jede Aufsichtsarbeit hat ein Gewicht von 1/8 des Schriftlichen und jede mündliche Leistung (Vortrag und vier Abschnitte des Prüfungsgesprächs) 1/5 des Mündlichen. Bezogen auf die Gesamtprüfung wertet unter Berücksichtigung der nach §§ 5d Abs. 3 Satz 3 DRiG, 15 Abs. 1 Satz 4, 38 Abs. 3 JAO vorgeschriebenen Relation jede Aufsichtsarbeit 7,5 v. H. (3/40) und der Vortrag wie jeder Abschnitt des Prüfungsgesprächs 8 v. H. (2/25) oder 15/200 (8 × 15 = 120 = 60 v. H.) bzw. 16/200 (5 × 16 = 80 = 40 v. H.).

2. Die acht Aufsichtsarbeiten der schriftlichen Prüfung werden in zwei Abschnitten angefertigt. Sechs davon werden während der Ausbildung geschrieben, und zwar so, daß die Bearbeitung noch in die Zeit der Ausbildung bei der letzten Pflichtstation fällt. Die Worte „gegen Ende der Ausbildung bei der letzten Pflichtstation" präzisiert § 36 Abs. 1 JAO dahin, daß die Klausuren vor Ende dieser Station angefertigt werden müssen. In der Praxis wird das in der Regel bedeuten, daß die Klausuren entsprechend den Einstellungsterminen im Vierteljahresrhythmus in den letzten Tagen des jeweiligen Monats angesetzt werden. Der Sinn der Regelung besteht darin, daß die ohnehin mit 6 Monaten knapp bemessene Schwerpunktbereichsausbildung mit der Anfertigung der Pflichtstationsklausuren nicht belastet werden soll. Die restlichen zwei Klausuren werden hingegen unmittelbar nach Beendigung der Gesamtausbildung angefertigt und gehen deshalb nicht mehr zu Lasten der Ausbildungszeit. Sie werden am Monatsbeginn terminiert, so daß keine Überschneidungen mit Terminen für die Pflichtstationsklausuren stattfinden. Wer wegen Erkrankung die vorangegangenen Termine für die Pflichtstationsklausuren entschuldigt versäumt hat, kann und muß deshalb unter Umständen ebenso wie ein „Wiederholer" (§ 40 Abs. 1 S. 3 JAO) die acht Klausuren zusammenhängend anfertigen (vgl. § 36 Abs. 4 S. 3 JAO).

3. Von den gegen Ende bei der letzten Pflichtstation anzufertigenden sechs Klausuren beziehen sich je zwei auf die Zivilrechtspflege, Strafrechtspflege und die Verwaltung (wegen der Einzelheiten vgl. Anm. zu § 36 Abs. 1 JAO). Eine Wiederholungsmöglichkeit für einzelne mißlungene Klausuren (sog. Doppelschuß), wie es noch § 32 Abs. 2 JAO vom 11. Oktober 1982 (GVBl. S. 1897) vorsah, gibt es nicht mehr. Die nach

Ende der Ausbildung folgenden zwei Klausuren haben den gewählten Schwerpunktbereich des Referendars zum Gegenstand (§ 8 Abs. 3 JAG, § 36 Abs. 2 Nr. 1—4 JAO), wobei in den Schwerpunktbereichen Justiz, Staat und Verwaltung sowie Arbeit und soziale Sicherung wegen der Breite der jeweiligen Gebiete eine Untergruppenwahl stattfindet (§ 36 Abs. 2 S. 3 JAO). Die Einzelheiten des Stoffkatalogs ergeben sich aus § 36 Abs. 2 Satz 2 JAO; Grundlage ist der jeweilige Prüfungsstoff des ersten Examens. Das Neue besteht in der prozeßrechtlichen und sonstigen praktischen Erfahrung, die es in der Regel ermöglichen soll, anhand eines Aktenauszuges einen für die Praxis brauchbaren Entscheidungsvorschlag zu formulieren und in sich folgerichtig zu begründen. Daneben wird ein Überblick über die gesamte Rechtsordnung vorausgesetzt (Abs. 2 S. 2). Das *Zivilrecht* beschränkt sich nicht ausschließlich auf die streitentscheidende Zivilrechtspflege, sondern umfaßt auch die Zwangsvollstreckung und die Grundzüge der freiwilligen Gerichtsbarkeit (§ 5 Nr. 10 JAO). Das Zivilprozeßrecht geht freilich über die Grundzüge hinaus und wird im vollen Umfange verlangt. Zivilrecht im zweiten Examen erfordert wegen des praktischen Bezuges ein gleichrangiges Gewicht von materiell-rechtlichen und prozeßrechtlichen Kenntnissen und Fertigkeiten. Ähnliches gilt für das *Strafrecht*, das sowohl das materielle Recht wie das Strafprozeßrecht umfaßt. Die *Verwaltung* umfaßt entsprechend das Verwaltungsverfahrensrecht und das Verwaltungsprozeßrecht.

4. Die fünf Teile der mündlichen Prüfung erstrecken sich auf die o. g. drei Pflichtgebiete und den gewählten Schwerpunktbereich, wobei folgende Besonderheiten zu beachten sind:

— Das Pflichtfach Strafrecht umfaßt auch die Grundzüge des Strafvollzugsrechts (Strafvollzugsgesetz).

— In den Schwerpunktbereichen findet im Gegensatz zum Schriftlichen keine Wahl von Untergruppen statt.

Aus welchem Gebiet der Vortrag entnommen wird, ist nicht geregelt; er kann sich theoretisch entweder auf eines der Pflichtfächer oder den Schwerpunktbereich beziehen. Praktisch wird er dem Schwerpunktbereich entnommen werden, und zwar möglichst der Untergruppe, die bei den Klausuren nicht repräsentiert ist. Einzelheiten vgl. Anm. zu § 38 JAO.

5. Die Sperrklausel in Absatz 4 gestattet nur demjenigen den Zugang zur mündlichen Prüfung, der von acht mindestens drei Klausuren mit „ausreichend" oder besser geschrieben und einen Punktdurchschnitt von mindestens 3,5 erzielt hat (zu letzterem vgl. Anm. 4 zu § 4). Die Erhöhung der Zahl der „bestandenen" Klausuren von 2 (bisheriges Recht) auf 3 hängt mit der Neustrukturierung der Aufsichtsarbeiten zusammen und ist unvermeidbar. Andernfalls wäre es möglich, daß ein Referendar die zweite Staatsprüfung ohne Erfolg in wenigstens einer der auf die Pflichtstationen bezogenen Klausuren besteht. Dies entspricht der Regelung auch in anderen Ländern, die teilweise sogar noch strengere Sperrklauseln kennen, und dem Gebot einheitlicher Prüfungsanforderungen (§ 5 d Abs. 1 S. 2 DRiG).

Beispiele:

a)	1. Kl.	Z 1	=	2 P.	
	2. Kl.	Z 2	=	5 P.	
	3. Kl.	S 1	=	2 P.	
	4. Kl.	S 2	=	2 P.	
	5. Kl.	V 1	=	1 P.	
	6. Kl.	V 2	=	3 P.	
	7. Kl.	SPB 1	=	5 P.	
	8. Kl.	SPB 2	=	6 P.	
				26 : 8 = 3,25	(nicht bestanden)
b)	1. Kl.	Z 1	=	3 P.	
	2. Kl.	Z 2	=	5 P.	
	3. Kl.	S 1	=	3 P.	
	4. Kl.	S 2	=	2 P.	
	5. Kl.	V 1	=	5 P.	
	6. Kl.	V 2	=	3 P.	
	7. Kl.	SPB 1	=	3 P.	
	8. Kl.	SPB 2	=	5 P.	
				29 : 8 = 3,62	(zur mündlichen Prüfung zugelassen)

§ 13

Rechtswirkung der Prüfung, Wiederholung der Prüfung

(1) Wer die zweite juristische (große) Staatsprüfung bestanden hat, besitzt die Befähigung zum Richteramt und zum höheren

Verwaltungsdienst. Er ist berechtigt, die Bezeichnung „Assessor“ zu führen. Mit Ablauf des Tages der mündlichen Prüfung endet das Beamten- oder Praktikantenverhältnis.

(2) Hat der Referendar die Prüfung nicht bestanden, so kann er sie einmal wiederholen. Besteht er die Wiederholungsprüfung nicht, so ist er mit Ablauf des Tages der mündlichen Prüfung oder, falls keine mündliche Prüfung stattfindet, mit dem Tag der Zustellung der Entscheidung aus dem Beamten- oder Praktikantenverhältnis entlassen.

(3) In besonderen Ausnahmefällen kann der Senator für Justiz die nochmalige Wiederholung der Prüfung gestatten. Der Antrag ist spätestens drei Monate nach Zustellung der Mitteilung über das Ergebnis der ersten Wiederholungsprüfung zu stellen. Er ist abzulehnen, wenn der Antragsteller in der Wiederholungsprüfung ein schlechteres Gesamtergebnis, im Fall des § 12 Abs. 4 einen schlechteren Punktdurchschnitt als 3,0 erzielt hat. Die Genehmigung wird unwirksam, wenn der Antragsteller sich nicht binnen sechs Monaten zur erneuten Wiederholungsprüfung gemeldet hat.

(4) Die Vorschrift des § 26 Abs. 2 der Verordnung über die Laufbahn der Beamten des Verwaltungsdienstes findet keine Anwendung.

1. Das Bestehen der großen Staatsprüfung eröffnet den Zugang zu allen volljuristischen Berufen (vgl. Einführung). Gleichzeitig endet das Beamten- oder Praktikantenverhältnis kraft Gesetzes; eines Entlassungsbescheides bedarf es nicht. Die Anwärterbezüge werden für die Zeit nach Ablegung der Prüfung bis zum Ende des laufenden Monats weitergewährt, § 60 BBesG. Stichtag für die Gewährung der jährlichen Sonderzuwendung sind die rechtlichen und tatsächlichen Verhältnisse am 1. Dezember eines Jahres, § 10 SZG.

2. Besteht der Referendar die Prüfung erstmals nicht, dauert das Beamten- oder Praktikantenverhältnis fort; kraft Gesetzes ist er erst entlassen, wenn er auch die Wiederholungsprüfung nicht besteht oder die Voraussetzungen des § 9 Abs. 2 vorliegen.

3. Ein besonderer Ausnahmefall, in dem der Senator für Justiz die nochmalige Wiederholung der zweiten Prüfung gestatten kann, setzt voraus, daß ein Prüfling durch außergewöhnliche, von ihm nicht zu vertretende und nicht üblicherweise durch die Prüfungssituation bedingte Tatsachen gehindert worden ist, seine Kenntnisse und Fähigkeiten in der Prüfung darzulegen. § 13 Abs. 3 bietet ein Instrumentarium, die durch derartige Umstände gestörte Chancengleichheit wiederherzustellen. Demzufolge liegt ein besonderer Ausnahmefall jedenfalls in der Regel nicht vor, wenn Tatsachen dargelegt werden, die, wären sie rechtzeitig vorgebracht worden, einen Entschuldigungsgrund i. S. der §§ 36 Abs. 4, 38 Abs. 3 i. V. m. §§ 9 Abs. 5, 14 Abs. 4 JAO darstellen würden. Trotz eines besonderen Ausnahmefalles ist der Antrag abzulehnen, wenn er nicht rechtzeitig gestellt ist oder die erneute Wiederholung der Prüfung keine hinreichende Aussicht auf Erfolg bietet; die Erfolgsaussicht wird kraft Gesetzes unterstellt, wenn der Referendar in der ersten Wiederholungsprüfung mindestens einen Durchschnitt von 3,0 erzielt hat.

4. Wird die zweite Wiederholung der Prüfung ausnahmsweise gestattet, so sind auf Antrag diejenigen Prüfungsleistungen aus dem ersten Prüfungsversuch, die bei der Wiederholungsprüfung angerechnet worden sind (§ 40 Abs. 2 JAO), wiederum anrechenbar. Eine Anrechnung weiterer Prüfungsleistungen, die im zweiten Versuch gelungen waren, ist hingegen ausgeschlossen. Denn der Referendar, dem die Wohltat des § 13 Abs. 3 zugute kommt, darf nicht besser stehen als er bei der ersten Wiederholungsprüfung gestanden hat (vgl. VG Berlin, Urt. vom 21. 2. 1984 – VG 12 A 62/83).

Von der Ausnahmegenehmigung ist innerhalb von sechs Monaten Gebrauch zu machen, weil andernfalls der Zusammenhang zwischen Ausbildung und Prüfung unwiederbringlich zerrissen wäre.

5. Wer die zweite Prüfung endgültig nicht bestanden hat, kann auch nicht die Befähigung für eine Laufbahn des gehobenen Dienstes zuerkannt werden (Abs. 4).

Vierter Abschnitt

Das Justizprüfungsamt

§ 14

Aufgaben und Zusammensetzung

(1) Die juristischen Staatsprüfungen nimmt das Justizprüfungsamt Berlin bei dem Senator für Justiz ab.

(2) Das Justizprüfungsamt besteht aus dem Präsidenten, weiteren hauptamtlichen und nebenamtlichen Mitgliedern.

(3) Der Präsident und die weiteren hauptamtlichen Mitglieder müssen Richter oder Beamte mit der Befähigung zum Richteramt sein. Mindestens ein hauptamtliches Mitglied soll Beamter des höheren Verwaltungsdienstes sein. Zu nebenamtlichen Mitgliedern können berufen werden

a) die Professoren des Rechts,

b) Richter, Staatsanwälte, Rechtsanwälte,

c) andere Personen, die die Befähigung zum Richteramt oder auf Grund des Studiums der Rechtswissenschaft und der vorgeschriebenen Prüfungen die Befähigung zum höheren Verwaltungsdienst erlangt haben.

(4) Der Senator für Justiz beruft die Mitglieder einschließlich des Präsidenten, und zwar

a) die Professoren auf Vorschlag der Freien Universität Berlin,

b) die Rechtsanwälte auf Vorschlag des Vorstands der Rechtsanwaltskammer Berlin,

c) die Richter im Einvernehmen mit der zuständigen obersten Dienstbehörde, soweit er nicht selbst oberste Dienstbehörde ist,

d) die Beamten, wenn er nicht selbst deren oberste Dienstbehörde ist, auf Vorschlag des Senators für Inneres und im Einvernehmen mit den zuständigen obersten Dienstbehörden.

(5) Die Mitglieder des Justizprüfungsamtes sind bei ihrer Prüfungstätigkeit sachlich unabhängig und an Weisungen nicht gebunden.

1. § 14 Abs. 2 JAG 1972 lautete noch: Das Justizprüfungsamt untersteht dem Senator für Justiz. Im Zuge der Neufassung der Vorschrift durch Art. I Nr. 10 des Dritten Änderungsgesetzes zum JAG vom 9. 7. 1982 (GVBl. S. 1097) ist das JPA ab 1. Oktober 1982 bei dem Senator für Justiz errichtet. Mit dieser Änderung schließt sich Berlin vergleichbaren Organisationsformen in anderen Ländern an, wo die Prüfungsämter überwiegend beim Justizministerium „errichtet" oder diesem „angegliedert" sind (vgl. hierzu Müller, DRiZ 1978 S. 193ff.). Durch die Gesetzesänderung wird das JPA nicht zu einem unselbständigen Teil der Behörde Senator für Justiz, sondern es bleibt im Außenverkehr selbständige Behörde. Das JPA hat gesetzlich zugewiesene Außenzuständigkeiten, die es als eigene Aufgaben wahrnimmt. Die Änderung des § 14 beschränkt sich auf das Innenverhältnis (z. B. Haushalt, Stellenbewirtschaftung und Bedarfsverwaltung). Auch hinsichtlich der Vertretung in Rechtsstreitigkeiten tritt keine Änderung ein; das JPA vertritt das

Land Berlin unmittelbar und nicht qua Senator für Justiz (vgl. § 7 der Anordung des SenJust vom 16. Sept. 1977, Amtsblatt S. 1368 f.).

2. Mit Rücksicht auf die Errichtung des JPA bei dem Senator für Justiz ist nunmehr gegen Entscheidungen des Amtes unmittelbar der Klageweg eröffnet, § 68 I S. 2 Nr.1 VwGO. Vgl. dazu Anmerkungen zu § 17.

3. Die hauptamtlichen und nebenamtlichen Mitglieder des JPA sind bei ihrer Prüfertätigkeit sachlich unabhängig. Es handelt sich bei der Bewertung von Prüfungsleistungen um eine wissenschaftlich-pädagogische Beurteilung, die dem Prüfer höchstpersönlich übertragen ist (vgl. VGH Bad.-Württ., ZBR 1975, 326) und für die ihm schlechterdings keine Weisungen erteilt werden können. Das Gesetz stellt allein auf den Sachverstand und die Beurteilung des Prüfers ab, der den unmittelbaren Eindruck von der Prüfungsleistung gewinnt.

4. Die Prüfungstätigkeit der Hochschullehrer des Fachbereichs Rechtswissenschaft gehört nicht zum Hauptamt, sondern ist die Wahrnehmung eines Nebenamtes. § 133 Abs. 3 Nr. 1 BerlHG, wonach die Mitwirkung an Staatsprüfungen nach Maßgabe der Prüfungsordnungen und anderer Regelungen über Staatsprüfungen zu den hauptberuflichen Aufgaben der Professoren gehört, steht dem nicht entgegen. Aus § 16 JAG folgt, daß die Mitgliedschaft zum JPA nicht kraft Hauptamtes entsteht, sondern aufgrund einer Auswahl und Bestellung durch den Senator für Justiz. Andernfalls wäre der Umfang hauptamtlicher Pflichten unterschiedlich, je nachdem, ob eine Bestellung ausgesprochen wurde oder nicht. Die nebenamtliche Ausübung der Prüfungstätigkeit beim JPA entspricht auch langjährigen Traditionen und beruht letztlich darauf, daß die Hochschule als Dienstherr keinerlei Einflußmöglichkeiten auf Art und Umfang der Heranziehung der Professoren hat. § 133 Abs. 3 Nr. 1 BerlHG kann allenfalls als ein Anwendungsfall des § 28 Abs. 1 LBG (Verpflichtung zur Übernahme eines Nebenamtes) angesehen werden. Die Heranziehung zu Prüfungen erfolgt daher auch nicht im Rahmen eines Dienstverhältnisses (§ 2 Abs. 2 Nr. 6 der Lohnsteuerdurchführungsverordnung), so daß auch die Prüfervergütung nicht als Einnahme aus unselbständiger Arbeit anzusehen ist.

§ 15

(weggefallen)

§ 16

Amtsdauer

(1) Die Mitglieder einschließlich des Präsidenten werden jeweils für die Dauer von drei Jahren berufen; bei Ablauf der Frist verlängert sich ihr Auftrag bis zur Neubesetzung des Amtes, längstens jedoch um sechs Monate.

(2) Die nebenamtliche Mitgliedschaft endet mit dem Ausscheiden des Mitgliedes aus seinem Hauptamt, soweit der Senator für Justiz nicht im Ausnahmefall etwas anderes bestimmt.

1. Die wiederholte Berufung von haupt- und nebenamtlichen Mitgliedern des Amtes ist zulässig. Bei hauptamtlichen Mitgliedern wird freilich im Regelfall die Amtsdauer auf insgesamt sechs Jahre begrenzt, um durch Neuberufungen den Praxisbezug gewährleisten zu können.

2. Absatz 2 ist nur für Beamte und Richter relevant. Treten sie in den Ruhestand oder scheiden sie aus sonstigen Gründen aus dem Hauptamt aus, endet die nebenamtliche Mitgliedschaft. Das gleiche gilt, wenn der Beamte oder Richter zu einem anderen Dienstherrn versetzt wird. Da es für Rechtsanwälte und Notare keine Altersgrenze gibt, können sie dem Amt angehören, solange sie ihren Beruf ausüben.

§ 17

Prüfungsentscheidungen

(1) Jede Aufsichtsarbeit wird von zwei Mitgliedern des Justizprüfungsamtes, die der Präsident bestimmt, bewertet. Bei der ersten juristischen Staatsprüfung soll eines dieser Mitglieder Hochschullehrer sein. Weichen die Bewertungen der Aufsichtsarbeiten nicht mehr als drei Punkte voneinander ab und können sich die Prüfer nicht einigen, gilt der Mittelwert; bei größeren Abweichungen entscheidet der Präsident des Justizprüfungsamtes oder ein von ihm bestimmtes hauptamtliches Mitglied; er kann sich dabei für die Bewertung eines Prüfers entscheiden oder eine zwischen den Bewertungen liegende Punktzahl festsetzen.

(2) Die übrigen Prüfungsentscheidungen werden durch Prüfungsausschüsse getroffen, die aus vier Mitgliedern einschließlich des Vorsitzenden bestehen. Die Prüfungsausschüsse treffen ihre

Entscheidungen mit Stimmenmehrheit. Bilden sich in Beziehung auf die festzusetzende Punktzahl mehr als zwei Meinungen, deren keine die Mehrheit für sich hat, so werden die für die größte Punktzahl abgegebenen Stimmen den für die zunächst geringere abgegebenen solange hinzugerechnet, bis sich unter Berücksichtigung des Satzes 4 eine Mehrheit ergibt. Bei Stimmengleichheit entscheidet die Stimme des Vorsitzenden.

(3) Die Prüfungsausschüsse werden vom Präsidenten des Justizprüfungsamtes gebildet. Ein Mitglied des Prüfungsausschusses soll hauptamtliches Mitglied des Justizprüfungsamtes sein. Bei der ersten juristischen Staatsprüfung sollen zwei Hochschullehrer Mitglieder des Prüfungsausschusses sein. Ein Mitglied soll besondere Kenntnisse auf dem Gebiet des öffentlichen Rechts haben. Bei der großen Staatsprüfung soll ein Mitglied des Prüfungsausschusses der Verwaltung oder der Verwaltungsgerichtsbarkeit angehören oder angehört haben.

(4) Prüfungsentscheidungen können nur abgeändert werden, wenn nachträglich bekannt wird, daß der Prüfling sie durch eine Täuschung beeinflußt hat. Über die Abänderung entscheidet das Justizprüfungsamt. Sie ist bei der ersten juristischen Staatsprüfung nur bis zum ordnungsmäßigen Bestehen der großen Staatsprüfung, längstens jedoch innerhalb einer Frist von fünf Jahren seit dem Tage der mündlichen Prüfung zulässig. Bei der großen Staatsprüfung kann eine Abänderung nur bis zum Ablauf von fünf Jahren nach dem Tage der mündlichen Prüfung erfolgen.

1. Es ist zu unterscheiden zwischen Prüfungsentscheidungen und sonstigen Entscheidungen des Amtes. Aus dem Zusammenhang zwischen Abs. 1 und Abs. 2 folgt, daß das JAG unter Prüfungsentscheidung nicht nur die Entscheidung über das Bestehen oder Nichtbestehen der Prüfung, sondern auch die Bewertung der einzelnen Prüfungsleistung versteht. Denn Abs. 1 bezieht sich ausschließlich auf solche Einzelleistungen, nämlich auf die Bewertung der Aufsichtsarbeiten durch zwei Mitglieder des Amtes. Die übrigen Prüfungsentscheidungen (Abs. 2), die von den aus vier Mitgliedern bestehenden Prüfungsausschüssen getroffen werden, betreffen die Bewertung der Hausarbeit im ersten Examen, die mündlichen Prüfungsleistungen und das Gesamtergebnis der Prüfung. Nur die Entscheidung über das Ergebnis der Prüfung stellt einen anfechtbaren Verwaltungsakt (§ 35 VwVerfG) dar; die übrigen Prüfungsentscheidungen über Einzelleistungen (z. B. Klausuren) sind als Verfahrenshandlungen gemäß § 44 a VwGO nicht selbständig anfechtbar.

2. Die sonstigen Entscheidungen trifft das Amt. Dies sind alle diejenigen Verwaltungsakte, die keine Bewertung von Prüfungsleistungen zum Gegenstand haben. Hierzu gehören z. B. die Versagung der Zulassung, Sanktionen nach § 19 Abs. 1 Satz 1 JAO, die Nichtzulassung zur mündlichen Prüfung gemäß §§ 4 Abs. 2, 12 Abs. 4, die Entscheidung über das Nichtbestehen der Prüfung wegen Säumnis, §§ 14 Abs. 4, 37, 38 Abs. 3 JAO, wie überhaupt die Folgen versäumter Prüfungsleistungen, §§ 9 Abs. 5, 36 Abs. 4 JAO.

3. Für den Fall, daß bei Prüfungsentscheidungen keine Mehrheiten zustandekommen, sind unterschiedliche Regelungen getroffen (Abs. 1 S. 2):

a) Bei den von zwei Prüfern zu bewertenden Aufsichtsarbeiten ist zunächst ein Einigungsversuch zu unternehmen. Scheitert er, so ist bei Abweichungen von nicht mehr als 3 Punkten der Mittelwert anzusetzen (z. B. bei 10 und 11 Punkten Mittelwert 10,5 Punkte oder bei 10 und 12 Punkten Mittelwert 11 Punkte). In allen anderen Fällen trifft der PräsJPA oder ein von ihm bestimmtes hauptamtliches Mitglied einen Stichentscheid. Diese differenzierte Regelung ist in weiteren Bundesländern üblich und auch verfassungsgemäß (VG Mainz, Urt. vom 11. Januar 1979 — 7 K 66/78).

b) In der mündlichen Prüfung und bei der Bewertung der Hausarbeit gilt Abs. 2 Satz 3, der der Regelung des § 196 Abs. 2 GVG nachgebildet ist. Bewerten der erste und der zweite Prüfer die Arbeit je mit 2 Punkten, der dritte Prüfer jedoch mit 4 Punkten und meint der Vorsitzende, die Leistung sei mit 8 Punkten zu bewerten, so beträgt das Ergebnis 4 Punkte: Der Vorsitzende hat für sein Votum keine Mehrheit; seiner Bewertung kommt jedoch die des dritten Prüfers am nächsten; wenn der Vorsitzende schon nicht 8 Punkte durchsetzen kann, so wären ihm als nächst vertretbares Ergebnis mindestens 4 Punkte recht. Damit ist zugleich die erfolgreiche Mehrheit für 4 Punkte erzielt, weil die Stimme des Vorsitzenden bei Stimmengleichheit den Ausschlag gibt. Bewertet hingegen der erste Prüfer die Leistung mit 8 Punkten, der zweite mit 10 und der dritte mit 12 Punkten und meint der Vorsitzende, es seien nur 5 Punkte gerechtfertigt, so beträgt das Ergebnis 8 Punkte: Die Stimme des dritten und des zweiten Prüfers werden der Stimme des ersten Prüfers hinzugezählt; damit haben die ersten drei Stimmen die Mehrheit für 8 Punkte.

4. Gegen Prüfungsentscheidungen und andere Entscheidungen ist, soweit es sich nicht um Verfahrenshandlungen nach § 44a VwGO handelt, unmittelbar der Klageweg eröffnet. Ein Widerspruchsverfahren findet seit dem 1. Oktober 1982 nicht mehr statt, § 68 Abs. 1 Satz 2 Nr. 1 VwGO. Mit dieser amtlichen Begründung ist der frühere § 17 Abs. 5 JAG 1972 („Gegen Prüfungsentscheidungen ist der Widerspruch nicht gegeben“) mit Rücksicht der Errichtung des JPA bei einer obersten Landesbehörde als überflüssig gestrichen worden. Denn in der Praxis der Verwaltungsgerichte werden die beim Ministerium entrichteten Landesjustizprüfungsämter als oberste Landesbehörde behandelt oder einer solchen mindestens gleicherachtet (vgl. Hess VGH, Urt. vom 19. 6. 1975 – VII OE 1/75; VG Kassel, Urt. vom 20. 4. 1983 – III/4 E 955/81; vgl. auch Müller, DRiZ 1978 S. 193, 197 Sp. 2). Der Widerspruch ist – jedenfalls bei Prüfungsentscheidungen – auch gemäß §§ 68 Abs. 1 Satz 2 1. Altern. VwGO, 26 Abs. 1 Satz 2 AZG ausgeschlossen. Die Einschränkungen des Anwendungsbereichs des AZG in § 33 Abs. 2 Nr. 1 AZG dürften sich nicht auf das JPA beziehen. Die mißglückte Formulierung „Die Behörden der Justizverwaltung und der Verwaltung der übrigen Gerichtszweige“ deutet darauf hin, daß der Gesetzgeber nur die Gerichtsverwaltungen (einschl. Strafverfolgungsbehörden) vom Anwendungsbereich des AZG ausnehmen wollte.

5. Abänderungen von Prüfungsentscheidungen zum Nachteil des Prüflings sind nur unter den in Abs. 4 genannten Voraussetzungen möglich. Nicht hierzu zählen die offensichtlichen Unrichtigkeiten einer Prüfungsentscheidung, wie Rechenfehler, die jederzeit berichtigt werden können, §§ 42 VwVerfG, 15 Abs. 3, 38 Abs. 3 JAO.

§ 18

Prüfungsniederschrift

Über den Prüfungshergang ist eine Niederschrift aufzunehmen.

Wegen des Inhalts der Prüfungsniederschrift vgl. §§ 17, 41 JAO. Ein Wortprotokoll wird nicht geführt. Es wäre auch eher schädlich als nützlich. Für den Rechtsschutz des Prüflings bedarf es keiner Protokollierung der Fragen und Antworten. Die Entbehrlichkeit einer detaillierten Niederschrift ist in der Rechtssprechung anerkannt (vgl. BVerwG, NJW

1971, S. 1956; OVG Lüneburg, ZBR 1975, S. 121, 123; Hess. VGH, DVBl. 1974, S. 730; VG Bln, Urt. v. 2. 12. 1971 — III A 277/71).

§ 19

(weggefallen)

§ 20

Offenlegung der Prüfungsergebnisse

(1) Der Prüfling kann innerhalb von drei Monaten, nachdem ihm das Prüfungsergebnis bekanntgegeben worden ist, seine schriftlichen Arbeiten mit den Randbemerkungen und schriftlichen Bewertungen in den Räumen des Justizprüfungsamtes unter Aufsicht einsehen.

(2) Die Einsicht in die häusliche Arbeit ist zu versagen, wenn die weitere Verwendung der Prüfungsaufgabe erforderlich ist. Sofern die Einsicht nach Satz 1 versagt wird, kann der Prüfling verlangen, daß ihm die Mängel und Vorzüge seiner häuslichen Arbeit vom Vorsitzenden des Prüfungsausschusses oder von einem anderen, vom Vorsitzenden zu bestimmenden Mitglied eröffnet werden.

Das Einsichtsrecht schließt die Befugnis, sich Notizen zu machen, ein; Ablichtungen können hingegen nicht verlangt werden. Die Gestattung der Einsicht wird in der Praxis nahezu ausschließlich auf die Aufsichtsarbeiten beschränkt, weil die Hausarbeiten ganz überwiegend für eine erneute Ausgabe benötigt werden. Bei Versäumung der Klagefrist kann der Prüfling nicht Wiedereinsetzung in den vorigen Stand mit der Begründung begehren, für die Erläuterung der Hausarbeit habe nicht rechtzeitig ein Mitglied des JPA zur Verfügung gestanden. Es genügt, wenn Akteneinsicht möglich gewesen wäre (BVerwGE. Beschl. v. 7. 9. 1976 — VII B 104/76; OVG Münster, Urt. v. 19. 5. 1976 — III A 1203/75).

§ 21

Sonstige Entscheidungen

Soweit nicht durch dieses Gesetz oder auf Grund dieses Gesetzes etwas anderes bestimmt wird, entscheidet das Justizprüfungsamt durch seinen Präsidenten.

Soweit Entscheidungen nicht durch Prüfer (§ 17 Abs. 1) oder Prüfungsausschüsse (§ 17 Abs. 2) getroffen werden, greift die Regelung des § 21 ein. Dies gilt auch für die der Prüfungsentscheidung eines Ausschusses nachfolgenden Geschäfte, wie die Erteilung des Zeugnisses (§§ 15 Abs. 2, 38 Abs. 3 JAO). Ferner für Ablehnungen wegen Besorgnis der Befangenheit eines Prüfers (vgl. dazu Anm. 4 zu § 13 JAO).

§ 22

(weggefallen)

Fünfter Abschnitt

Die Übergangs- und Schlußvorschriften

§ 23

(weggefallen)

§ 24

(weggefallen)

§ 25

Ausbildungs- und Prüfungsordnung

Der Senator für Justiz wird ermächtigt, im Einvernehmen mit dem Senator für Inneres die zur Durchführung dieses Gesetzes und der §§ 39 und 44 des Berliner Hochschulgesetzes erforderlichen Rechtsvorschriften zu erlassen über

a) die Voraussetzungen für die Zulassung zur ersten juristischen Staatsprüfung im einzelnen und das Zulassungsverfahren,

b) Meldefristen für Prüfungen und über die Anrechnung von Studienzeiten auf die Regelstudienzeit,

c) die Bestandteile und die Gegenstände der Prüfungen im einzelnen, das Prüfungsverfahren sowie die Voraussetzungen und

das Verfahren bei der Wiederholung einer Prüfung, insbesondere die Anrechnung einzelner Prüfungsleistungen,
d) die Gestaltung des Vorbereitungsdienstes einschließlich seiner Verlängerung,
e) die Beurteilung der Leistungen im Vorbereitungsdienst, die Vorstellung zur großen Staatsprüfung und die Feststellung ihres Ergebnisses,
f) Festsetzung der Zahl der Ausbildungsplätze für den Vorbereitungsdienst unter sachgerechtem Ausgleich der Verpflichtung, eine ordnungsgemäße Ausbildung ohne Beeinträchtigung der Funktionsfähigkeit der ausbildenden Stellen zu gewährleisten, sowie Gestaltung des Auswahl- und Zulassungsverfahrens, wenn die Zahl der Bewerber die Zahl der freien Ausbildungsplätze übersteigt, wobei grundsätzlich von der Reihenfolge der Anträge auszugehen ist; vorab können bis zu zehn vom Hundert der freien Ausbildungsplätze für Fälle außergewöhnlicher Härte vorgesehen werden.

Die Ermächtigung zu lit. a läuft teilweise leer, weil die Zulassungsvoraussetzungen zur ersten Staatsprüfung jetzt detailliert im JAG selbst geregelt sind; lediglich hinsichtlich der Verfahrensfragen hat sie hauptsächlich Bedeutung. Von der Ermächtigung zu lit. a bis e hat der Senator für Justiz durch die JAO (Nr. 2) Gebrauch gemacht. Für die Festsetzung der Zahl der Ausbildungsplätze (lit. f) durch KapazitätsVO besteht zur Zeit kein Bedarf, weil alle erfolgreich geprüften Studenten ohne nennenswerte Wartezeit in den Vorbereitungsdienst aufgenommen werden können.

§ 26

Inkrafttreten

(1) Dieses Gesetz tritt mit Ausnahme des § 4 Abs. 3 und des § 25 am 1. August 1966 in Kraft; § 4 Abs. 3 tritt am 1. Januar 1967, § 25 tritt am Tage nach der Verkündung des Gesetzes im Gesetz- und Verordnungsblatt für Berlin in Kraft.

(2) Gleichzeitig tritt die Ausbildungsordnung für Juristen (JAO) in der Fassung vom 1. Januar 1962 (GVBl. 1961 S. 1770) außer Kraft, soweit sich nicht aus den §§ 23, 24 und der auf Grund des Artikels 3 Abs. 2 des Gesetzes zur Kürzung des Vorbereitungsdienstes für

den Erwerb der Befähigung zum höheren Beamtendienst und zum Richteramt vom 18. August 1965 (BGBl. I S. 891 / GVBl. S. 1085) erlassenen Rechtsverordnung etwas anderes ergibt.

1. Die Vorschrift betrifft das Inkrafttreten des Gesetzes in der ursprünglichen Fassung vom 29. April 1966 (GVBl. S. 735); sie ist überholt.

Die Übergangsvorschriften anläßlich der Änderung des JAG 1966 im Jahre 1972, die noch immer für einzelne Altfälle zu beachten sind, ergeben sich aus Art. II des Ersten Gesetzes zur Änderung des Gesetzes über die juristische Ausbildung vom 8. Juni 1972 (GVBl. S. 994).

2. Das Inkrafttreten der im Jahre 1982 geänderten Vorschriften ist in den Artikeln II bis IV des Dritten Gesetzes zur Änderung des Gesetzes über die juristische Ausbildung vom 9. Juli 1982 (GVGl. S. 1097) geregelt.

3. Für das Inkrafttreten der neuen Vorschriften des JAG sind die Artikel II bis IV des Vierten Gesetzes zur Änderung des Gesetzes über die juristische Ausbildung vom 30. Oktober 1984 (GVBl. S. 1548) maßgebend. Danach gilt folgendes:

Wer vor dem 1. April 1985 sein Studium begonnen hat oder vor dem 1. Mai 1985 in den juristischen Vorbereitungsdienst eingetreten ist, kann nach den bisherigen Vorschriften (JAG/JAO 1982) sein Studium bzw. seinen Vorbereitungsdienst beenden, soweit nicht einzelne Vorschriften bereits vorzeitig Anwendung finden. Im einzelnen:

a) **Erste juristische Staatsprüfung**

aa) Ab 8. November 1984 gelten
– **§ 4 Abs. 2** (Sperrklausel 3,5)
für alle Kandidaten, die ab diesem Zeitpunkt zur Prüfung oder zur Wiederholungsprüfung zugelassen sind,
– § 14 Abs. 5 (Unabhängigkeit der Prüfer),
– § 17 Abs. 1 Satz 3 (Mittelwert und Stichentscheid) und
– § 17 Abs. 2 Satz 3 (Ermittlung der Punktzahl bei Hausarbeit und mündlicher Prüfung).

bb) Ab 1. April 1985 gelten
alle übrigen neuen Vorschriften des Vierten Gesetzes zur Änderung des JAG, und zwar
– § 1 (Zulassungsvoraussetzungen) und
– §§ 2 Satz 2; 3 Abs. 1 und 4; 4 Abs. 1
(redaktionelle Änderungen.)

b) **Juristischer Vorbereitungsdienst**
Ab 1. Mai 1985 gelten § 8 (Dauer und Gliederung des Vorbereitungsdienstes) und § 9 Abs. 2 Satz 1 (Beendigung des Beamtenverhältnisses kraft Gesetzes) für alle Referendare, die zu diesem Zeitpunkt oder später in den Vorbereitungsdienst eintreten.

c) **Zweite juristische Staatsprüfung**
aa) Ab 8. November 1984 gelten
– **§ 12 Abs. 4** (Sperrklausel 3,5)
für alle Referendare, die zu diesem Zeitpunkt noch nicht länger als 9 Monate im Vorbereitungsdienst sind (Einstellungstermine **ab Mai 1984**),
– § 13 Abs. 3 Satz 3 und 4 (Sperrklausel für ausnahmsweise Genehmigung eines dritten Prüfungsversuchs) für alle Referendare, die ab diesem Zeitpunkt die Wiederholungsprüfung nicht bestanden haben und
– § 14 Abs. 5 (Unabhängigkeit der Prüfer),
– § 17 Abs. 1 Satz 3 (Mittelwert und Stichentscheid),
– § 17 Abs. 2 Satz 3 (Ermittlung der Punktzahl für Vortrag und Prüfungsgespräch).

bb) Ab 1. Mai 1985 gelten
die übrigen Vorschriften des Vierten Gesetzes zur Änderung des JAG, und zwar §§ 11 (Zweck der Prüfung), 12 Abs. 1 bis 3 (Bestandteile und Gegenstand der Prüfung), 13 Abs. 2 Satz 2 (Rechtswirkung der Prüfung) für Referendare, die zu diesem Zeitpunkt oder später in den Vorbereitungsdienst eintreten.

2. Ausbildungs- und Prüfungsordnung für Juristen (JAO)

Vom 26. November 1984 (GVBl. S. 1688)

Auf Grund des § 25 des Gesetzes über die juristische Ausbildung (JAG) in der Fassung vom 30. Oktober 1984 (GVGl. S. 1548) wird im Einvernehmen mit dem Senator für Inneres verordnet:

Erster Abschnitt

Die erste juristische Staatsprüfung

§ 1

Zulassungsvoraussetzungen

(1) Die Anfertigung einer Aufsichtsarbeit unter Prüfungsbedingungen im Sinne von § 1 Abs. 1 Satz 1 Nr. 3 JAG setzt voraus, daß die Identität der Teilnehmer überprüft und durch geeignete Maßnahmen, insbesondere durch eine ausreichende Anzahl von Aufsichtspersonen und durch entsprechende Anordnung der Arbeitsplätze sichergestellt wird, daß die Teilnehmer eigenständige Leistungen erbringen und keine unzulässigen Hilfsmittel benutzen. § 9 Abs. 2 Satz 1 und 2 sowie § 19 Abs. 2 Satz 1, 3 und 4 gelten entsprechend. Die Teilnahme an einer studienbegleitenden Leistungskontrolle in einem der vorgeschriebenen Fächer ist erfolgreich, wenn die Aufsichtsarbeit mit „ausreichend" oder besser bewertet worden ist.

(2) Die Teilnahme an einer Übung im Sinne von § 1 Abs. 1 Satz 1 Nr. 2 und 4 JAG ist erfolgreich, wenn mindestens eine Hausarbeit und eine Aufsichtsarbeit mit „ausreichend" oder besser bewertet worden sind. Die Teilnahme an den übrigen Lehrveranstaltungen im Sinne von § 1 Abs. 1 Satz 1 JAG ist erfolgreich, wenn mindestens eine schriftliche oder eine vorbereitete mündliche Leistung mit „ausreichend" oder besser bewertet worden ist.

(3) Ist die Aufsichtsarbeit nach § 1 Abs. 1 Satz 1 Nr. 3 JAG im Rahmen einer Übung für Anfänger erfolgreich angefertigt worden, so gilt sie zugleich als erfolgreiche Aufsichtsarbeit im Sinne des Absatzes 2 Satz 1.

(4) Im Praktikum (§ 1 Abs. 4 JAG) soll der Student einen anschaulichen Einblick in die Praxis der Rechtsprechung, Verwal-

tung oder Rechtsberatung erhalten, die Anforderungen eines juristischen Berufes kennenlernen und nach Maßgabe seiner bereits erworbenen Kenntnisse praktisch mitarbeiten. Das Nähere regelt der Senator für Justiz, für die Ausbildung bei Verwaltungsbehörden im Einvernehmen mit dem Senator für Inneres, hinsichtlich der Ausbildung bei Rechtsanwälten im Benehmen mit der Rechtsanwaltskammer Berlin und hinsichtlich der Ausbildung bei Witschaftsunternehmen im Benehmen mit der Industrie- und Handelskammer Berlin. § 35 Satz 2 gilt entsprechend. Die Studenten können einzeln ausgebildet oder zu Arbeitsgemeinschaften zusammengefaßt werden.

1. Die Zulassungsvoraussetzungen (Studiendauer sowie Gegenstand und Zahl der Leistungsnachweise) sind in § 1 JAG geregelt, siehe dort Anm. 2 und 3. § 1 JAO enthält nur noch ergänzende Vorschriften über die Art und Weise wie Leistungen erbracht sein müssen, um als Zugangsvoraussetzung zur 1. Staatsprüfung anerkannt werden zu können. Adressat der Norm ist in den Fällen der Absätze 1 bis 3 die Hochschule, denn sie schreibt die Verfahrensbedingungen der Leistungskontrollen (Abs. 1) und das für die erfolgreiche Teilnahme an einer Lehrveranstaltung erforderliche Mindestleistungsniveau vor; letzteres freilich nur unvollkommen, weil es dem Belieben des Hochschullehrers (oder des Fachbereichs) überlassen bleibt, wieviele Arbeiten und damit Versuche dem Studenten in der jeweiligen Lehrveranstaltung angeboten werden. Das Leistungsniveau ist aus Scheinen über je eine bestandene Hausarbeit und Klausur nur mit Einschränkungen zu entnehmen, solange nicht mitgeteilt ist, wieviele Hausarbeiten und Klausuren insgesamt angeboten und möglicherweise mit einer schlechteren Note als „ausreichend" bewertet worden sind. Die Kenntnis dessen ist zwar für die Zulassung zur Prüfung belanglos, gewinnt aber Bedeutung für die Beurteilung des Gesamtleistungsbildes i. S. der §§ 5 d Abs. 3 S. 1 DRiG, 15 Abs. 1 S. 6 JAO. Der Prüfer muß sich der Tatsache bewußt bleiben, daß er in der Regel durch die vorgelegten Scheine nur einen kleinen Ausschnitt aus dem gesamten Leistungsgefüge vermittelt erhält.

2. a) Absatz 1 bestimmt für die studienbegleitenden Leistungskontrollen, welche Mindestvorkehrungen von der Universität getroffen werden müssen, um den Standard von Prüfungsbedingungen (§§ 5 a Abs. 4 DRiG, § 1 Abs. 1 Nr. 3 JAG) zu gewährleisten. Was „Prüfungsbedingungen" sind, braucht das Bundesrecht nicht zu regeln, weil der Begriff auch ohne nähere Bestimmung durch typische Merkmale ausgefüllt wird, die in den Ländern — übrigens durchweg übereinstimmend — für juristische Staatsprüfungen entweder vorgeschrieben oder praktiziert werden. Um nicht alles was zum heutigen Prüfungsstandard gehört auf die universitären Leistungskontrollen zu übertragen und um dem juristischen Fachbereich ein den dortigen organisatorischen Bedingungen entsprechenden Regelungsspielraum zu überlassen, sind vom Normgeber nur diejenigen Merkmale festgelegt worden, die als essentialia einer vom Gebot der Chancengleichheit beherrschten rechtsstaatlichen Prüfung betrachtet werden müssen. Dazu gehören:

— Identitätskonrolle (Personalausweisvorlage mit Lichtbildvergleich) zur Vermeidung des sogenannten Schlepperunwesens.

— Gehörige Sitzabstände und effektive Beaufsichtigung zur Verhinderung von Abschreiben oder anderweitiger Kontaktaufnahme unter den Studenten während der gesamten Bearbeitungsdauer.

— Überwachungsmaßnahmen, die die Benutzung unzulässiger Hilfsmittel ausschließen, wozu auch Veränderungen oder Randbemerkungen an der Art nach zugelassener Hilfsmittel (z. B. Schönfelder und Sartorius) gehören, vgl. § 19 Abs. 2 S. 4 sowie unten zu lit. d.

Die Gewährleistung dieser Bedingungen obliegt dem Fachbereich Rechtswissenschaft. Werden sie im Einzelfall nicht oder nicht vollständig eingehalten, aber gleichwohl in den Nachweisen bescheinigt (§ 4 Abs. 2), dürfte das Justizprüfungsamt hieran jedenfalls dann gebunden sein, wenn der Normverstoß nicht für jedermann, also auch für den Zulassungsbewerber, offensichtlich ist. Denn das JPA ist weder im Einzelfall noch generell in der Lage oder gar berechtigt, die Hochschule bei der eigenverantwortlichen Durchführung der studienbegleitenden Leistungskontrollen zu beaufsichtigen. Die Bescheinigung der Hochschule reicht in der Regel als Nachweis ohne Nachprüfung der inhaltlichen Richtigkeit aus. Werden hinsichtlich der studienbegleitenden Leistungskontrollen Organisationsmängel bekannt, die sich auf die „Prüfungsbedingungen" auswirken, kann das JPA nur mittelbar über das für die Aufsicht über die Hochschulen zuständige Senatsmitglied auf Abhilfe drängen, nicht jedoch durch Versagung der Zulassung zur Staatsprüfung.

b) Nicht zu den Prüfungsbedingungen i. S. des Zulassungsrechts gehört das Anonymitätsprinzip nach § 7 Abs. 3. Es bleibt dem Fachbereich überlassen, durch Studienordnung (§ 29 BerlHG, § 11 HRG) entsprechende Regelungen zu treffen oder zu unterlassen. Denn der prüfungsrechtliche Grundsatz der Anonymität findet bei Anfertigung von schriftlichen Arbeiten nur Anwendung, wenn er entweder ausdrücklich vorgeschrieben ist oder einer ständigen Übung entspricht (vgl. OVG Münster, DÖV 1979 S. 762). Ebensowenig regeln JAG und JAO die Frage der Auswahl, Bearbeitungsdauer und Korrektur der schriftlichen Aufsichtsarbeiten. Auch hier verbleibt ein Regelungsspielraum für den Fachbereich zur Frage, ob die Korrektur unter der Verantwortung nur eines Hochschullehrers stehen kann oder ob jede Arbeit von zwei Hochschullehrern korrigiert werden muß (§ 42 Abs. 5 BerlHG), vgl. Anm. 3b a. E. zu § 1 JAG. Da es sich nicht um Prüfungen im Rechtssinne handelt (das DRiG hat die studienbegleitenden Leistungskontrollen entgegen früheren Entwürfen bewußt nicht in § 5d – Prüfungen –, sondern in § 5a Abs. 4 – Studium – geregelt, um den Prüfungscharakter zu vermeiden und den studien*begleitenden* Zusammenhang zu betonen), findet § 42 Abs. 5 BerlHG keine Anwendung. Der Fachbereich könnte sich daher durchaus für Mischformen entscheiden, in denen eine Gegenkontrolle durch einen zweiten Hochschullehrer nur bei den als mißlungen bezeichneten Arbeiten stattfindet.

c) Der Erfolg der studienbegleitenden Leistungskontrolle wird bescheinigt, wenn in jedem der Kernfächer (§ 1 Abs. 1 Nr. 3 JAG) eine Klausur wenigstens mit „ausreichend" bewertet wird. Zur Anzahl der angebotenen Klausuren siehe Anm. 3b zu § 1 JAG. Die Erfolgsbescheinigung ist nur in Verbindung mit dem Studienbuch oder einem anderen Nachweis (Laufzettel) verwertbar, in dem die Teilnahme an Leistungskontrollen jeweils mit Datum vermerkt wird (§ 4 Abs. 3). Denn nur auf diese Weise läßt sich feststellen, daß der Erfolg im Rahmen der zugelassenen Zahl der Versuche (2) erzielt worden ist.

d) Verstößt der Student bei der studienbegleitenden Leistungskontrolle gegen die Ordnung und stört er dadurch andere Prüflinge, so kann er vom Aufsichtführenden von der Fortsetzung der Arbeit ausgeschlossen werden, wenn er sein Verhalten nicht einstellt; seine Arbeit wird mit 0 Punkten (ungenügend) bewertet (§ 9 Abs. 2 S. 1 und 2). Die gleichen Rechtsfolgen treten bei einem Täuschungsversuch ein (§ 19 Abs. 2 S. 1), wobei bereits das Mitführen unzulässiger Hilfsmittel als ein solcher gilt, ohne daß es des Nachweises der Täuschungsabsicht bedarf. Ein Hilfsmittel ist stets unzulässig, wenn es seiner Art nach zwar zugelassen, jedoch durch Zusätze methodischen oder juristischen Inhalts, insbesondere durch Randbemerkungen oder Verweisungen verändert ist.

Die Entscheidung über die Sanktion trifft die Hochschule durch ihre hierzu berufenen Organe, nicht jedoch der Hochschullehrer, dem die Verantwortung für die Leistungskontrolle obliebt. Denn es handelt sich nicht um eine Wertung im wissenschaftlich-pädagogischen Bereich, sondern um eine Verwaltungsentscheidung.

Anders als im Rahmen eines Prüfungsverfahrens, wo derartige Einzelentscheidungen die Prüfungsentscheidung nur vorbereiten und deshalb nach § 44a VwGO nicht isoliert angefochten werden können (VG Bln, Beschl. v. 17. Febr. 1977 – VG XIII A 85/77; Urt. v. 26. Aug. 1980 – VG 12 A 1996/79; Beschl. v. 30. Juni 1983 – VG 12 A 1698/83), fehlt es bei den studienbegleitenden Leistungskontrollen an einer ihren Gesamterfolg feststellenden Entscheidung. Sanktionen nach §§ 1 Abs. 1 S. 2, 9 Abs. 2 S. 1 und 2 sowie 19 Abs. 2 S. 1, 3 und 4 unterliegen daher unmittelbar der Anfechtung.

3. Absatz 2 bestimmt die Erfolgsvoraussetzungen für die Teilnahme an den sonstigen Lehrveranstaltungen, soweit sie für die Zulassung zur Prüfung nachgewiesen werden müssen (vgl. Anm. 3d zu § 1 JAG).

a) Anfängerübungen (§ 1 Abs. 1 S. 1 Nr. 2 JAG) im Bürgerlichen Recht, Strafrecht und öffentlichen Recht: je eine Hausarbeit und eine Aufsichtsarbeit „ausreichend" oder besser.

b) Fortgeschrittenenübungen (§ 1 Abs. 1 S. 1 Nr. 4 JAG) im Bürgerlichen Recht, Strafrecht und öffentlichen Recht: je eine Hausarbeit und eine Aufsichtsarbeit „ausreichend" oder besser.

c) Übung in einem anderen Prüfungsfach (§ 5 JAO, mit Ausnahme der Fächer, die bereits durch lit. b abgedeckt sind) oder einem Seminar in einem der Prüfungsfächer nach §§ 5, 6 JAO (§ 1 Abs. 1 Nr. 5 JAG): mindestens eine schriftliche oder eine vorbereitete mündliche Leistung (Referat) mit „ausreichend" oder besser.

d) Seminar oder in gleicher Weise durch aktive Mitarbeit der Teilnehmer gekennzeichnete Lehrveranstaltungen (seminarvergleichbare Teilnehmerzahl und Arbeitsweise wie etwa eine Projektgruppe), in der die außerrechtlichen Bezüge des Rechts im Sinne des § 1 Abs. 1 S. 1 Nr. 6 JAG behandelt werden: mindestens eine schriftliche oder eine vorbereitete mündliche Leistung (Referat) mit „ausreichend" oder besser.

Absatz 3 stellt klar, daß bei einer Integrationslösung (vgl. Anm. 3b zu § 1 JAG) die erfolgreiche Leistungskontrolle im Rahmen der Anfängerübung zugleich den Erfolg der für den kleinen Übungsschein erforderlichen Aufsichtsarbeit mitumfaßt. Umgekehrt genügt eine ohne Prüfungsbedingungen erfolgreich angefertigte Klausur der Anfängerübung nicht, um die Voraussetzungen der studienbegleitenden Leistungskontrolle in dem betreffenden Fach zu erfüllen.

4. Das nach insgesamt erfolgreicher studienbegleitender Leistungskontrolle zu absolvierende Praktikum (§ 1 Abs. 1 S. 1 Nr. 7 JAG) beträgt neuerdings 3 Monate und kann bei den Gerichten, Staatsanwaltschaften (StA/KG, StA/LG, AA), öffentlichen Verwaltungen des Bundes und der Länder (einschließlich Anstalten und Körperschaften des öffentlichen Rechts), Rechtsanwälten und Notaren sowie Rechtsabteilungen von Gewerkschaften, Verbänden und Unternehmen zusammenhängend oder höchstens bei drei Stellen abgeleistet werden (§ 1 Abs. 4 JAG). Für eine Teilung spricht die Vielfalt, für den Zusammenhang die Kontinuität; beide Gesichtspunkte sind gleichwertig.

Um die Praxisstellen muß sich der Student selbst bemühen; Ansprechpartner für den Bereich der Justiz ist der PräsKG, für den Bereich der Verwaltung der Senator für Inneres, für die Wirtschaft die IHK und für die Anwaltschaft die Rechtsanwaltskammer.

Es kann einzeln ausgebildet werden (Regelfall) oder bei entsprechend großen Zahlen von Teilnehmern bei einer Stelle eine Gruppenausbildung stattfinden. Auch bei Einzelausbildung ist es erforderlich, den Praktikanten Gelegenheit zu geben, durch *begleitende* Arbeitsgemeinschaften ihre Praxiseindrücke zu vertiefen und zu verarbeiten. Bei der notwendigerweise großen Streuung der Praktikantenstellen erscheint es geradezu geboten, den Gedanken- und Erfahrungsaustausch unter den Studenten zu fördern und zu kanalisieren. Deshalb sollten derartige Arbeitsgemeinschaften von Praktikern in Zusammenarbeit mit Hochschullehrern geleitet werden. Auf keinen Fall darf das Praktikum „abgebummelt" und zu einer nicht ernst genommenen „Pflichtübung" werden. Deshalb gehört es auch zu den Aufgaben der Hochschule, die Studenten auf die Praktika vorzubereiten und die gewonnenen Erfahrungen in den Lehrveranstaltungen zu verarbeiten.

§ 2

Frist für studienbegleitende Leistungskontrollen

(1) Bei der Berechnung der Frist nach § 1 Abs. 3 Satz 2 erster Halbsatz JAG bleiben Urlaubssemester und Zeiten eines Auslandsstudiums unberücksichtigt.

(2) Ist ein Student aus zwingendem Grund, insbesondere durch Krankheit gehindert, den Termin für eine studienbegleitende Leistungskontrolle wahrzunehmen, und versäumt er deswegen eine der in § 1 Abs. 3 Satz 2 JAG genannten Fristen, gewährt ihm die Hochschule auf Antrag eine Fristverlängerung um ein Semester. Der zwingende Grund ist nachzuweisen. Im Falle der Krankheit

ist unverzüglich ein ärztliches Attest vorzulegen, aus dem die Art der Erkrankung hervorgeht. Darüber hinaus kann die Beibringung eines vertrauensärztlichen Zeugnisses verlangt werden.

1. Spätestens bis zum Ende des zweiten Studienjahres (4. Semester) muß sich der Student *erstmals* in jedem der 3 Kernfächer (BGB, Strafrecht, öffentl. Recht) den studienbegleitenden Leistungskontrollen unterzogen haben (vgl. auch Anm. 3c zu § 1 JAG). Versäumt er diese Frist, ohne daß ihm Fristverlängerung gewährt worden ist (Abs. 2), verliert er den Prüfungsanspruch. Ein „Überspringen" der erstmaligen studienbegleitenden Leistungskontrollen i. S. des § 1 Abs. 3 Satz 2 erster Halbsatz JAG in der Weise, daß sich der Student erst- und letztmalig der Kontrolle im Wiederholungsverfahren nach § 1 Abs. 3 Satz 2 zweiter Halbsatz JAG etwa gegen Ende des 5. oder 6. Semesters unterzieht, ist nicht möglich. Denn die vom Gesetzgeber eröffnete einmalige Wiederholungsmöglichkeit setzt voraus, daß der Student a) rechtzeitig, also spätestens bis zum Ende des 4. Semesters, an der erstmaligen Leistungskontrolle teilgenommen hat und b) die Bewertung der Aufsichtsarbeit schlechter als „ausreichend" abschließt. Der Begriff der Bewertung umfaßt dabei auch die Fälle der Bewertungsfiktion i. S. der §§ 1 Abs. 1 S. 2, 9 Abs. 2 S. 1 und 2, 19 Abs. 2 S. 1, 3 und 4, so daß zwar derjenige eine Wiederholungsmöglichkeit hat, der die Ordnung stört oder einen Täuschungsversuch begeht, nicht aber der, der sich nicht rechtzeitig zur Leistungskontrolle meldet oder trotz Meldung an ihr nicht teilnimmt. Denn die Säumnis ist anders als im Prüfungsverfahren nicht sanktionsbewehrt; § 9 Abs. 5 findet keine entsprechende Anwendung. Eines „Ungenügend" im Wege der Sanktion bedarf es nicht, weil die Säumnis als solche bereits unmittelbare Rechtsfolgen für das Zulassungsverfahren hat, sobald mit der versäumten Leistungskontrolle zugleich auch die Frist des § 1 Abs. 3 Satz 2 erster Halbsatz JAG (Ende des zweiten Studienjahres) überschritten wird.

Absatz 1 stellt klar, daß bei der Fristberechnung hinsichtlich der erstmaligen Leistungskontrollen Urlaubssemester nicht mitzählen. Um Auslandsstudiensemester, die besonders in einem frühen Stadium des Studiums sinnvoll sind, nicht zu behindern, werden sie ebenfalls herausgerechnet.

2. Die automatische Ausklammerung der Urlaubssemester und der Auslandsstudienzeit gilt freilich nur für die Frist zur Absolvierung der erstmaligen studienbegleitenden Leistungskontrollen bis spätestens zum Ende des zweiten Studienjahres (§ 1 Abs. 3 Satz 2 erster Halbsatz JAG). Für die Wiederholungsfrist nach § 1 Abs. 3 Satz 2 zweiter Halbsatz JAG

(spätestens bis zum Ende des übernächsten Semesters, höchstens des 6. Semesters) gilt dies wegen der eingeschränkten Inbezugnahme in Abs. 1 nicht. Hier bedarf es in jedem Fall einer Einzelentscheidung, durch die bei Vorliegen eines „zwingenden Grundes“ Fristverlängerung gewährt werden muß. Zwingende Gründe können sein: Krankheit, sinnvoll in den individuellen Studienplan eingeordnetes Auslandsstudium und sonstige persönliche Gründe, denen sich der Student nicht entziehen kann und denen billigerweise Rechnung getragen werden muß (z. B. Pflegebedürftigkeit eines Familienmitgliedes, in Ausnahmefällen auch Notwendigkeit einer Erwerbstätigkeit, wenn der Unterhaltsverpflichtete ausfällt und nicht rechtzeitig genug Bafög-Leistungen gezahlt werden). Kein zwingender Grund ist mangelnder Studienfortschritt, ohne daß *nicht zu vertretende* Behinderungen nachgewiesen sind.

3. Die Entscheidungen trifft die Hochschule. Trotz der mißverständlichen Formulierung in Absatz 2 muß die Frist nicht bereits versäumt sein, um eine Fristverlängerung zu beantragen. Antrag und Entscheidung können die Fristversäumnis abwenden, ihr also vorausgehen, wenn nämlich mit Sicherheit absehbar ist, daß die Frist nicht eingehalten werden kann. Dies dürfte bei Auslandsstudienaufenthalten oder längerfristigen Krankheiten sogar die Regel sein.

Der Verordnungsgeber bemißt die Fristverlängerung auf ein Semester. Reicht diese Zeit nicht aus, muß der Student zur Vermeidung späterer Rechtsnachteile seine Exmatrikulation betreiben.

4. Der zwingende Grund ist in jedem Fall nachzuweisen. Ein ärztliches Attest, das lediglich die Erkrankung als solche bescheinigt, reicht für die Fristverlängerung nicht aus. Es muß die Art der Erkrankung angegeben sein (Diagnose), weil nicht jede Erkrankung zugleich auch die mangelnde Fähigkeit, sich den Leistungskontrollen zu unterziehen, beinhaltet und nur die Hochschule, nicht der Arzt die Schlußfolgerungen für die „Prüfung“ ziehen kann. Hier gilt dasselbe wie für die Prüfungsfähigkeit allgemein (vgl. Anm. zu § 9). In Zweifelsfällen kann sich die Hochschule weitere Gewißheit durch ein vertrauensärztliches Zeugnis verschaffen. Sucht der Student den ihm benannten Vertrauensarzt nicht auf oder verweigert er die von diesem für notwendig gehaltene Untersuchung und Anamnese, so wird er als beweisfällig behandelt und die Fristverlängerung verweigert. Das gleiche gilt, wenn der antragstellende Student seinen Hausarzt nicht von der Schweigepflicht entbindet und deshalb nicht die für die Beurteilung notwendigen Angaben zu erlangen sind.

§ 3

Anrechnung einer Ausbildung für den gehobenen Dienst

Über die Anrechnung einer erfolgreich abgeschlossenen Ausbildung für das Amt des gehobenen Justizdienstes oder für den gehobenen nichttechnischen Verwaltungsdienst auf das Studium der Rechtswissenschaft ist vom Justizprüfungsamt auf Antrag des Bewerbers schon vor Beginn des Studiums zu entscheiden.

Die Anrechnungsmöglichkeiten für Studenten, die erfolgreich eine Ausbildung für den gehobenen Justizdienst (Rechtspfleger) oder für den gehobenen nichttechnischen Verwaltungsdienst (sogen. Inspektorenlaufbahn) abgeschlossen haben, sind in §§ 5c Abs. 1 DRiG, 1 Abs. 5 JAG geregelt (vgl. Anm. 4 zu § 1 JAG). Während die Entscheidung über sonstige Erleichterungen dieses Personenkreises (Befreiung vom Erfordernis der erfolgreichen Teilnahme an einzelnen Übungen, Seminaren und Leistungskontrollen sowie am Praktikum) nach § 1 Abs. 5 JAO „während des Studiums" zu treffen sind, kann der Antrag auf Anrechnung einer Ausbildung für den gehobenen Dienst schon vor Beginn des Studiums beantragt und beschieden werden. Dies ist auch sinnvoll, weil der Umfang der Anrechnung (bis zu einem Jahr) die Studienplanung beeinflußt und von vorherein feststehen sollte. Aus den gleichen Gründen sollten auch die Befreiungsmöglichkeiten schon vor dem Studium erkundet und kurz nach seinem Beginn beantragt werden, weil hiervon ebenfalls die Strukturierung des Studiums abhängt.

Der Umfang der Anrechnungen und Befreiungen wird weitgehend von der Art und Qualität der an der FHSVR erbrachten Leistungen abhängen. Ihre praktische Bedeutung war schon immer gering, weil trotz Anrechnung ganz überwiegend die volle Studienzeit ausgeschöpft werden muß, um den für die Prüfung notwendigen Leistungsstandard zu erreichen. Sie ist noch weiter gesunken, nachdem die Studienzeit von dreieinhalb Jahren ohnehin unterschritten werden kann (§ 5a Abs. 1 DRiG) und die Mindestdauer der an einer inländischen Hochschule zu verbringenden Studienzeit auf 2 Jahre begrenzt ist. Eine Anrechnung der Ausbildung des gehobenen Dienstes auf diese Frist kann schon deshalb keine praktische Auswirkungen haben, weil innerhalb des verbleibenden Jahres in keinem Fall die für die Zulassung zur Prüfung erforderlichen Leistungsnachweise, selbst wenn einige davon erlassen werden, erbracht werden können. Hier zeigt sich, daß § 5a Abs. 1 und § 5c Abs. 1 DRiG nicht aufeinander abgestimmt sind und die

Abschaffung der bisherigen Mindeststudienzeit von 7 Semestern unter Aufrechterhaltung der Anrechnungsmöglichkeiten konstruktiv verfehlt war.

§ 4

Zulassungsverfahren

(1) Der Antrag auf Zulassung zur ersten juristischen Staatsprüfung soll in der Regel zum Ende der Vorlesungszeit des achten Semesters gestellt werden. Die Anrechnung von Studienzeiten auf die Regelstudienzeit richtet sich nach § 28 Abs. 4 des Berliner Hochschulgesetzes in der Fassung vom 30. Juli 1982 (GVBl. S. 1549).

(2) Dem Antrag sind ein Lebenslauf sowie die Nachweise der Zulassungsvoraussetzungen beizufügen. Der Nachweis der Studiendauer wird durch das Studienbuch, der Nachweis der studienbegleitenden Leistungskontrollen durch das Studienbuch in Verbindung mit Bescheinigungen über den Erfolg der Aufsichtsarbeiten, der Nachweis der Übungen, Seminare und sonstigen Lehrveranstaltungen durch Bescheinigungen über den Leistungserfolg und der Nachweis des Praktikums durch Tätigkeitsbescheinigungen geführt. Falls die erforderlichen Urkunden nicht vorgelegt werden können, kann der Nachweis ihres Inhalts auf andere Weise erbracht werden. Der Bewerber kann ferner sonstige Zeugnisse, die sich auf seinen Studiengang beziehen, sowie Arbeiten, die er während der Studienzeit angefertigt hat, beifügen.

(3) Hinsichtlich der Zulassungsvoraussetzungen des § 1 Abs. 1 Satz 1 Nr. 3, Abs. 2 und 3 JAG wird im Studienbuch vermerkt, in welchem Semester und in welchem Rechtsgebiet sich der Student der studienbegleitenden Leistungskontrolle unterzieht. Die Bescheinigung weist das Ergebnis der unter Prüfungsbedingungen angefertigten Aufsichtsarbeit, den Zeitpunkt und das Rechtsgebiet aus.

(4) Der Bewerber hat schriftlich zu versichern, daß er bisher bei keinem anderen Prüfungsamt die Zulassung beantragt hat, oder anzugeben, wann und wo dies geschehen ist. In gleicher Weise hat er zu versichern, daß er sich anderen als den aus den Nachweisen ersichtlichen studienbegleitenden Leistungskontrollen nicht unterzogen hat, oder anzugeben, wann und wo dies geschehen ist.

1. Der Antrag auf Zulassung zur ersten juristischen Staatsprüfung kann jederzeit gestellt werden. Das Kampagnesystem (§ 8 Abs. 1) und die damit verbundenen Verwaltungsabläufe führen aber faktisch zu einem Fristensystem, weil die Liste für eine bestimmte Klausurenkampagne so rechtzeitig abgeschlossen sein muß, daß die Zulassungsanträge bearbeitet werden können und die Kandidaten auch noch die Möglichkeit haben, die Hausarbeit vor den Klausuren zu schreiben (§ 11 Abs. 2). Die Meldetermine für die Frühjahrs-Klausuren reichen meist von August bis Ende November/Anfang Dezember des Vorjahres und die für die Herbstklausuren von etwa Januar bis Juli. Die genauen Termine werden für jede Kampagne der Universität mitgeteilt und durch Aushang bekannt gegeben.

2. § 28 Abs. 4 BerlHG, auf den Abs. 1 S. 2 Bezug nimmt, lautet: „Auf die Regelstudienzeit werden Studienzeiten, die im gleichen Studiengang an einer anderen Hochschule im Geltungsbereich des Grundgesetzes verbracht wurden, voll angerechnet. Soweit der unterschiedliche Inhalt und Aufbau des Studienganges an der anderen Hochschule der Anrechnung entgegenstehen, wird auf Antrag von der Anrechnung abgesehen. Studienzeiten in anderen Studiengängen werden ganz oder teilweise angerechnet, soweit ein gleichwertiges und für den neuen Studiengang förderliches Studium vorliegt. Studienzeiten, die außerhalb des Geltungsbereichs des Grundgesetzes verbracht wurden, werden auf Antrag des Studierenden auf die Regelstudienzeit angerechnet. Auf die Regelstudienzeit wird eine in den Studiengang eingeordnete berufspraktische Tätigkeit nicht angerechnet. Nach der Prüfungsordnung für die Ablegung von Wiederholungsprüfungen benötigte Zeiten werden nicht angerechnet. Über die Anrechnung entscheidet der Prüfungsausschuß, bei staatlichen Prüfungen das Prüfungsamt oder die zuständigen staatlichen Stellen zum frühestmöglichen Zeitpunkt."

Namhafte Überschreitungen der Regelstudienzeit können aufgrund der Hochschulordnung zur Zwangsexmatrikulation führen (§ 19 Abs. 2 Nr. 3, § 20 Abs. 4 BerlHG). Für die Zulassung zur Staatsprüfung hat hingegen die Regelstudienzeit keine Bedeutung, weil hier ausschließlich § 1 Abs. 1 S. 1 Nr. 1 JAG i. V. mit § 5a Abs. 1 S. 2 DRiG gilt.

3. Absatz 2 regelt, welche Unterlagen beizubringen sind. Der Lebenslauf sollte handschriftlich angefertigt werden. Die Beifügung des Reifezeugnisses ist zwar nicht vorgeschrieben, aber zur Beurteilung der Gesamtpersönlichkeit durchaus sinnvoll. Sie ist ebenso freigestellt wie die Vorlage weiterer Zeugnisse, die sich auf den Studiengang beziehen.

4. Die in Absatz 3 getroffene Regelung dient dem Nachweis, daß die Leistungskontrollen ordnungsgemäß abgelegt worden sind. Hierzu reicht die Erfolgsbescheinigung für sich genommen nicht aus, weil aus ihr nicht hervorgeht, wieviele Versuche erfolglos unternommen worden sind. Ein Vergleich der Erfolgsbescheinigung mit der Eintragung im Studienbuch über die Teilnahme an Leistungskontrollen unter Angabe des Rechtsgebiets und des Zeitpunkts gibt hierüber zuverlässig Auskunft. Bei Verlust muß der Student den Nachweis auf andere Weise führen, wobei der Fall der Nichtnachweisbarkeit zu seinen Lasten geht.

5. Die schriftliche Versicherung nach Absatz 4 erstreckt sich auf die Frage eines Antrages auf Zulassung bei einem anderen Prüfungsamt und weitere, aus den Nachweisen nicht ersichtliche Leistungskontrollen. Sie ist eine ergänzende Erklärung und kann die Nachweise nach Absatz 2 nicht ersetzen. Erweist sich die Versicherung als unrichtig oder sind Nachweise gefälscht oder verfälscht worden und wird dadurch das JPA hinsichtlich der Zulassungsvoraussetzungen getäuscht, wird der Zulassungsbescheid unter den Voraussetzungen des § 48 VwVfG zurückgenommen. Ist die Prüfung inzwischen bestanden, findet § 17 Abs. 4 JAG Anwendung. Eine Beeinflussung der Prüfung durch Täuschung muß sich nicht notwendig auf die Prüfung selbst beziehen; eine Erschleichung des Zugangs zur Prüfung steht einer Täuschung während der Prüfung gleich.

§ 5

Pflichtfächer

Pflichtfächer sind

1. die Methodenlehre sowie die Grundzüge der Rechtstheorie, Rechtsphilosophie und Rechtssoziologie;

2. die Grundzüge der Rechts- und Verfassungsgeschichte;

3. aus dem Bürgerlichen Recht die allgemeinen Lehren, das Schuldrecht und das Sachenrecht sowie die Grundzüge des Familienrechts und des Erbrechts;

4. die Grundzüge des Handelsrechts, des Gesellschaftsrechts und des Wertpapierrechts;

5. das Recht des Arbeitsverhältnisses und die Grundzüge des kollektiven Arbeitsrechts;

6. die allgemeinen Lehren des Strafrechts und der Besondere Teil des Strafgesetzbuchs;

7. das Staatsrecht mit den Bezügen zum Völkerrecht und zum Europarecht;

8. das Allgemeine Verwaltungsrecht einschließlich des allgemeinen Verwaltungsverfahrensrechts;

9. aus dem Besonderen Verwaltungsrecht: das Polizei- und Ordnungsrecht sowie die Grundzüge des Baurechts und des Kommunalrechts;

10. die Grundzüge des Zivil-, Straf- und Verwaltungsprozeßrechts, der Freiwilligen Gerichtsbarkeit sowie des arbeitsgerichtlichen Verfahrens einschließlich ihrer Grundlagen im Gerichtsverfassungsrecht;

11. die Grundzüge der Zwangsvollstreckung im Zivilprozeßrecht und des Insolvenzrechts.

§ 6

Wahlfachgruppen

(1) Wahlfachgruppen sind

1. Rechtsphilosophie und Rechtstheorie, Rechtssoziologie;

2. Rechts- und Verfassungsgeschichte;

3. Familien- und Erbrecht, Freiwillige Gerichtsbarkeit, Grundzüge des Familienverfahrensrechts;

4. Gesellschaftsrecht, Grundzüge des Steuerrechts und des Bilanzrechts;

5. Wettbewerbs- und Kartellrecht, gewerblicher Rechtsschutz und Urheberrecht;

6. Kollektives Arbeitsrecht, Betriebsverfassungsrecht, Mitbestimmungsrecht und Personalvertretungsrecht;

7. Internationales Privatrecht, Rechtsvergleichung;

8. Kriminologie, Strafvollzug, Jugendstrafrecht;

9. Verwaltungslehre, Baurecht, Grundzüge des Wirtschaftsverwaltungsrechts, des Umweltschutzrechts, des Straßenrechts und des Beamtenrechts;

10. allgemeine Lehren des Sozialrechts, Sozialversicherungsrecht, Recht der Arbeitsförderung, Grundzüge des sozialgerichtlichen Verfahrens und des Privatversicherungsrechts;

11. Völkerrecht, Europarecht.

(2) In dem Antrag auf Zulassung zur ersten juristischen Staatsprüfung bestimmt der Bewerber seine Wahlfachgruppe.

1. Die explosionsartige Entwicklung des Wissenstoffs und die Erschließung neuer Rechtsgebiete bilden den Hintergrund der Ordnung des Prüfungstoffs in Pflichtfächer und Wahlfachgruppen; sie geht zurück auf die Reform von 1972 (GVBl. S. 1004) und hat sich im Grundsatz bewährt: Als Pflichtfächer sollen die Rechtsgebiete ausgewiesen werden, die am besten die Grundlagen des Rechts und der Methodik seiner Anwendung exemplarisch vermitteln können und deren Beherrschung den Einheitsjuristen ausmacht, während die Wahlfachgruppen die Möglichkeit eröffnen sollen, weitere Rechtsgebiete nach Neigung und Spezialisierungswunsch wissenschaftlich zu vertiefen. So sehr das Prinzip als solches Anerkennung gefunden hat, so problematisch ist die Regelung im Detail geblieben, wie sich aus den recht unterschiedlichen Landesrechten ersehen läßt. Die Meinungen schwanken zwischen einer radikalen Ausdünnung der Pflichtfächer bis zu ihrer Anreicherung durch in der beruflichen Praxis bedeutsame Rechtsgebiete wie Sozialrecht und Steuerrecht. Ihre Überfrachtung wäre freilich ebenso schädlich wie ihre Verkümmerung. Bei der Suche nach einem Mittelweg müssen letztlich Rechtsgebiete, selbst wenn sie in der heutigen Praxis einen breiten Raum einnehmen, auf der Strecke bleiben. Es muß darauf vertraut werden können, daß methodisch geschulte Juristen in der Lage sein werden, sich diese Gebiete bei Bedarf selbst zu erschließen. Die bisherige Struktur der Berliner Wahlfachgruppen (§ 5 der JAO von 1972 [GVBl. S. 1004] und 1982 [GVBl. S. 1897]) litt vor allem darunter, daß sie ungleichgewichtig war und teilweise eine zu weitgehende Spezialisierung auf Untergruppen zuließ (vgl. § 5 Abs. 2 JAO 1972/1982).

2. Die jetzige Aufteilung in Pflicht- und Wahlfächer, die für alle Studenten gilt, die nach dem 30. September 1986 zur ersten juristischen Staatsprüfung oder nach dem 30. September 1988 zur Wiederholungsprüfung zugelassen werden (§ 42 Abs. 2), hat nunmehr ihre bundesrechtliche Legitimation in § 5 a Abs. 2 DRiG gefunden, wonach Gegenstand des Studiums (und damit auch der Prüfung) vor allem die Kernfächer Bürgerliches Recht,Strafrecht, öffentliches Recht und Verfahrensrecht einschließlich der rechtswissenschaftlichen Methoden mit ihren philosophischen, geschichtlichen und gesellschaftlichen Grundlagen zu sein haben und wonach sich der Student darüber hinaus Wahlfächern zu widmen hat, die der Ergänzung des Studiums und der Vertiefung der mit ihnen *zusammenhängenden* Pflichtfächer dienen. Damit ist klargestellt, daß die Wahlfächer sich nicht völlig von den Pflichtfächern lösen dürfen, sondern eine Wechselwirkung entfalten müssen: Dies bedeutet für den Fächerkanon, daß jedes Wahlfach eine Anknüpfung an ein Pflichtfach findet, eine Erweiterung oder Beschränkung des Wahlfachkataloges also zwangsläufig Auswirkungen auf die Pflichtfächer haben muß.

Die neue Strukturierung der Pflichtfächer und Wahlfachgruppen entspricht mit geringen Abweichungen einer Beschlußfassung der Präsidenten der Justizprüfungsämter von 1983 und einer Entschließung des Juristischen Fakultätentages, denen freilich nicht alle Länder umfassend gefolgt sind. Die größten Übereinstimmungen ergeben sich im Bereich der Pflichtfächer, dem bedeutsamsten Teil des Fächerkanons. Damit ist ein wichtiger Beitrag zur bundesweiten Herstellung einheitlicher Prüfungsanforderungen geleistet (§ 5 d Abs. 1 Satz 2 DRiG).

3. Im Pflichtfachkatalog (§ 5) ist gegenüber bisherigen Recht neu:

– Grundzüge der Rechtsphilosophie und Rechtssoziologie (Nr. 1)

– Grundzüge der Rechts- und Verfassungsgeschichte (Nr. 2)

– Grundzüge des Kommunalrechts (Nr. 9)

– Grundzüge der freiwilligen Gerichtsbarkeit sowie des arbeitsgerichtlichen Verfahrens (Nr. 10)

– Im Rahmen der Prozeßrechte: Einbeziehung ihrer Grundlagen im Gerichtsverfassungsrecht (Nr. 10)

– Grundzüge der Zwangsvollstreckung im Zivilprozeßrecht und des Insolvenzrechts

Der Begriff der Grundzüge, die einzige Reduktionsstufe, die in den Fächerkatalogen Verwendung findet, läßt sich nicht so exakt definieren, als daß für alle Fächer gesagt werden könnte, welches Wissen hierzu gehört. So wie auch das „Vollwissen" auf einem Gebiet niemals schrankenlos gefordert wird, sondern eine von der Vernunft der Prüfer abhängige natürliche Grenze hat, sind auch die Grundzüge subjektiv geprägt. Am ehesten ließe sich folgende Formel verwenden: Grundzüge eines Rechtsgebiets umfassen die Kenntnis der gesetzlichen Strukturen, der Begriffe und der gängigsten Problemfelder ohne umfassend vertieftes Einzelwissen.

Zu beachten ist allerdings, daß die Reduktion auf Grundzüge entfällt, soweit eine Hausarbeit zu bearbeiten ist (§ 11 Abs. 1 S. 3), weil die gebotene rechtswissenschaftliche Vertiefung notwendigerweise über Grundzüge hinausgehen muß. Die Grundzüge des Kommunalrechts spielen zwar in Berlin in der Rechtspraxis eine untergeordnete Rolle, weil die Bezirke keine Gemeinden sind, sondern Selbstverwaltungseinheiten ohne Rechtspersönlichkeit (§ 2 Abs. 1 BezVG). Gleichwohl muß dieses Fach gelehrt und geprüft werden, weil das Kommunalrecht im übrigen Bundesgebiet erhebliche Bedeutung hat und eine nur partikularrechtliche Ausbildung im Interesse der Mobilität vermieden werden muß.

4. Der Wahlfachkatalog (§ 6) wurde teilweise neu geschnitten, damit den einzelnen Gruppen ein annähernd gleicher Stoffumfang und Schwierigkeitsgrad zugeordnet ist. Auf gesondert wählbare Untergruppen konnte daher verzichtet werden.

— Die bisherige umfangreiche Wahlfachgruppe 8 [a) Handels, Gesellschafts- und Wertpapierrecht b) Wettbewerbs- und Kartellrecht c) Grundzüge des Steuerrechts und der Bilanzkunde oder Privatversicherungsrecht] ist gesplittet worden in die Wahlfachgruppen 4 und 5, wobei die Grundzüge des Steuerrechts dem Gesellschaftsrecht und Bilanzrecht zugeordnet worden sind (Beachte: andere Zuordnung im Vorbereitungsdienst, wo das Steuerrecht nicht zum Wirtschaftsrecht sondern zum Bereich Staat und Verwaltung gehört).

— Die bisherige Wahlfachgruppe 9 a (Mitbestimmungs-, Betriebsverfassungs- und Personalvertretungsrecht) wurde in der neuen Wahlfachgruppe 6 verselbständigt und durch das kollektive Arbeitsrecht, dessen Kenntnis in diesem Zusammenhang ohnehin unabdingbar ist, angereichert.

— Die bisherige Wahlfachgruppe 6 (jetzt 9) ist um die „Grundzüge des Umweltschutzes“ erweitert, während das Beamtenrecht und das Wirtschaftsverwaltungsrecht auf die Grundzüge zurückgenommen wurde. Die Grundzüge des Kommunalrechts sind in den Pflichtfachkatalog (Nr. 9) transportiert.

— Die im wesentlichen neu geschaffene Wahlfachgruppe 10 erstreckt sich auf einige wichtige Bereiche des Rechts der sozialen Sicherung (ohne das bisherige Sozialhilferecht, das dem 2. Examen vorbehalten bleibt) einschließlich des Privatversicherungsrechts. Sie entspricht im Umfang und Zuschnitt den Lehrangeboten des FB Rechtswissenschaft der FUB.

5. Nach § 5 Abs. 2 DRiG sind Studium und Vorbereitungsdienst aufeinander abzustimmen. Hinsichtlich der Wahlfächer ist dies in der Weise geschehen, daß Studenten – von den Wahlfachgruppen 1 (Rechtsphilosophie und Rechtstheorie, Rechtssoziologie) und 2 (Rechts- und Verfassungsgeschichte) abgesehen – ihre im Wahlfachstudium erworbenen Kenntnisse während des Referendariats in den Schwerpunktbereichen praxisorientiert vertiefen können, und zwar

a) **Wahlfachgruppen 3, 7 und 8** im **Schwerpunktbereich Justiz**
(§ 8 Abs. 3 JAG, §§ 22 Abs. 1 Nr. 1,
36 Abs. 2 Nr. 1 JAO)

b) **Wahlfachgruppen 4, 9, 10 und 11** im **Schwerpunktbereich Staat und Verwaltung**
(§ 8 Abs. 3 JAG, §§ 22 Abs. 1 Nr. 2,
36 Abs. 2 Nr. 2 JAO)

c) **Wahlfachgruppen 4, 5 und 11** im **Schwerpunktbereich Wirtschaft**
(§ 8 Abs. 3 JAG, §§ 22 Abs. 1 Nr. 3
Nr. 3, 36 Abs. 2 Nr. 3 JAO)

d) **Wahlfachgruppen 6 und 10** im **Schwerpunktbereich Arbeit und soziale Sicherung**
(§ 8 Abs. 3 JAG, §§ 22 Abs. 1
Nr. 4, 36 Abs. 2 Nr. 4 JAO)

Die Wahlfachgruppen 4, 10 und 11 empfehlen sich je nach Neigung für unterschiedliche Schwerpunktbereiche. Wer in der Wahlfachgruppe 4 besonderes Interesse am Steuerrecht gefunden hat, kann das Steuerrecht im Schwerpunktgebiet Staat und Verwaltung vertiefen, es aber auch als nützliche Horizonterweiterung im Wirtschaftsrecht einbringen, wo u. a. gezielt das Unternehmenssteuerrecht gefragt ist (§ 36 Abs. 2 Nr. 3). Der Sozialrechtler (Nr. 10) kann sich entweder dem öffentlichen Recht allgemein oder dem Schwerpunktbereich Arbeit und soziale Sicherung widmen. Ebenso flexibel ist der Europarechtler (Nr. 11), der sowohl im Schwerpunktbereich Staat und Verwaltung wie im Schwerpunktbereich Wirtschaft gut aufgehoben ist.

§ 7

Schriftliche Prüfung

(1) Die Aufgaben in der schriftlichen Prüfung stellt das Justizprüfungsamt. Es holt Aufgabenvorschläge der Hochschullehrer ein, denen die Vertretung der Lehre in den Prüfungsfächern obliegt.

(2) Schwerbehinderten sowie anderen Kandidaten, die Art und Ausmaß ihrer Prüfungsbehinderung durch ein amtsärztliches Zeugnis nachweisen, sind auf Antrag die ihrer Behinderung angemessenen Erleichterungen zu gewähren.

(3) Die schriftlichen Arbeiten dürfen als Hinweis auf den Verfasser lediglich seine Kennummer tragen. Kenntnisse über die Person des Prüflings, die ein Mitglied des Justizprüfungsamtes unbeabsichtigt erlangt oder erlangt hat, stehen seiner Mitwirkung nicht entgegen.

(4) Prüfungsarbeiten oder Teile von Prüfungsarbeiten, die sich auf ein Spezialgebiet beziehen, kann das Justizprüfungsamt in begründeten Ausnahmefällen durch eine für dieses Gebiet besonders sachverständige Person fachlich begutachten lassen, bevor sie von den Prüfern bewertet werden.

1. Die Aufgabenstellung liegt unbeschadet der Vorschläge der Hochschullehrer allein in der Verantwortung des JPA. Sie geschieht unter pädagogisch-wissenschaftlichen Gesichtspunkten, wobei der Prüfungsbehörde ein gerichtlich nicht nachprüfbarer Beurteilungsspielraum zusteht (VG Berlin, Urt. vom 29. 10. 1974 – XII A 789/72, vom 11. 11. 1975 – XII A 193/74, vom 9. 12. 1980 – VG A 12 134/80; OVG Saarland, Urt. vom 14. 4. 1977 – I R 2/77; VGH Mannheim, KMK HSchR 1984, 900). Dies gilt auch, soweit die Aufgabe erfordert, auf zurückliegende Sachverhalte nicht mehr geltende Rechtsvorschriften anzuwenden (BVerwG, NJW 1979, 320).

2. Erleichterungen für Schwerbehinderte werden nicht schon aufgrund des Schwerbehindertenausweises gewährt. Die Behinderung muß so geartet sein, daß sie zur Chancenungleichheit führt, wenn ihr nicht Rechnung getragen wird. Ergeben sich Art und Ausmaß der Behinderung nicht zweifelsfrei aus dem Bescheid über die Anerkennung als Schwerbehinderter, ist ein amtsärztliches Zeugnis beizubringen. Unverzichtbar ist das amtsärtzliche Zeugnis bei allen anderen Kandidaten, die eine prüfungsrelevante Behinderung behaupten.

Die Art der Erleichterungen kann vielfältig sein. Für Blinde kommt Zeitverlängerung und – bei Klausuren – die Zulassung einer Hilfsperson, die keine juristischen Kenntnisse haben darf, oder die Benutzung der zugelassenen Hilfsmittel in Blindenschrift sowie einer Blindenschreibmaschine in Betracht. Zeitverlängerungen können auch bei Schreibbehinderungen gewährt werden, die jedoch selten mehr als 30 Minuten betragen.

Eine Verlängerung der Bearbeitungszeit ist auch bei einer Hausarbeit möglich. Sie kommt aber nur in Betracht, wenn sie vor Entgegennahme des Aufgabentextes bewilligt worden ist. Tritt die Behinderung während der Bearbeitungszeit erstmals auf, ist eine Verlängerung der Bearbeitungszeit nicht mehr möglich. In diesem Fall muß der Kandidat die Aufgabe notfalls unter Vorlage eines ärztlichen Zeugnisses entschuldigt zurückgeben (§ 18 Abs. 1).

3. Das Anonymitätsprinzip (Kennummerngeheimnis) gilt für die Korrektur der Aufsichtsarbeiten und die vorläufige Bewertung der Hausarbeit (Anmerkungen und Gutachten zur Bearbeitung). Die endgültige Festsetzung der für die Hausarbeit erteilten Note geschieht vor Beginn der mündlichen Prüfung und nach Offenlegung der Identität der Prüfungskandidaten (§ 13 Abs. 1 und 3). Die Kennummern werden nach einem Mischverfahren von der Geschäftsleitung des JPA den einzelnen Kandidaten so zugeteilt, daß keinerlei Rückschlüsse auf die Person des Kandidaten oder die individuelle Dauer seines Prüfungsverfahrens möglich ist. Hierin besteht der Sinn des Anonymitätsprinzips: Einem Prüfer darf bei Wahrnehmung der ihm zugewiesenen Aufgaben nicht ermöglicht werden, sich von der Person des Prüflings Kenntnis zu verschaffen (BVerwG, ZBR 1978, 182). Das Kennummerngeheimnis ist jedoch nicht verletzt, wenn sich der Kandidat dem Prüfer selbst zu erkennen gibt (VG Darmstadt, Urt. v. 19. 8. 1975 — IV E 152/73; Hess.VGH, Urt. v. 29. 9. 1980 — VI OE 93/75) oder der Prüfer zufällig durch Umstände, gegen die keine organisatorischen Vorkehrungen möglich sind, Kenntnisse erlangt hat, die Schlüsse auf die Person des Kandidaten zulassen (z. B. Wiedererkennen einer charakteristischen Handschrift o. ä.).

4. Die Vorbegutachtung von Prüfungsarbeiten durch besonders sachverständige Personen (Abs. 4) ist mit größter Zurückhaltung zu handhaben, da die fachliche Verantwortung ausschließlich beim Prüfer liegt. Sie kommt allenfalls für Randgebiete des Rechts (z. B. soziologischer Fragen) oder Rechtsvergleichung und Internationales Privatrecht in Betracht.

§ 8

Aufsichtsarbeiten

(1) In der Regel wird in jedem Kalenderhalbjahr ein Termin zur Anfertigung der vier Aufsichtsarbeiten abgehalten, zu dem alle bis dahin zugelassenen Prüflinge zu laden sind.

(2) In drei Aufsichtsarbeiten hat der Prüfling Fragen aus dem Gebiet der Pflichtfächer zu bearbeiten, überwiegend in der Form der rechtswissenschaftlichen Begutachtung mitgeteilter Sachverhalte. Von diesen Arbeiten hat je eine ihren Schwerpunkt in den in § 5 unter Nr. 3 bis 5, unter Nr. 6 und unter Nr. 7 bis 9 genannten Pflichtfächern, jeweils einschließlich des dazugehörigen Verfahrensrechts.

(3) Das Schwergewicht der vierten Aufsichtsarbeit liegt in den Fächern der Wahlfachgruppe des Prüflings. Gegenstand der Aufgabe ist entweder die Anfertigung eines Gutachtens oder die Bearbeitung eines Sachthemas. Hat die Aufgabe die Bearbeitung eines Sachthemas zum Gegenstand, sollen dem Prüfling zwei Themen aus verschiedenen Gebieten zur Wahl gestellt werden.

(4) Das Justizprüfungsamt bestimmt die Hilfsmittel, die der Prüfling benutzen darf; er hat sie selbst mitzubringen.

(5) Für jede Aufsichtsarbeit stehen dem Prüfling fünf Stunden zur Verfügung.

1. Die Klausurenkampagnen finden regelmäßig im Februar/März und September statt. Wegen der Meldetermine vgl. Anm. 1 zu § 4. Da Abs. 1 vorschreibt, daß alle bis zur Kampagne zugelassenen Kandidaten an den Klausuren teilnehmen müssen, werden diejenigen Kandidaten, die sich zwar vor der Kampagne gemeldet haben, aber zunächst ihre Hausarbeit schreiben möchten, erst nach der laufenden Kampagne zugelassen. Das Kampagnesystem dient dem Zweck, das Prüfungsverfahren zu rationalisieren und eine gleichmäßige Beurteilung der Klausurenbearbeitungen sicherzustellen.

2. Die Art der Aufgabenstellung ist unterschiedlich. Von den vier Aufsichtsarbeiten erstrecken sich drei auf die Pflichtfächer, und zwar

– **die Zivilrechtsklausur** auf die allgemeinen Lehren des Bürgerlichen Rechts, das Schuldrecht und das Sachenrecht sowie die Grundzüge des Familien- und Erbrechts, die Grundzüge des Handelsrechts, des Gesellschaftsrechts und des Wertpapierrechts sowie das Individualarbeitsrecht und die Grundzüge des kollektiven Arbeitsrechts einschließlich der Grundzüge des Verfahrensrechts.

– **die Strafrechtsklausur** auf die allgemeinen Lehren des Strafrechts und den Besonderen Teil des Strafgesetzbuches einschließlich der Grundzüge der Strafprozeßordnung und

– **die öffentlich-rechtliche Klausur** auf das Staatsrecht mit den

Bezügen zum Völkerrecht und zum Europarecht, das Allgemeine Verwaltungsrecht einschließlich des Verwaltungsverfahrensrechts und auf das Polizei- und Ordnungsrecht sowie die Grundzüge des Baurechts und des Kommunalrechts einschließlich der Grundzüge des Verwaltungsprozeßrechts.

Bei diesen drei Aufsichtsarbeiten, die selbstverständlich stets nur Ausschnitte aus den genannten Gebieten zum Inhalt haben können, sind überwiegend mitgeteilte Sachverhalte zu begutachten (Fallösungen keine „Märchenklausuren").

– **Die vierte Klausur** erstreckt sich auf die vom Prüfling angegebene Wahlfachgruppe, und zwar gleichermaßen auf alle Untergruppen ohne Abwahlmöglichkeit. Hier besteht die Aufgabenstellung entweder in der Begutachtung eines mitgeteilten Sachverhalts oder in der Bearbeitung eines Sachthemas (Abs. 3). In der Regel kommen bei den Wahlfachgruppen gemäß § 6 Abs. 1 Nr. 3 bis 11 nur Begutachtungen von Sachverhalten (Fallösungen) in Frage. Lediglich bei den Wahlfachgruppen 1 und 2 bieten sich Sachthemen an. Werden solche Themenklausuren ausgegeben, sollen zwei Themen aus verschiedenen Gebieten zur Auswahl gestellt werden (z. B. Rechtsphilosophie oder Rechtssoziologie bzw. Rechtsgeschichte des Mittelalters oder Verfassungsgeschichte der Neuzeit). Diese Erleichterung gewährt der Verordnungsgeber vor allem deshalb, weil die Wahlfachgruppen 1 und 2 jeweils breitgestreute Gebiete umfassen und eine gleichermaßen vertiefte Beherrschung sämtlicher Teilgebiete nicht erwartet werden kann. Hinzukommt, daß bei einem Sachthema in stärkerem Maße als bei einer Begutachtung, für die Gesetzestexte eine ausreichende Hilfe bieten, präsentes Wissen notwendig ist.

3. Als Hilfsmittel sind Gesetzestexte zugelassen. Die Einzelheiten ergeben sich aus der Bekanntmachung des PräsJPA (vgl. Nr. 20). Sie werden nicht vom Justizprüfungsamt gestellt, sondern müssen vom Prüfling mitgebracht werden und frei von Eintragungen jeder Art (Randbemerkungen, Verweisungen, Textänderungen, Unterstreichungen oder ähnlichem) sein und dürfen auch keine Einlagen enthalten. Ein Verstoß hiergegen sowie die Benutzung nicht zugelassener Hilfsmittel wird als Täuschungsversuch gewertet. Nach § 19 Abs. 2 kann er dazu führen, daß eine Prüfung für nicht bestanden erklärt wird. Zumindest wird die betreffende Arbeit mit „ungenügend" (0 Punkte) bewertet.

4. Nicht zugelassene Hilfsmittel dürfen nicht mitgebracht werden. Unter Hilfsmittel in diesem Sinne sind freilich nicht die technischen Hilfsmittel zu verstehen. Hier gilt folgendes:

– Schreibpapier wird vom JPA gestellt; es darf kein eigenes Papier mitgebracht werden.

– Füllfederhalter und Kugelschreiber sind mitzubringen. Taschenrechner können benutzt werden, müssen aber auch selbst mitgebracht werden.

5. Die fünfstündige Bearbeitungszeit wird genauestens eingehalten. Wer trotz Aufforderung zur Abgabe der Arbeit weiterschreibt, muß mit Sanktionen wegen verspäteter Abgabe rechnen (§ 9 Abs. 5).

§ 9

Aufsicht, Säumnis

(1) Die Aufsicht bei der Anfertigung der Arbeit führt ein Mitglied des Justizprüfungsamtes oder ein sonstiger Richter oder Beamter mit der Befähigung zum Richteramt, der vom Justizprüfungsamt bestellt wird.

(2) Verstößt ein Prüfling gegen die Ordnung in der Prüfung und stört er dadurch die anderen Prüflinge, so kann er vom Aufsichtsführenden von der Fortsetzung der Arbeit ausgeschlossen werden, wenn er sein Verhalten trotz Abmahnung nicht einstellt. Die Arbeit gilt als mit „ungenügend" bewertet. Auf Antrag des Prüflings entscheidet das Justizprüfungsamt, ob der Prüfling die Arbeit wiederholen darf.

(3) Unternimmt ein Prüfling einen Täuschungsversuch, so wird er, soweit nicht Absatz 2 eingreift, von der Fortsetzung der Arbeit nicht ausgeschlossen. Im übrigen gilt § 19.

(4) Der Aufsichtsführende fertigt eine Niederschrift an und vermerkt darin alle besonderen Vorkommnisse.

(5) Erscheint ein Prüfling zur Anfertigung einer Aufsichtsarbeit ohne genügende Entschuldigung nicht oder liefert er eine Arbeit ohne genügende Entschuldigung nicht rechtzeitig ab, so gilt die Arbeit als mit „ungenügend" bewertet. Im Falle einer genügenden Entschuldigung ist der Prüfling zu einem weiteren Termin zu laden, in dem er alle Aufsichtsarbeiten neu anfertigen muß; ausgenommen sind Arbeiten, die nach Satz 1 oder nach § 19 mit „ungenügend" bewertet werden.

1. Die Aufsicht ist einem Richter oder Beamten mit der Befähigung zum Richteramt vorbehalten, weil u. U. Entscheidungen zu treffen sind, die eine volljurstische Ausbildung voraussetzen (z. B. Textkorrekturen, Verlängerung der Bearbeitungszeit u. ä.).

2. Bei ordnungswidrigem Verhalten ist zu unterscheiden zwischen

a) Verstößen gegen die Ordnung, durch die anderen Mitprüflinge gestört werden (z. B. Lärmen u. ä.) und

b) Täuschungsversuchen, wenn hierdurch keine Störung anderer Prüflinge verursacht wird.

Im erstgenannten Fall wird der Störer von der Fortsetzung der Arbeit ausgeschlossen und seine Leistung mit ungenügend bewertet. Stellt sich aufgrund einer späteren Remonstration (Beschwerde) des Prüflings heraus, daß sein Ausschluß nicht gerechtfertigt war, ist ihm im Wege der Folgenbeseitigung die Wiederholung der Arbeit zu gestatten, und zwar nicht erst zur nächsten Kampagne, sondern schnellstmöglich.

Im Fall b) wird der Prüfling von der Fortsetzung der Bearbeitung nicht ausgeschlossen, weil dies zur Aufrechterhaltung der Ordnung nicht nötig ist. Die Entscheidung nach § 19 wird nach Ende der Bearbeitungszeit und nach Gewährung rechtlichen Gehörs getroffen. Unzulässige Hilfsmittel werden eingezogen und solange einbehalten, wie dies zur Sicherung der Beweismittel erforderlich ist. Dies ist zwar nicht ausdrücklich geregelt, ergibt sich aber aus der Sanktionskompetenz des Amtes. Ohne Beweissicherung würden § 9 Abs. 3 und § 19 leer laufen.

3. Wird ein Kandidat während einer der vier Klausuren prüfungsunfähig krank und entschuldigt (vgl. dazu im einzelnen Anm. zu § 18), ist der Kampagnezusammenhang nicht aufgelöst, selbst wenn der Prüfling bereits drei Aufsichtsarbeiten gefertigt hat. Er ist gezwungen, in der darauffolgenden Kampagne alle vier Arbeiten neu anzufertigen. Dies beruht darauf, daß die Notwendigkeit, in einem engen zeitlichen Zusammenhang vier Prüfungsleistungen erbringen zu müssen, zu den Prüfungsanforderungen gehört. Es soll vermieden werden, daß ein Kandidat durch – im Extremfall mehrere – Erkrankungen in den Kampagnen die Aufsichtsarbeiten sukzessiv schreiben kann und damit günstigere Bedingungen hat als die übrigen Prüflinge. Klausuren, die wegen Säumnis, verspäteter Abgabe der Arbeit oder eines Täuschungsversuchs mit „ungenügend" bewertet worden sind, können nicht wiederholt werden. Hat z. B. ein Kandidat in der ersten Arbeit zu täuschen versucht, die zweite unentschuldigt versäumt und ist er bei der vierten Klausur wegen Krankheit entschuldigt worden, kann er in der nächsten Kampagne nur

noch die 3. und 4. Aufsichtsarbeit neu anfertigen. Die „ungenügenden" beiden ersten Klausuren bringt er in das weitere Prüfungsverfahren ein.

4. Unzumutbarer Baulärm während der schriftlichen Prüfung kann ein Prüfungsmangel sein, der – anders als Prüfungsunfähigkeit – nicht schon während oder kurz nach der Klausurenbearbeitung geltend gemacht werden muß (BVerwG, NJW 1976, 905; JZ 1976, 179, 180, vgl. auch Scheibel Bay.VBl. 1977, 172), weil der jeweiligen Aufsichtsperson die Störung in gleichem Maße erkennbar ist wie dem Prüfling (VG Berlin, Urt. v. 14. 2. 1978 – VG XII A 1979/76). Die Geltendmachung muß aber nach OVG Münster (Urt. v. 13. 5. 1877 – V A 1717/76) und VG Gelsenkirchen (Urt. v. 13. 10. 1977 – 1 K 286/76) nach Bekanntgabe der Noten und vor Beginn des nächsten Prüfungsabschnitts erfolgen. Nur zeitweise aufgetretene Störungen können durch Verlängerung der Bearbeitungszeit ausgeglichen werden (VG Hamburg, DÖV 1975, 361; Urt. v. 22. 7. 1977 – VII VG 1957/74). Eine Störung, die nicht abgestellt wird oder durch Verlängerung der Bearbeitungszeit ausgeglichen werden kann, führt nur dann zu einem Verfahrensfehler, wenn sie so geartet ist, daß der verursachte Lärm nach Intensität und Dauer erheblich ist, also auch von nicht besonders lärmempfindlichen Personen als nicht mehr tragbar empfunden wird. Normale Großstadtgeräusche (S-Bahn, Verkehrslärm) müssen von den Prüfungsteilnehmern hingenommen werden (VG Berlin, Urt. v. 11. 11. 1975 – VG XII A 193/74).

§ 10

Bewertung der Aufsichtsarbeiten

(1) Alle Bearbeitungen einer Aufgabe sollen von denselben beiden Prüfern bewertet werden; sie können auf mehrere Prüfer verteilt werden, wenn mehr als hundert Arbeiten zu bewerten sind.

(2) Das Justizprüfungsamt bestimmt die Reihenfolge, in der die Prüfer die Arbeiten bewerten. Der zweite Prüfer erhält die Arbeiten mit den Randbemerkungen und Bewertungsvorschlägen des ersten Prüfers.

(3) Über die Bewertung aller Bearbeitungen einer Aufgabe ist eine Übersicht anzufertigen; sie kann mit näheren Erläuterungen versehen werden.

(4) Die abschließende Bewertung der Aufsichtsarbeiten wird dem Prüfling spätestens eine Woche vor der mündlichen Prüfung bekanntgegeben.

1. Abs. 1 will einen möglichst gleichmäßigen Bewertungsmaßstab sicherstellen und eine zu breite Streuung auf Prüfer vermeiden. Zwar kommt es grunsätzlich auf die objektive Bewertung der konkreten Einzelleistung an. Es ist jedoch anerkannt, daß bei der Bewertung der Einzelleistung eines Prüflings die vergleichende Heranziehung von Prüfungsleistungen anderer Kandidaten zulässig ist, um eine vernünftige und gerechte Relation zu erreichen (vgl. BVerwG, DÖV 1974, 752; BVerwGE 16, 150, 152; BVerwG, Buchholz 421.0 Nr. 112).

2. Die Bewertung des Erstprüfers ist dem Zweitprüfer bekannt zu geben, eine Regelung, die nicht für alle Prüfungsordnungen gilt, aber zulässig ist (OVG Münster, Urt. v. 18. 10. 1974 – XV A 47/74; VGH Baden-Württemberg, Urt. v. 5. 2. 1981 – 9 S 2272/80; Hess.VGH, Urt. v. 29. 9. 1980 – VI OE 93/75, OVG Lüneburg, Urt. v. 16. 1. 1979 – X OVG A 14/77). Der Zweitprüfer soll in die Lage versetzt werden, sich kritisch mit der Erstbegutachtung auseinanderzusetzen. Diesem Gesichtspunkt hat der Normgeber eine höhere Bedeutung beigemessen als dem möglichen Nachteil, daß vom Erstgutachten eine den Zweitkorrektor beeinflussende suggestive Wirkung ausgeht. Es besteht keine Verpflichtung des Zweitprüfers, sämtliche Bewertungsgrundlagen mitzuteilen; die Bekundung des Einverständnisses mit dem Erstgutachten genügt (BVerwG, DÖV 1982, 276, 179; 1974, 752; Buchholz 421.0 Nr. 67). Die Begutachtung und Benotung stellt ein höchstpersönliches Werturteil dar, das vom Prüfer selbst abgegeben werden muß; die Zulässigkeit der Mitwirkung von Assistenten im Stadium der Vorbereitung ist umstritten (Unzulässig: VGH Baden-Württbg., DVBl. 1977/461 ff.; zulässig: VG Darmstadt, Urt. v. 19. 8. 1975 – IV E 152/73; Hess.VGH, Urt. v. 29. 9. 1980 – VI OE 93/75). Die Bewertungsmaßstäbe setzt allein der Prüfer. Die Frage, welchen Einfluß einzelne Beanstandungen auf die Gesamtbenotung haben und wie eine Arbeit zu bewerten ist, bleibt der Überprüfung der Gerichte entzogen; dem Prüfer steht insoweit ein Beurteilungsspielraum zu (vgl. BVerwG, Buchholz 421.0 Nr. 39 S. 16; OVG Lüneburg, ZBR 1975, 121, 124).

3. Bei Nichteinigung der beiden Korrektoren sieht § 17 Abs. 1 JAG eine differenzierte Lösung vor (vgl. dort Anm. 3 a).

§ 11

Hausarbeit

(1) Als Hausarbeit hat der Prüfling ein rechtswissenschaftliches Gutachten über einen Sachverhalt anzufertigen oder ein abstraktes

Problem, das auch für die Praxis von Bedeutung ist, zu behandeln. Die Aufgabe soll ihm Gelegenheit geben, darzutun, daß er fähig ist, wissenschaftlich zu arbeiten und sich ein selbständiges Urteil zu bilden. Soweit sich nach den §§ 5 und 6 Prüfungsfächer nur auf die Grundzüge erstrecken, gilt diese Beschränkung nicht für die Hausarbeit.

(2) Das Justizprüfungsamt bestimmt, ob die Hausarbeit vor oder nach den Aufsichtsarbeiten angefertigt wird; Wünsche des Prüflings sind dabei möglichst zu berücksichtigen. § 8 Abs. 1 bleibt unberührt.

(3) Bei der Meldung zur Prüfung kann der Bewerber ein Prüfungsfach angeben, in dem das Schwergewicht der Hausarbeit liegen soll. Gibt er seine Wahlfachgruppe an, so soll er gleichzeitig ein Pflichtfach benennen, dem die Aufgabe entnommen wird, wenn geeignete Aufgaben aus der Wahlfachgruppe nicht in hinreichender Zahl zur Verfügung stehen.

(4) Der Prüfling hat die Hausarbeit binnen sechs Wochen in Reinschrift abzuliefern und auf einem besonderen Blatt gleichzeitig zu versichern, daß er sie ohne fremde Hilfe angefertigt und sich anderer als der von ihm angegebenen Hilfsmittel nicht bedient habe. Die Frist wird durch Abgabe bei einem Postamt gewahrt.

(5) Binnen zwei Wochen kann der Prüfling die erste Aufgabe ohne Angabe von Gründen zurückgeben. Mit der Rückgabe der Arbeit kann er den Wunsch nach Zuteilung einer Aufgabe aus einem anderen Prüfungsfach äußern; Absatz 3 Satz 2 gilt entsprechend.

(6) Der Prüfling kann dem Justizprüfungsamt schriftlich Zweifel, wie die Aufgabe aufzufassen ist, vortragen. Das Justizprüfungsamt kann die Aufgabe schriftlich oder in einer Besprechung mit dem Prüfling klarstellen und erläutern. Die Ablieferungsfrist verlängert sich hierdurch nicht. Der Schriftwechsel und etwaige Vermerke über Besprechungen sind der Arbeit unter Beachtung von § 7 Abs. 3 beizufügen. Bei der Bewertung der Arbeit ist die Aufgabe in der Fassung zugrundezulegen, die sie durch die Antwort des Justizprüfungsamt erhalten hat.

(7) Wird die Ablieferungsfrist ohne genügende Entschuldigung versäumt, so gilt die Arbeit als mit „ungenügend“ bewertet.

(8) § 10 Abs. 2 gilt entsprechend. Die vorläufigen Bewertungen der Hausarbeit sollen dem Prüfling spätestens eine Woche vor der mündlichen Prüfung bekanntgegeben werden.

1. Die Hausarbeit soll unter Beweis stellen, daß der Prüfungskandidat wissenschaftlich zu arbeiten vermag. Durch sie wird dem Kandidaten in besonderem Maße Gelegenheit gegeben, sich als qualifizierter Jurist auszuweisen. Nicht Zufallswissen, Geistesgegenwart und Eloquenz entscheiden über den Erfolg, sondern methodisches Können, Genauigkeit, Sorgfalt sowie die Fähigkeit zur vertieften Durchdringung eines Problems und schließlich Darstellungsgeschick. Oberflächlichkeiten und Ausdrucksschwächen, die bei einer fünfstündigen Aufsichtsarbeit durchgehen, sind für eine 6-Wochenhausarbeit nicht akzeptabel. Wegen der gebotenen Vertiefung gelten keine Beschränkungen auf die Grundzüge (Abs. 1 S. 3). Wegen der Einzelheiten, die bei der Bearbeitung der Hausarbeiten zu beachten sind, vgl. die Allgemeinen Hinweise, die unter Nr. 23 abgedruckt sind.

2. Ob der Kandidat die Hausarbeit vor oder nach den Klausuren zu schreiben hat, bestimmt das JPA (Abs. 2). Die Wünsche der Prüflinge werden soweit als möglich berücksichtigt, wenn sie einem geordneten Ablauf der Prüfungsgeschäfte entsprechen. Wenn etwa die Hälfte aller Prüflinge die HA vor den Klausuren anfertigt, entzerrt dies die Prüfungskampagne und stellt optimal einen ausgeglichenen Geschäftsablauf sicher. In der Praxis stehen im allgemeinen die angemeldeten Wünsche mit diesen Erfordernissen im Einklang. Wer die HA vor den Klausuren anfertigt, kann im allgemeinen mit einem etwa um einen Monat früheren Abschluß des Examens rechnen. Derjenige, der die HA nach den Klausuren schreibt, wird frühestens etwa 16 Wochen nach dem letzten Klausurentag mündlich geprüft (Ausgabezeitraum nach den Klausuren = 2 Wochen; Bearbeitungsdauer = 6 Wochen, Korrektur durch 4 Prüfer = 8 Wochen).

3. Der Prüfling hat keinen Rechtsanspruch darauf, daß die Hausarbeit in den von ihm angegebenen Prüfungsfach ihr Schwergewicht hat. Insbesondere kann er sich nicht Teilgebiete eines Prüfungsfachs aussuchen. Auswahl und Zuordnung der Aufgaben liegt im Ermessen des JPA und hängt weitgehend vom ausgabefähigen Aufgabenbestand ab. Der bisherige Anreiz, vorwiegend von vornherein Hausarbeiten aus den Pflichtfächern zu wählen, ist entfallen, nachdem nunmehr § 15 Abs. 1 S. 5 bei der Ermittlung des für das Bestehen der Prüfung notwendigen Punktdurchschnitts in den Pflichtfächern (4,00 P.) die Hausarbeit nicht mehr einbezieht. Die hilfsweise Benennung eines Pflichtfachs für den Fall, daß die prinzipaliter gewünschte Aufgabe aus der Wahlfachgruppe nicht ausgegeben werden kann, verengt sich nicht in jedem Fall auf eine der Nummern des § 5 (z. B. Nr. 10 — Grundzüge sämtlicher Prozeßrechte —), sondern erstreckt sich mitunter auf Komplexe (z. B. öffentliches Recht nach § 5 Nr. 7 bis 9). Die Prozeßrechte sind den Aufgaben aus den materiell-rechtlichen Pflichtfächern zumeist durch Zusatzfragen zugeordnet.

4. Die Hausarbeit ist während der sechswöchigen Bearbeitungszeit ohne fremde Hilfe anzufertigen. Erweist sich die entsprechende Versicherung als falsch, wird die Leistung mit „ungenügend" bewertet oder die Prüfung für nicht bestanden erklärt (§ 19 Abs. 2). Die Benutzung von Vorbearbeitungen ist verhältnismäßig leicht festzustellen, im übrigen auch sonst kaum von Nutzen. Die Übereinstimmung mit Vorarbeiten wird vom JPA im Detail geprüft. Bei Überschreitung der Bearbeitungsfrist gibt es keine Wiedereinsetzung in den vorigen Stand, da es sich nicht um eine Verfahrensfrist handelt. Eine Entschuldigung unter den Voraussetzungen des § 18 Abs. 1 (siehe dort) hat in jedem Fall die Anfertigung einer neuen HA zur Folge.

5. Die Hausarbeit wird – im Gegensatz zu den Klausuren – von den 4 Mitgliedern des Prüfungsausschusses bewertet, und zwar unter dem Kennummerngeheimnis zunächst vorläufig und vor Beginn der mündlichen Prüfung in Kenntnis der Person des Prüflings endgültig.

§ 12

Ausschluß von der mündlichen Prüfung

(1) Steht bereits nach der Bewertung der vier Aufsichtsarbeiten fest, daß der Kandidat die Prüfung nicht bestanden hat (§ 4 Abs. 2 JAG), erteilt das Justizprüfungsamt dem Prüfling umgehend einen Bescheid über das Ergebnis der Prüfung.

(2) Geht der Bescheid nach Absatz 1 während der Bearbeitungszeit für die Hausarbeit zu, so kann der Prüfling die Bearbeitung auf Wunsch fortsetzen. Dies gilt nicht für die Wiederholungsprüfung.

(3) Eine bereits vor dem Zugang des Bescheides nach Absatz 1 abgegebene oder auf Grund des Absatzes 2 fortgesetzte Hausarbeit wird von einem Prüfungsausschuß endgültig bewertet; sie kann nach Maßgabe des § 16 Abs. 4 Satz 1 in der Wiederholungsprüfung angerechnet werden.

1. Die doppelte Sperrklausel des § 4 Abs. 2 JAG (vgl. dort Anm. 4) kann dazu führen, daß bei Kandidaten, die ihre HA nach dem Termin für die Aufsichtsarbeiten anfertigen, vor Ablauf der sechswöchigen Bearbeitungszeit bereits feststeht, daß sie nicht mehr zur mündlichen Prüfung zugelassen werden dürfen und die Prüfung nicht bestanden haben. Dies ist immer dann der Fall, wenn sich nach Abschluß der Korrektur ergibt, daß keine der Aufsichtsarbeiten gelungen ist (schlechter als 4 Punkte), also auch unter Einbeziehung der Hausarbeit die Voraussetzung mindestens zweier schriftlicher Arbeiten, die „ausreichend" oder besser bewertet sind, nicht erreichbar ist.

2. Der Verordnungsgeber sieht für diesen Fall ohne Rücksicht auf die noch laufende Bearbeitungszeit für die HA vor, daß der Bescheid über die in § 4 Nr. 2 JAG vorgesehenen Rechtfolgen „umgehend" zu erteilen ist (Abs. 1). Gleichzeitig erhält der Kandidat ein Wahlrecht: Bricht er die begonnene Hausarbeit ab, erhält er im Rahmen der Wiederholungsprüfung eine neue Aufgabe, wobei auch § 11 Abs. 5 wiederum gilt. Entscheidet er sich für die Fortsetzung der Arbeit, etwa weil er sich gute Erfolgschancen ausrechnet und mit der Arbeit weit fortgeschritten ist, so kann er sich die Note, wenn sie mindestens „Ausreichend" lautet, auf die Wiederholungsprüfung anrechnen lassen; hinsichtlich der Bewertung durch 4 Prüfer vgl. Anm. 3. Diese Regelung gilt nur für die Erstprüfung, weil in der Wiederholungsprüfung die Fortsetzung der Hausarbeitsbearbeitung ohne jeden Sinn wäre. Treten in der Wiederholungsprüfung die Voraussetzungen des § 4 Abs. 2 JAG ein, muß die Bearbeitung auf jeden Fall abgebrochen und die Aufgabe sofort zurückgegeben werden.

3. Hat ein Kandidat die Hausarbeit bereits vor dem Klausurtermin abgegeben (§ 11 Abs. 2) und stellt sich später heraus, daß sämtliche Aufsichtsarbeiten schlechter als „ausreichend" ausgefallen sind, wird die Arbeit von einem Prüfungsausschuß (§ 17 Abs. 2 JAG) bewertet, der vom PräsJPA berufen worden wäre (§ 17 Abs. 3 JAG), wenn der Kandidat zur mündlichen Prüfung hätte zugelassen werden dürfen. Auf diese Weise behält der Prüfling die Chance, sich eine gelungene HA aus dem ersten Prüfungsversuch nach Maßgabe des § 16 Abs. 4 S. 1 auf den zweiten Prüfungsversuch anrechnen zu lassen.

§ 13

Vorbereitung der Entscheidung

(1) Nach Abschluß der vorläufigen Bewertung der Hausarbeit stehen die bewerteten Aufsichtsarbeiten und die sonstigen Prü-

fungsunterlagen den Mitgliedern des Prüfungsausschusses zur Einsicht zur Verfügung.

(2) Spätestens am Tag vor der mündlichen Prüfung soll der Vorsitzende des Prüfungsausschusses den Prüflingen Gelegenheit zu einem Gespräch geben.

(3) Vor Beginn der mündlichen Prüfung findet eine Vorberatung des Prüfungsausschusses statt, in der auch die Hausarbeit abschließend bewertet wird; die abschließende Bewertung der Hausarbeit bleibt auch dann bindend, wenn der Prüfling an der mündlichen Prüfung entschuldigt nicht teilnimmt (§ 18 Abs. 1). Zu der Vorberatung müssen die schriftlichen Arbeiten der Prüflinge, die in § 10 Abs. 3 genannten Übersichten und die Prüfungsunterlagen vorliegen. Der Vorsitzende oder ein anderes Mitglied berichtet in dem erforderlichen Umfang über den Inhalt der Prüfungsunterlagen und über die nach Absatz 2 geführten Gespräche.

(4) Dem Prüfling ist auf seinen Wunsch vor Beginn der mündlichen Prüfung die abschließende Bewertung seiner Hausarbeit bekanntzugeben.

1. Nach Abschluß der vorläufigen Bewertung wird das Kennummerngeheimnis aufgehoben (Abs. 1). Bei der abschließenden Bewertung (Abs. 3 S. 1) vor Beginn der mündlichen Prüfung ist den Ausschußmitgliedern in der Regel die Person des Bearbeiters bekannt, weil sämtliche Prüfungsunterlagen zur Verfügung stehen (Abs. 1). Diese Regelung wurde getroffen, um nicht vor dem Termin zur mündlichen Prüfung einen weiteren Termin abhalten zu müssen, der nur dazu bestimmt ist, die begutachteten Hausarbeiten endgültig zu bewerten; sie ist zulässig, weil es dem Normgeber ohnehin freisteht, das Anonymitätsprinzip einzuführen oder auszuschließen (vgl. OVG Münster, DÖV 1979, 762).

2. Zum Vorstellungsgespräch ist nur der Vorsitzende des Prüfungsausschusses verpflichtet. Es dient dem gegenseitigen Kennenlernen, der Information über den äußeren Ablauf der mündlichen Prüfung und dem Abbau unnötiger Ängste. Verlautbarungen über Prüfungsinhalte sind unzulässig und stellen einen groben Verstoß gegen die Chancengleichheit dar. Abs. 2 schreibt nicht vor, daß es sich um Einzelgespräche handeln muß, wie es gelegentlich in anderen Prüfungsordnungen geregelt ist (vgl. für NRW OVG Münster, DÖV 1975, 361). Die üblichen Gruppengespräche sollten aber mindestens dann unterbleiben, wenn einer der Kandidaten ein Einzelgespräch wünscht. Auf diese Möglichkeit sollten die Vorsitzenden der Prüfungsausschüsse stets hinweisen und gegebenenfalls für *alle* Kandidaten einer Gruppe Einzelgespräche führen. Die Vorstellung bei weiteren Ausschußmitgliedern ist zwar nicht ausgeschlossen, aber überflüssig und eher schädlich. Da viele beisitzende Ausschußmitglieder aus guten Gründen ein von der JAO nicht vorgesehenes Gespräch ablehnen, führt ein erfolgloser Vorstellungsversuch nur zur Enttäuschung und Verunsicherung und ein wiederum von anderen Prüfern für nützlich gehaltenes Gespräch zur Ungleichbehandlung.

3. In der Vorbearbeitung vor Beginn der mündlichen Prüfung ist zunächst die Bewertung der Hausarbeit endgültig zu beschließen. Dies sollte geschehen, bevor der Vorsitzende über die Prüfungsunterlagen (Ergebnisse in den Aufsichtsarbeiten, Leistungsnachweise während des Studiums, persönliche Verhältnisse) und die Vorstellungsgespräche berichtet. So wird am besten sichergestellt, daß die definitive Notenfestsetzung für die HA von unbewußt sachfremden Einflüssen freibleibt. Das Gebot der abschließenden Bewertung erstreckt sich auch auf Kandidaten, die dem Prüfungstermin entschuldigt fernbleiben. Da der Prüfungsausschuß im Zeitpunkt der Säumnis nicht wissen kann, ob Entschuldigungsgründe vorgebracht werden und das zur Entscheidung berufene JPA (§ 18 Abs. 1) die Säumnis entschuldigen wird, ist die HA in jedem Fall abschließend zu bewerten. Wird der Kandidat entschuldigt, wird die abschließend bewertete HA in den nach Wegfall des Hinderungsgrundes anzusetzenden neuen Prüfungstermin eingebracht; der Prüfungsausschuß dieses weiteren Termins ist an die festgesetzte Note gebunden. Hierdurch wird vermieden, daß ein Kandidat „krank" wird, um im Wege der Neubewertung durch einen anderen Ausschuß seine Chancen verbessern zu können.

Wird der Kandidat nicht entschuldigt, so gilt die Prüfung als nicht bestanden (§ 14 Abs. 4). Die Bewertung der Hausarbeit verliert ihre Gültigkeit, da in Fällen, in denen die Prüfung aus anderen Gründen als wegen mangelhafter Leistungen nicht bestanden worden ist, eine Anrechnung von schriftlichen Leistungen aus dem ersten Prüfungsversuch in der Wiederholungsprüfung ausgeschlossen ist (§ 16 Abs. 4 S. 2).

Desgleichen sind in der Vorberatung die HA derjenigen Kandidaten endgültig zu bewerten, die von der mündlichen Prüfung ausgeschlossen sind, ihre HA aber für die Wiederholungsprüfung anrechnen lassen können (§§ 12 Abs. 3; 16 Abs. 4 S. 1). Obwohl nur mindestens „ausreichende" Arbeiten anrechenbar sind, ist die endgültige Bewertung auch dann vorzunehmen, wenn die vorläufigen Bewertungen mehrheitlich (§ 17 Abs. 2 JAG) auf „Mangelhaft" lauten. Denn die Frage der Anrechenbarkeit läßt sich nicht auf Grund einer nur vorläufigen Bewertung beantworten.

4. Macht ein Prüfling während des Vorstellungsgesprächs oder sonst vor Beginn der mündlichen Prüfung geltend, einer der Prüfer sei befangen, ist der Ablehnungsantrag nicht vom Vorsitzenden des Prüfungsausschusses, sondern vom PräsJPA zu bescheiden. Dieser ist daher unverzüglich zu unterrichten; etwaige schriftliche Anträge sind an ihn weiterzuleiten. § 21 Abs. 2 VwVfG, der für Mitglieder eines Ausschusses (§ 88 VwVfG) auf § 20 Abs. 4 VwVfG verweist (Entscheidungskompetenz des Ausschusses), gilt hier nicht, weil die Regelungen über Ausschüsse i. S. des § 88 VwVfG insoweit vom Anwendungsbereich des VwVfG ausgenommen sind, als es sich um Prüfungen handelt (§ 2 Abs. 2 Nr. 2 VwVfG). Es verbleibt daher bei der allgemeinen Zuständigkeit des PräsJPA gemäß § 21 JAG, die sich bei Ablehnungen auch als Annexkompetenz zu § 17 Abs. 3 S. 1 JAG (Bildung der Prüfungsausschüsse) ergibt. Das gleiche gilt für die Anzeige von Umständen, die zum Ausschluß eines Prüfers nach § 20 Abs. 1 VwVfG führen können.

5. Ist die Besorgnis der Befangenheit vor Beginn der Prüfung geltend gemacht und ein entsprechender Ablehnungsantrag zu Unrecht ablehnend beschieden worden, dürfte dies ein zur Aufhebung der Prüfungsentscheidung nötigender Verfahrensmangel sein (strittig). Denn selbst wenn der Prüfer objektiv nicht befangen ist, kann sich eine aus subjektiver Sicht begründete Besorgnis der Befangenheit, wenn sie zu Unrecht nicht anerkannt worden ist, nachteilig auf das Prüfungsverhalten des Kandidaten, insbesondere seine psychische Stabilität auswirken.

Wird ein derartiger Ablehnungsantrag nicht gestellt, kann die Befangenheit aber noch als Verfahrensmangel gerügt werden, wenn sie objektivierbar ist, d. h. der Prüfer bei Würdigung der Umstände tatsächlich als voreingenommen angesehen werden muß (vgl. BVerwGE 29, 70, 71; Buchholz 421.0 Nr. 72, Nr. 94, Nr. 100 und Nr. 126; OVG Hamburg, NJW 1970, 910, OVG Lüneburg DÖV 1974, 67; ZBR 1975, 121, 122; OVG Münster, DÖV 1981, 587).

Keine Befangenheitsgründe, wie sie gelegentlich vorgebracht werden, sind: Mitwirkung des Prüfers am ersten erfolglosen Prüfungsversuch (VG Stuttgart, Urt. v. 2. 5. 1977 – VRs IV 1/77), negative Bewertung der Hausarbeit (VG Berlin, Urt. v. 26. 11. 1982 – VG 12 A 1823/71) oder ungünstiges Zeugnis, das der Prüfer als Lehrkraft erteilt hat.

Andererseits ist von einer Voreingenommenheit des Prüfers, mindestens von einer Verletzung des Gebots des fairen Prüfungsverfahrens auszugehen, wenn unzureichende Leistungen nicht nur als solche schonungslos gekennzeichnet (zulässig), sondern darüber hinaus hähmisch, spöttisch, sarkastisch oder in ähnlich herabsetzender Form kommentiert werden

(BVerwG, DÖV 1478, 844; VG Hannover, Gerichtsbescheid v. 8. 11. 1982 — 6 VG A 109/81). Dies schließt freilich nicht jede Ironie oder kleinere „Ausrutscher" aus, weil ein „offenes Wort" — je nach Temperament — die Grundlage eines auf gegenseitiges Vertrauen angelegten Prüfungsgesprächs bleiben muß und eine völlig sterile und unpersönliche Atmosphäre wesentlich schädlicher wäre.

§ 14

Mündliche Prüfung

(1) Die mündliche Prüfung, zu der höchstens fünf Prüflinge zu laden sind, dauert je Prüfling etwa eine Stunde; sie wird durch angemessene Pausen unterbrochen (§ 15 Abs. 1).

(2) Die mündliche Prüfung erstreckt sich in je einem Prüfungsabschnitt auf die Pflichtfächer nach § 5 Nr. 3, Nr. 6 und Nr. 7 bis 9 jeweils einschließlich des dazu gehörigen Verfahrensrechts. Je ein weiterer Prüfungsabschnitt erstreckt sich auf die übrigen Pflichtfächer und auf die Wahlfachgruppe des Prüflings.

(3) Der Vorsitzende des Prüfungsausschusses leitet die mündliche Prüfung und beteiligt sich an ihr. Er bestimmt die Reihenfolge der Prüfungsabschnitte und hat darauf zu achten, daß ein sachgerechtes Prüfungsgespräch geführt wird. Ihm obliegt die Aufrechterhaltung der Ordnung.

(4) Nimmt ein Prüfling ohne genügende Entschuldigung an der mündlichen Prüfung nicht teil, so gilt die Prüfung als nicht bestanden.

(5) Das Justizprüfungsamt kann Studenten der Rechtswissenschaft und anderen mit der juristischen Ausbildung oder dem Prüfungswesen befaßten Personen die Anwesenheit bei der mündlichen Prüfung gestatten. Der Senator für Justiz, der Senator für Inneres sowie ein sonstiges Mitglied des Senats, das die Dienstaufsicht über ein Gericht führt, oder von ihnen beauftragte Mitglieder ihrer Behörden können jederzeit an den mündlichen Prüfungen teilnehmen.

1. Die Höchstzahl von fünf Prüflingen darf nicht überschritten, kann aber — bis hin zur Einzelprüfung — unterschritten werden. Letzteres ist gelegentlich bei Nachzüglern und bei Kandidaten notwendig, deren

Wahlfachgruppe sich unter Berücksichtigung des Prüferpotentials nicht sinnvoll in eine der größeren Prüfungsgruppen einordnen läßt.

2. Die Prüfungsdauer von einer Stunde muß nicht exakt eingehalten werden („etwa“). Geringügige Unter- oder Überschreitungen sind unbedenklich. Unter einer Stunde werden etwa 50 Prüfungsminuten verstanden; der Rest wird als Pause gewährt. Von den 50 Minuten entfallen etwa je 10 Minuten pro Prüfling auf die Pflichtfächer (1. BGB, 2. Strafrecht, 2. öffentliches Recht, 4. restliche Pflichtfächer — sogen. gemischtes Recht —) und auf die Wahlfachgruppe des Prüflings. Bei voller Besetzung der Prüflingsbank mit 5 Kandidaten dauert die Prüfung in den 4 Pflichtfachabschnitten etwa je 50 Minuten. Die auf die Wahlfachprüfung entfallenden 50 Minuten verteilen sich meist auf unterschiedliche Wahlfächer, da die Prüflingsgruppen insoweit selten homogen zusammengesetzt sind. Die Wahlfachprüfung findet im Anschluß an die Prüfung in demjenigen Pflichtfach statt, das der jeweils zuständige Wahlfachprüfer mit übernommen hat.

3. Unentschuldigte Säumnis führt zum Nichtbestehen der Prüfung. In diesem Fall sind in gleicher Weise Auflagen anzuordnen, wie dies bei Leistungsversagen geboten ist (§ 16 Abs. 2 S. 1). Dies ist nötig, um der Neigung schwächerer Kandidaten entgegenzuwirken, zur Vermeidung einer Auflage dem Termin unentschuldigt fernzubleiben (so nach § 14 Abs. 2 JAO 1982).

4. Die Zahl der zugelassenen Zuhörer wird nicht vom Vorsitzenden des Prüfungsausschusses (unbeschadet seiner Ordnungsgewalt im übrigen), sondern nach Absatz 5 vom PräsJPA bestimmt (§ 21 JAG). Sie muß zur Vermeidung von Störungen und wegen örtlicher Gegebenheiten immer beschränkt sein. Erscheinen mehr Zuhörer als Plätze zugelassen sind, entscheidet die Ladung der Zuhörer zum eigenen Prüfungstermin, wobei die prüfungsnähere den Vorrang erhält. Die Regelung über die Öffentlichkeit der Prüfung ist nicht zugunsten des Prüflings, sondern im Interesse interessierter Studenten und anderer Personen erlassen, die ein berechtigtes Interesse haben (VG Stuttgart, Urt. v. 2. 5. 1977 — VRs IV 1/77). Sie steht daher auch nicht zur Disposition der Prüflinge. Anträgen von Kandidaten, die die Zuhörerschaft ausgeschlossen wissen wollen, darf deshalb nicht entsprochen werden. Dem Prüfling muß zugemutet werden, sein Wissen in Gegenwart der zugelassenen Zuhörerschaft auszubreiten, selbst wenn er sich dadurch psychisch beeinträchtigt fühlt. Der Vorsitzende des Ausschusses muß allerdings gewährleisten, daß absolute Ruhe herrscht und keine Aufzeichnungen angefertigt werden.

§ 15

Schlußberatung, Verkündung, Zeugnis

(1) Nach jedem Prüfungsabschnitt, spätestens nach zwei Prüfungsabschnitten bewertet der Prüfungsausschuß die erbrachten Leistungen. Im Anschluß an die mündliche Prüfung entscheidet er über das Gesamtergebnis der Prüfung. Der Prüfungsausschuß errechnet zunächst die Gesamtnote. Diese setzt sich zu 60 v. H. aus dem ohne Auf- oder Abrundung auf zwei Dezimalstellen berechneten Durchschnitt der für die schriftlichen Prüfungsleistungen erteilten Punktzahlen und zu 40 v. H. aus dem Durchschnitt der für die mündlichen Prüfungsleistungen erteilten Punktzahlen zusammen, wobei die Hausarbeit doppelt gewertet wird. Die Prüfung ist nicht bestanden, wenn die so errechnete Gesamtnote oder der Durchschnitt der in den Pflichtfächern bei den Aufsichtsarbeiten und in der mündlichen Prüfung erzielten Punktzahlen den Wert von 3,99 nicht überschreitet. Beträgt der Punktwert mindestens 4,00, kann der Prüfungsausschuß von der rechnerisch ermittelten Gesamtnote nach Maßgabe des § 5 d Abs. 3 des Deutschen Richtergesetzes abweichen. Der sich danach ergebende Punktwert und die diesem entsprechende Notenbezeichnung bilden das Gesamtergebnis der bestandenen Prüfung. Der Vorsitzende verkündet das Prüfungsergebnis und begründet es kurz unter Angabe der Punktzahlen für die einzelnen Leistungen.

(2) Wer die Prüfung bestanden hat, erhält darüber ein Zeugnis und auf seinen Wunsch eine Bescheinigung über die Einzelnoten und Punktzahlen der schriftlichen Arbeiten und der Prüfungsabschnitte der mündlichen Prüfung.

(3) Bei einer Berichtigung des Prüfungsergebnisses durch das Justizprüfungsamt ist der Beschluß auf die Niederschrift über den Prüfungshergang zu setzen. Ein unrichtiges Zeugnis über das Prüfungsergebnis ist einzuziehen und durch ein richtiges zu ersetzen.

1. Das Ergebnis der Prüfung, in die bei doppelter Wertung der HA die schriftlichen Leistungen mit 60 v. H. und die mündlichen Leistungen mit 40 v. H. eingebracht werden (vgl. auch § 5 d Abs. 3 S. 3 DRiG, dessen Rahmen in Berlin voll ausgeschöpft ist), wird wie folgt ermittelt:

a) Die in der Hausarbeit erzielte Punktzahl (vgl. § 13 Abs. 3 S. 1) wird mit 2 multipliziert und den addierten Punkten für die vier

Aufsichtsarbeiten (§ 8 Abs. 1) hinzugezählt. Dieses aus sechs Einsatzwerten zusammengesetzte Zwischenergebnis entspricht dem vorgeschriebenen Anteil von 60 v. H., ohne daß es weiterer Rechenoperationen bedarf.

b) In einer Kontrollrechnung wird festgestellt, ob der Kandidat zur mündlichen Prüfung zugelassen ist (§ 4 Abs. 2 JAG). Dies ist der Fall, wenn in mindestens zwei schriftlichen Arbeiten ausreichende Leistungen erzielt worden sind und das durch die Zahl 6 geteilte Zwischenergebnis zu a) mindestens einen Wert von 3,5 ergibt.

c) Sodann werden die Noten der fünf Prüfungsabschnitte der mündlichen Prüfung addiert, die Summe durch 5 geteilt und das so gewonnene Ergebnis mit 4 multipliziert (40 v. H. der Gesamtprüfung).

d) Schließlich werden die zu a) und b) ermittelten Ergebnisse für die schriftliche und mündliche Prüfung zusammengerechnet und durch die Zahl 10 geteilt. Der so gewonnene Wert weist die Gesamtnote aus. Beträgt er mindestens 4,00 und liegt auch der Durchschnitt der in den Pflichtfächern bei den Aufsichtsarbeiten und in der mündlichen Prüfung erzielten Punktzahlen über dem Wert von 3,99, ist die Prüfung bestanden.

e) Ist die Prüfung bestanden, kann der Prüfungsausschuß von der rechnerisch ermittelten Gesamtnote (lit. d) nach § 5 Abs. 3 DRiG um ein Drittel des durchschnittlichen Umfangs einer Notenstufe abweichen, also maximal in Höhe eines Punktes. Wird hiervon Gebrauch gemacht, ist der Zuschlag zu addieren (zur Frage des Abschlags vgl. Anm. 2). Das Ergebnis drückt Endnote aus. Wird kein Zuschlag gewährt, ist die rechnerische Gesamtnote zugleich die Endnote.

Beispiel:

I. **Schriftliche Prüfung** (60 v. H.)			
1. Hausarbeit 12 Punkte, doppelte	Punktzahl	=	24
2. Aufsichtsarbeiten:			
Klausur Zivilrecht	Punktzahl	=	9
Klausur Strafrecht	Punktzahl	=	8
Klausur öffentl. Recht	Punktzahl	=	10
Klausur Wahlfach	Punktzahl	=	11
	Summe zu I:		62

(§ 4 Abs. 2 JAG: 62 : 6 = 10,33 P.)

II. **Mündliche Prüfung** (40 v. H.)			
1. Abschnitt BGB	Punktzahl	=	10
2. Abschnitt Strafrecht	Punktzahl	=	9
3. Abschnitt öffentl. Recht	Punktzahl	=	8
4. Abschnitt gemischtes Recht	Punktzahl	=	7
5. Abschnitt Wahlfach	Punktzahl	=	12
	Summe zu II:		46
	Summe : 5	=	9,20
III. **Ergebnis in den Pflichtfächern**			
Bei den Aufsichtarbeiten und in der mündlichen Prüfung:	61 : 7	=	8,71
IV. **Gesamtnote**			
1. Summe I		=	62
2. Durchschnitt von II	9,20 × 4	=	36,8
			98,8
3. Summe aus 1. und 2.	: 10	=	9,88
4. Abweichung gem. § 5 d Abs. 3 DRiG		+	0,20
5. **Gesamtnote** (Endnote)			10,08 (vollbefriedigend)

2. Obwohl Bundesrecht (§ 5 d Abs. 3 DRiG) auch Abweichungen zum Nachteil des Kandidaten zuläßt, dürfte dies praktisch keine Auswirkungen haben. Es ist kaum vorstellbar, mit welcher vertretbaren Begründung ein tatsächlich erzieltes Prüfungsergebnis zum Nachteil des Prüflings relativiert werden sollte. Wesentlich leichter läßt sich das „Ob" und „Ausmaß" eines Zuschlags rechtfertigen. Ein voller Punktzuschlag ist allerdings nur in Extremfällen denkbar. Im allgemeinen wird die Vergabe von Zehntelpunkten ausreichen, um den Zweck der Anhebung, nämlich die Kennzeichnung des zutreffenden Leistungsstandes, zu erreichen. Bei der Bemessung der Anhebung nach Dezimalstufen ist zu berücksichtigen, daß die mögliche Abweichung von bis zu einem vollen Punkt für alle denkbaren Fälle ausreichen muß, also auch dann, wenn mehrere Anhebungsgründe kumulativ vorliegen. Immerhin entspricht im 1. Examen die Anhebung der Gesamtnote um einen Punkt einer Erhöhung der Summe aller erzielten Punkte um 10. Bezieht man die Erhöhung auf eine der Prüfungsleistungen, so entspricht die Anhebung der Gesamtnote um einen Punkt einer Anhebung der Hausarbeit um 5 Punkte oder einer Klausur um 10 Punkte. Bei einem mündlichen Prüfungsabschnitt würde der Zuschlag sich so auswirken, als wäre die Einzelleistung um mehr als 12 Punkte besser beurteilt worden. Als Gründe für die Anhebung der Gesamtnote um etwa 0,1 bis 0,3 Punkte können in Betracht kommen:

a) Deutlich höheres Notenniveau bei allen Studienleistungen, wobei auch die zusätzlich zu den Pflichtscheinen vorgelegten Leistungsscheine von Bedeutung sein können, wenn sie Fleiß und Beständigkeit in besonderem Maße ausweisen. Hier ist freilich Vorsicht am Platze, weil die Leistungskontrollen an der Universität nicht sämtlichst unter examensmäßigen Voraussetzungen und Bedingungen durchgeführt werden.

b) Ausrutscher bei einer einzelnen Prüfungsleistung.

c) Besondere Belastungen während des Prüfungsverfahrens, die den Prüfling an der vollen Entfaltung seines tatsächlichen Leistungsstandes gehindert haben, wenn das bessere Ergebnis vom Gesamteindruck gedeckt ist.

Gleichbleibend hohe Prüfungsleistungen in allen Fächern rechtfertigen für sich genommen allenfalls eine bescheidene Anhebung, weil diese Fälle bereits durch den Zuschnitt der Skala der Gesamtnoten gem. § 2 Abs. 2 NotenVO prämiert sind.

3. Bei der Bewertung juristischer Prüfungsleistungen steht den Prüfern ein weiter Beurteilungsspielraum zu, der für unterschiedliche Betrachtungen und Gewichtungen Raum läßt, vgl. hierzu im einzelnen Schroeder, JuS 1980 S. 310ff. Auch sprachliche Mängel einer Prüfungsleistung, wie etwa Rechtschreibungs-, Grammatik- und Interpunktionsfehler können unmittelbar in die Bewertung einfließen, Bad.-Württ. VGH, Jura 1980 S. 504; ebenso VG Berlin, Urt. vom 29. Oktober 1974 — VG XII A 789/72. Die Beurteilung der Leistungen des Prüflings ist den Prüfern höchstpersönlich übertragen (VGH Bad.-Württ., ZBR 1975 S. 326); dies begrenzt die verwaltungsgerichtliche Kontrolldichte. Prüfungsentscheidungen können nach der Rechtsprechung gerichtlich nur daraufhin überprüft werden, ob das Prüfungsorgan den anzuwendenden Begriff oder den gesetzlichen Rahmen seiner Entscheidung verkannt hat, ob es von einem unrichtigen Sachverhalt ausgegangen ist, allgemeine Bewertungsmaßstäbe nicht beachtet, gegen Verfahrensvorschriften verstoßen oder sachfremde Erwägungen angestellt hat (vgl. hierzu mit Nachweisen Mutius, Jura 1982 S. 555, 559).

§ 16

Wiederholung der Prüfung

(1) Ist die Prüfung nicht bestanden, so bestimmt der Prüfungsausschuß, ob und welche Studienleistungen der Kandidat vor der

Meldung zu einer Wiederholungsprüfung zu erbringen hat. Außer den in § 1 Abs. 1 Satz 1 Nr. 4 und 5 JAG genannten Übungen kann dem Kandidaten auch die erfolgreiche Teilnahme an einem oder mehreren Klausurenkursen aufgegeben werden. Die Teilnahme an einem Klausurenkurs ist erfolgreich, wenn wenigstens zwei Aufsichtsarbeiten mit „ausreichend" oder besser bewertet worden sind.

(2) Absatz 1 gilt auch in Fällen des § 12 und des § 14 Abs. 4. Sind sämtliche Aufsichtsarbeiten mit einer schlechteren Note als „ausreichend" bewertet worden, ist dem Kandidaten mindestens die erfolgreiche Teilnahme an zwei Klausurenkursen aufzugeben. Ist im Fall des § 12 eine Hausarbeit nicht zu bewerten, trifft die Entscheidung nach Absatz 1 anstelle des Prüfungsausschusses das Justizprüfungsamt.

(3) Die Meldung zu einer Wiederholungsprüfung ist nur innerhalb von zwei Jahren nach Bekanntgabe des Ergebnisses der vorangegangenen Prüfung zulässig. Das Justizprüfungsamt kann Ausnahmen zulassen, wenn die Frist unverschuldet versäumt wird.

(4) Das Justizprüfungsamt hat dem Kandidaten, der wegen mangelhafter Leistungen die Prüfung nicht bestanden hat, auf seinen Antrag die Hausarbeit aus der vorangegangenen Prüfung anzurechnen, sofern diese mindestens mit der Note „ausreichend" bewertet worden ist; das gleiche gilt für die vier Aufsichtsarbeiten, wenn mehr als zwei davon mindestens mit „ausreichend" bewertet worden sind. Ist die Prüfung aus anderen Gründen als wegen mangelhafter Leistungen für nicht bestanden erklärt worden, so ist sie vollständig zu wiederholen.

(5) Ein Prüfling, der vor einem anderen Prüfungsamt die erste juristische Staatsprüfung nicht bestanden hat, kann vom Justizprüfungsamt zur Wiederholung der Prüfung zugelassen werden, wenn dringende Gründe den Wechsel des Prüfungsamtes rechtfertigen und das andere Prüfungsamt sich mit dem Wechsel einverstanden erklärt. Die Auflagen des anderen Prüfungsamtes behalten ihre Wirkung für das neue Prüfungsverfahren. Absatz 3 findet entsprechende Anwendung. Eine Anrechnung von Prüfungsleistungen aus der vorangegangenen Prüfung ist ausgeschlossen.

1. Hat der Kandidat nach *mündlicher* Prüfung nicht bestanden oder ist er säumig (§ 14 Abs. 4), bestimmt der Prüfungsausschuß (§ 17 Abs. 2 JAG) über das Ob sowie über Art und Umfang der Auflagen (Abs. 1).

Das gleiche gilt, wenn der Prüfungsausschuß gebildet worden ist, um eine Hausarbeit zu bewerten, von deren Ergebnis die Zulassung zur mündlichen Prüfung abhängt (Beispiel: von vier Aufsichtsarbeiten ist eine gelungen), oder um eine Hausarbeit zu bewerten, die sich der bereits nach § 12 Abs. 1 durchgefallene Kandidat (entweder weil er sie vor den Aufsichtsarbeiten abgegeben oder von der Fortsetzungsmöglichkeit des § 12 Abs. 2 S. 1 Gebrauch gemacht hat) bei entsprechendem Erfolg (Abs. 4 S. 1) auf die Wiederholungsprüfung anrechnen lassen kann. In allen übrigen Fällen entscheidet das JPA (Abs. 2 S. 2).

2. Auflagen hinsichtlich weiterer Studiendauer, wie sie noch nach § 14 JAO 1972 vorgesehen waren, gibt es nicht mehr. Damit werden Ungereimtheiten beseitigt, die dadurch entstanden, daß der durchgefallene Kandidat ohne sein zutun zu einem Zeitpunkt geprüft worden ist, in dem er sich im Gegensatz zu anderen das laufende Semester nicht mehr anrechnen lassen konnte. Als Auflagen kommen nur noch Übungen und Klausurenkurse in Betracht. Sind sämtliche Aufsichtsarbeiten mißlungen, so sind mindestens zwei Klausurenkurse aufzugeben (Abs. 2 S. 1). Diese zwingende Regelung ermöglicht es Studenten, denen der Bescheid nach § 12 Abs. 1 zugegangen ist, schon vor Erteilung der Auflage die erforderlichen Klausurenkurse zu belegen. Damit wird Zeit erspart, weil im Falle, daß der Student eine Hausarbeit abgegeben oder ihre Bearbeitung fortgesetzt hat (§ 12 Abs. 3), die vom Prüfungsausschuß zu beschließende Auflage erst wesentlich später zugestellt werden kann.

3. Die Meldung zur Wiederholungsprüfung ist fristgebunden (Abs. 3), um die Gesamtstudiendauer zu verkürzen und den Studenten im eigenen Interesse zu zwingen, sich intensiv der Prüfungsvorbereitung zu widmen. Erfahrungsgemäß führt eine längere Verzögerung der Wiederholung nicht zu besseren Ergebnissen, sondern eher zum Verlust des erlernten Wissenstoffs.

4. Die Anrechenbarkeit von Prüfungsleistungen für die Wiederholungsprüfung ist ein Vorteil für Prüflinge, die wegen mangelhafter Leistungen gescheitert sind. Wer hingegen den Prüfungstermin versäumt (§ 14 Abs. 4) oder wegen Täuschung nicht bestanden hat (§ 19 Abs. 2), geht der bereits erfolgreich erbrachten Prüfungsleistungen verlustig.

5. Der Wechsel des Prüfungsamts erfordert *dringende* Gründe. Sie liegen nur selten vor, da sie voraussetzen, daß sich der Prüfling in einer Zwangslage befindet. Der Wunsch, das Prüfungssystem zu wechseln oder im anderen Bundesland das Referendariat abzuleisten, reicht jedenfalls nicht. Außerdem müssen das abgebende JPA zustimmen und die

Frist des Absatzes 3 eingehalten werden. Die Auflagen des anderen Prüfungsamtes bleiben bestehen. Die Vergünstigung des Absatzes 4 S. 1 entfällt, weil die verschiedenen Prüfungssysteme jeweils nur in sich, nicht aber untereinander abgestimmt sind.

§ 17

Beurkundung des Prüfungsherganges

(1) Über die Prüfung ist eine Niederschrift aufzunehmen, in der festzuhalten sind:

1. die Bewertung der schriftlichen Arbeiten,

2. die Gegenstände und die Einzelergebnisse der mündlichen Prüfung,

3. die Entscheidung des Prüfungsausschusses.

(2) Die Niederschrift ist von dem Vorsitzenden des Prüfungsausschusses zu unterschreiben.

Allgemein zur Prüfungsniederschrift vgl. auch Anm. zu § 18 JAG. § 17 bestimmt den notwendigen Inhalt der Beurkundung des Prüfungshergangs. Darüberhinausgehende Protokollierungen sind üblich und geboten. Beginn und Ende der Prüfung, etwaige Unterbrechungen aus besonderem Anlaß, besondere Vorkommnisse (z. B. Störungen), Anträge der Kandidaten zum Prüfungsverfahren und deren Bescheidung (z. B. Antrag auf Pause vor Ablauf des Prüfungsabschnitts). Weitere Selbstverständlichkeiten des Protokolls setzt § 17 offenbar voraus, ohne sie zu erwähnen: Datum, Namen der Prüflinge, Namen und Dienststellung der Prüfer (§ 160 I Nr. 1 und 2 ZPO analog).

§ 18

Unterbrechung der Prüfung, Rücktritt

(1) Erbringt ein Prüfling eine Prüfungsleistung nicht oder nicht fristgerecht (§ 9 Abs. 5, § 11 Abs. 7, § 14 Abs. 4), so entscheidet das Justizprüfungsamt, ob er genügend entschuldigt ist. Krankheit gilt nur dann als genügende Entschuldigung, wenn sie unverzüglich angezeigt und durch die Vorlage eines amtsärztlichen Zeugnisses nachgewiesen wird. Wenn offensichtlich ist, daß der Prüfling er-

krankt ist, kann das Justizprüfungsamt auf die Vorlage des amtsärztlichen Zeugnisses verzichten.

(2) Das Justizprüfungsamt kann einem Prüfling, der durch einen wichtigen Grund gehindert ist, die Prüfung in absehbarer Zeit zu beenden, auf Antrag den Rücktritt von der Prüfung gestatten; Absatz 1 Satz 2 und 3 gelten entsprechend. Bereits erbrachte Prüfungsleistungen sind hinfällig. Im Falle einer Wiederholungsprüfung bleibt § 16 Abs. 4 Satz 1 hinsichtlich der aus dem vorangegangenen Prüfungsversuch angerechneten Leistungen unberührt. Die erneute Zulassung zur Prüfung kann nur innerhalb von zehn Jahren nach der Genehmigung des Rücktritts beantragt werden.

1. Über Entschuldigungen bei Säumnis entscheidet nie der Prüfungsausschuß, sondern stets das JPA. Dies versteht sich für das Versäumen von Klausurenterminen und die Rückgabe von Hausarbeiten von selbst, weil ein Prüfungsausschuß entweder noch nicht gebildet oder nicht präsent ist. Aber auch im Fall des § 14 Abs. 4 liegt die Kompetenz beim JPA, nicht beim Prüfungsausschuß. Dies führt zu einer Aufspaltung der Entscheidungszuständigkeit: Der Prüfungsausschuß befindet über die Auflage (§ 16 Abs. 1 und 2), obwohl zu diesem Zeitpunkt noch nicht feststeht, ob das JPA das Fernbleiben entschuldigt oder nicht. Werden später Entschuldigungsgründe anerkannt, ist die Auflage gegenstandslos.

2. Eine Krankheit ist offensichtlich, wenn sich aus der Diagnose eines privatärztlichen Attests zweifelsfrei ergibt, daß der Kandidat prüfungsunfähig ist. In allen anderen Fällen kann der Nachweis nur durch ein amtsärztliches Zeugnis geführt werden. Dies gilt auch dann, wenn der Prüfling wiederholt zu Prüfungsterminen erkrankt.

Zuständig ist der Amtsarzt des Wohnbezirks des Kandidaten. Ist der Prüfling bettlägerig, muß er notfalls den Amtsarzt unter Berufung auf das Ladungsschreiben des JPA um einen Hausbesuch ersuchen, im Falle der Erfolglosigkeit das JPA sofort unterrichten (OVG Berlin, Beschl. v. 6. 9. 1984 – OVG 7 B 40/83).

Im übrigen führt Krankheit nur zur Entschuldigung, wenn sie unverzüglich geltend gemacht (BVerwG, Buchholz 421.0 Nr. 17; VGH Kassel, Beschl. v. 23. 11. 1982, KMK-HSchR 1984, 97; OVG Berlin, Urt. v. 13. 11. 1980 – OVG 3 B 24/79) und so gewichtig ist, daß auch einem ernsthaft bemühten Kandidaten nicht zugemutet werden kann, die Prüfungsleistung zu erbringen. Die Erkrankung muß mit einer erheblichen Leistungsbeeinträchtigung verbunden sein. Leichtes Unwohlsein aufgrund der mit Prüfungen stets verbundenen psychischen Belastungen reicht jedenfalls nicht aus (VG Schleswig, Beschl. v. 18. 10. 74 — 9 D 56/74; VGH Mannheim, Urt. v. 26. 5. 1982, KMK-HSchR 1983, 713; DVBl. 1964, 320; 1980, 482). Ebensowenig führt Arbeitsunfähigkeit in jedem Fall zur Prüfungsunfähigkeit; es kommt stets auf den Einzelfall und die Diagnose an (VGH München, Urt. v. 21. 5. 1984, KMK-HSchR 1985, 98ff.). Die Pflicht zum Nachweis der Krankheit obliegt dem Kandidaten; er trägt damit auch das Risiko unentschuldigten Fernbleibens (VG Bremen, Beschl. v. 9. 2. 1976 — MV 16/76).

Ist dem Prüfling sein Gesundheitszustand bekannt und setzt er sich in Kenntnis seiner Prüfungsunfähigkeit dem Risiko der Prüfung aus, kann er sich später hierauf nicht mehr berufen (BVerwG, DVBl. 1964, 318; BVerwG, DÖV 1979, 412; VGH Mannheim, DÖV 1979, 761). Zur unerkannten Prüfungsunfähigkeit vgl. BVerwG, DÖV 1985, 80.

3. Ob der Rücktritt von der Prüfung bei Vorliegen eines wichtigen Grundes gestattet wird, ist nach pflichtgemäßem Ermessen zu entscheiden. Besondere Restriktionen sind nicht angebracht, weil der Reiz, das Prüfungsverfahren zu unterbrechen, dadurch gemindert ist, daß bereits erbrachte Prüfungsleistungen hinfällig werden (Abs. 2 S. 2). Als wichtiger Grund kommen in der Regel lang andauernde Erkrankung oder vergleichbare objektive Hinderungsgründe in Betracht. Die 10-Jahresfrist für die erneute Zulassung (Abs. 2 S. 4) dient dem Zweck, den Zusammenhang zwischen Ausbildung und Prüfung nicht völlig abreißen zu lassen.

§ 19

Ordnungswidriges Verhalten

(1) Über die Folgen eines ordnungswidrigen Verhaltens des Prüflings, namentlich eines Täuschungsversuches, entscheidet das Justizprüfungsamt, wenn es sich um einen Vorfall außerhalb der mündlichen Prüfung handelt. Über die Folgen einer in der mündlichen Prüfung festgestellten Ordnungswidrigkeit entscheidet der Prüfungsausschuß.

(2) Im Falle eines Täuschungsversuches ist die betreffende Prüfungsleistung in der Regel mit „ungenügend" zu bewerten. In schweren Fällen, insbesondere beim Benutzen nicht zugelassener Hilfsmittel, kann die Prüfung für nicht bestanden erklärt werden. Das Mitführen unzulässiger Hilfsmittel gilt als Täuschungsver-

such. Ein Hilfsmittel ist unzulässig, wenn es seiner Art nach nicht zugelassen ist oder seiner Art nach zwar zugelassen, jedoch durch Zusätze methodischen oder juristischen Inhalts, insbesondere durch Randbemerkungen und Verweisungen verändert ist.

1. Über vom JPA zu ahndende Ordnungswidrigkeiten außerhalb der mündlichen Prüfung vgl. Anm. 2 zu § 9.

2. Für Reaktionen auf Ordnungswidrigkeiten während der mündlichen Prüfungen ist der Prüfungsausschuß zuständig. Sie spielen praktisch keine oder nur eine untergeordnete Rolle, weil Täuschungsversuche oder Störungen während der mündlichen Prüfung kaum vorkommen.

3. Nach dem Wortlaut des Abs. 2 ist die zwingende Folge eines Täuschungsversuchs mindestens die Bewertung der betreffenden Prüfungsleistung mit „ungenügend"; er läßt nur eine Abstufung zu den schweren Fällen zu, in denen die gesamte Prüfung für nicht bestanden erklärt werden kann. Gleichwohl dürfte diese Regelung aus dem Gesichtspunkt der Verhältnismäßigkeit Verwarnungen nicht ausschließen, wenn es sich lediglich um Bagatellen handelt und die Schuld gering ist. Da das Mitführen unzulässiger Hilfsmittel als Täuschungsversuch *gilt*, bedarf es im Einzelfall keines Nachweises der inneren Tatseite. Es kommt also für das Vorliegen der Ordnungswidrigkeit nicht darauf an, ob das Mitführen des objektiv unzulässigen Hilfsmittels auf mangelnder Überprüfung der mitgebrachten Gegenstände durch den Prüfling beruht oder beabsichtigt war; allerdings wird von diesen Umständen abhängen, welche Sanktion als angemessen in Betracht kommt. Unerheblich ist auch, ob die nicht zugelassenen Texte oder Randnotizen für die betreffende Prüfungsleistung überhaupt nützlich werden konnte; es genügt die allgemeine Examensrelevanz. Wegen der Anforderungen an einen schweren Fall des Täuschungsversuchs vgl. BVerwG in Buchholz 421.0 Nr. 78.

Zweiter Abschnitt

Der Vorbereitungsdienst

§ 20

Einstellungstermine

Die Termine für Einstellungen in den Vorbereitungsdienst bestimmt der Senator für Justiz.

Auf die Erläuterungen zu § 6 JAG wird verwiesen. Der Senator für Justiz bestimmt nicht die Einzeltermine für jedes Jahr, sondern die Einstellungstermine sind generell auf den ersten Werktag der Monate Februar, Mai, August und November festgesetzt.

§ 21

Dauer und Reihenfolge der Pflichtstationen

(1) Der Vorbereitungsdienst in einer Pflichtstation dauert grundsätzlich drei, sechs oder neun Monate.

(2) Die Pflichtstationen werden in folgender Reihenfolge durchlaufen;
1. ordentliches Gericht in Zivilsachen,
2. Gericht in Strafsachen und/oder Staatsanwaltschaft,
3. Verwaltungsbehörde,
4. Rechtsanwalt.

1. Die Vorschrift legt die Reihenfolge der Pflichtstationen fest und folgt im übrigen den Bestimmungen des Deutschen Richtergesetzes (§ 5 b Abs. 1) und des JAG (§ 8). Nach § 5 b Abs. 3 Satz 2 DRiG dauert eine Pflichtstation mindestens drei Monate. Danach stand es dem Landesgesetzgeber frei, auch eine längere Dauer vorzusehen. Die grundsätzliche Dauer der Ausbildungsstationen von drei, sechs oder neun Monaten hängt mit den Einstellungsterminen zusammen, so daß die Überweisungen in den nächsten Ausbildungsabschnitt auch jeweils zum Februar, Mai, August und November eines jeden Jahres erfolgen.

2. § 21 Abs. 2 Nr. 1 JAO folgt § 5 b Abs. 1 Satz 2 Nr. 1 DRiG. Die Ausbildung erfolgt in einer Zivilkammer des Landgerichts (Tegeler Weg) oder einer Abteilung eines der Berliner Amtsgerichte. Folgende Amtsgerichte bestehen: Charlottenburg, Schöneberg, Tempelhof-Kreuzberg, Neukölln, Wedding, Spandau, Tiergarten. Die Zuständigkeit der Abteilungen der Amtsgerichte ergibt sich aus § 23 GVG. Verkehrssachen (Schadensersatzansprüche aus Verkehrsunfällen) sind beim AG Charlottenburg konzentriert. Beim Landgericht erfolgt die Ausbildung in allgemeinen Kammern für erst- und zweitinstanzliche Sachen (sachliche Zuständigkeit nach §§ 71, 74 GVG), aber auch in Spezialkammern (Mietsachen, Verkehrssachen, Kammern für Handelssachen nach §§ 93 ff. GVG).

Die Ausbildung bei einem ordentlichen Gericht in Zivilsachen kann auch bei einem Senat des Kammergerichts (sachliche Zuständigkeit des Oberlandesgerichts nach § 119 GVG) erfolgen (siehe dazu auch die Anregungen zur Gestaltung der Ausbildung unter Nr. 24 dieses Erläuterungsbuches). Diese Ausbildungsstelle kommt aber in erster Linie für eine Ausbildung in einer Wahlstation (§ 22 Abs. 1 JAO) bei einem fortgeschrittenen Ausbildungsstand in Betracht und bietet sich für Referendare an, die den Schwerpunktbereich Justiz oder Wirtschaft gewählt haben.

3. Die sechsmonatige Pflichtausbildung in Strafsachen (§ 5 b Abs. 1 Satz 2 Nr. 2 DRiG) erfolgt in einer Strafkammer des Landgerichts, einer Abteilung des Amtsgerichts oder der Staatsanwaltschaft (jeweils Kriminalgericht Moabit). Der Referendar kann — je nach Verfügbarkeit von Ausbildungsplätzen — wählen, ob er sechs Monate beim Landgericht oder dem Amtsgericht oder bei der Staatsanwaltschaft ausgebildet werden möchte. Er kann aber auch — im Interesse eines umfassenden Überblicks — drei Monate bei einem Gericht in Strafsachen und drei Monate bei der Staatsanwaltschaft ausgebildet werden. Die Ausbildung bei einem Amtsgericht in Strafsachen erfolgt bei dem Amtsgericht Tiergarten (Kriminalgericht Moabit); hier sind in Berlin die vor das Amtsgericht gehörenden Strafsachen konzentriert.

4. Die Ausbildung bei einer Verwaltungsbehörde erfolgt in erster Linie bei einer Senatsverwaltung oder einem Bezirksamt. Da in Berlin als Stadtstaat jedoch ein Mangel an Ausbildungsstellen bei einer klassischen Verwaltungsbehörde besteht, kommt auch eine Ausbildung bei bestimmten öffentlich-rechtlichen Anstalten und Körperschaften in Betracht, die sich aus einer bei dem PräsKG geführten Liste ergeben. Die Ausbildung bei einer dem Land Berlin zugehörigen Verwaltungsbehörde wird durch den Senator für Inneres (§ 24 Abs. 2 JAO) organisiert. Daneben kann der Referendar sich auch bei einer in Berlin befindlichen Bundesbehörde (z. B. Bundesversicherungsanstalt, Umweltbundesamt, Bundesaufsichtsamt für das Kreditwesen, Bundeskartellamt, Bundesgesundheitsamt) ausbilden lassen.

Die Pflichtausbildung bei einer Verwaltungsbehörde umfaßt den Zeitraum von sechs Monaten. Der Referendar kann jedoch nach § 8 Abs. 2 Satz 2 JAG drei Monate dieser Zeit durch die Ausbildung bei einem Gericht der Verwaltungs-, Sozial- oder Finanzgerichtsbarkeit ersetzen, um so die Möglichkeit zu haben, einerseits das Verwaltungshandeln und andererseits die Überprüfung der Verwaltungsentscheidung kennenzulernen. Aus § 8 Abs. 2 JAG ergibt sich ferner, daß der Referendar jedenfalls mindestens drei Monate bei einer Verwaltungsbehörde ausgebildet werden muß und nicht die gesamten sechs Monate bei einem Verwaltungsgericht oder bei einem Verwaltungsgericht und der Hochschule für Verwaltungswissenschaften in Speyer verbringen kann.

5. Wegen der Ausbildung bei einem Rechtsanwalt wird auf die Erläuterung zu § 8 JAG verwiesen. Diese Pflichtausbildung erfolgt bei einem deutschen Rechtsanwalt im Inland. Die Ausbildung bei einem ausländischen Rechtsanwalt kann nur als Wahlstation erfolgen.

§ 22

Wahlstationen

(1) Die Ausbildung in den Schwerpunktbereichen kann bei folgenden Wahlstationen abgeleistet werden:

1. für den Schwerpunktbereich Justiz bei
einem Amtsgericht in Sachen der Freiwilligen Gerichtsbarkeit oder in Familiensachen,
einer Beschwerdekammer des Landgerichts,
einem Senat des Kammergerichts,
einem Notar,
einem Rechtsanwalt
einem Gericht in Strafsachen,
einer Staatsanwaltschaft;

2. für den Schwerpunktbereich Staat und Verwaltung bei
einer Bundes- oder Landesbehörde,
einem Gericht der allgemeinen Verwaltungsgerichtsbarkeit,
einem Finanzgericht,
einer gesetzgebenden Körperschaft,
einer überstaatlichen oder zwischenstaatlichen Einrichtung,
einem Rechtsanwalt;

3. für den Schwerpunktbereich Wirtschaft bei
einer Kammer für Handelssachen des Landgerichts,
einem Zivilsenat des Kammergerichts,
einem Rechtsanwalt,
einem Wirtschaftsunternehmen,
einer Körperschaft wirtschaftlicher Selbstverwaltung;

4. für den Schwerpunktbereich Arbeit und soziale Sicherung bei
einem Gericht der Arbeitsgerichtsbarkeit,

einem Gericht der Sozialgerichtsbarkeit,
einem Rechtsanwalt,
einer Gewerkschaft,
einem Arbeitgeberverband,
einem Wirtschaftsunternehmen,
einer Behörde der Bundesanstalt für Arbeit,
einer Behörde der Sozialverwaltung.

(2) Der Präsident des Kammergerichts kann auf Antrag des Referendars die Ausbildung bei einer sonstigen Wahlstation im Sinne des § 5 b Abs. 1 Nr. 5 des Deutschen Richtergesetzes zulassen, wenn ein ausreichender Bezug zu dem vom Referendar gewählten Schwerpunktbereich besteht oder, im Fall einer Auslandsstation, mindestens die sachgerechte Ausbildung gewährleistet ist.

(3) Hat der Referendar für die Ausbildung im Schwerpunktbereich nur eine Wahlstation gewählt, kann er auf Wunsch zwei verschiedenen Ausbildungsstellen zugewiesen werden. Die Dauer der Zuweisung zu einer Ausbildungsstelle soll drei Monate nicht unterschreiten, der Präsident des Kammergerichts kann im Einzelfall Ausnahmen zulassen, wenn andernfalls der gewählte Ausbildungsgang nicht durchgeführt werden könnte.

(4) Die Ausbildung bei einem Rechtsanwalt darf einschließlich der Pflichtstation neun Monate nicht überschreiten.

1. Die Vorschrift bestimmt, bei welchen Wahlstationen sich der Referendar im Rahmen des von ihm gewählten Schwerpunktbereichs (§ 8 Abs. 3 Satz 1 JAG) ausbilden lassen kann. Die gebotenen Ausbildungsmöglichkeiten korrespondieren mit der Eingrenzung des Prüfungsstoffs hinsichtlich der beiden im Anschluß an die Wahlstation zu schreibenden Aufsichtsarbeiten (vgl. § 36 Abs. 2 JAO mit der dortigen Erläuterung). Insbesondere ist darauf hinzuweisen, daß der Referendar bezüglich der zu schreibenden Aufsichtsarbeit im Schwerpunktbereich in den Fällen des § 36 Abs. 2 Nr. 1, 2 und 4 JAO die Untergruppe bestimmen kann, sich die mündliche Prüfung jedoch nach § 38 Abs. 2 Satz 2 JAO auf den gesamten Schwerpunktbereich bezieht. Die Wahlstation muß sich nicht auf die für die Aufsichtsarbeit gewählte Untergruppe beziehen. Der Referendar wird abzuwägen haben, ob er die Wahlstation auf die gewählte Untergruppe abstimmt und sich damit in Praxis und Selbststudium auf die zu schreibende Aufsichtsarbeit vorbereitet, oder ob er sich nur im Selbststudium auf die Aufsichtsarbeit vorbereitet, um für die mündliche Prüfung auch in der anderen Untergruppe durch die praktische Station ausgebildet zu sein.

Die Wahlstationen ergeben sich zunächst aus § 5 b Abs. 1 Satz 2 Nr. 5 DRiG. § 22 Abs. 1 konkretisiert diese Stationen und nennt einzelne Ausbildungsstellen. Eine weitere Konkretisierung erfolgt durch eine Liste der Wahlstationen, die bei dem PräsKG geführt wird. Diese Liste ist nicht abschließend, sondern wird nach Antrag von Ausbildungsstellen und Referendaren, die eine bestimmte Wahlstation (Ausbildungsstelle) wünschen, in Beachtung des § 22 Abs. 2 JAO ständig ergänzt.

a) Alle Berliner Amtsgerichte haben Abteilungen für Angelegenheiten der Freiwilligen Gerichtsbarkeit, also Grundbuch-, Nachlaß- und Vormundschaftsabteilungen. Die Ausbildung sollte nicht nur in *einer* Fachabteilung erfolgen, sondern möglichst sich auf alle drei genannten FGG-Bereiche beziehen. Bei dem AG Charlottenburg gibt es noch besondere Registerabteilungen (Handels- und Vereinsregister).

Bei dem AG Charlottenburg ist auch das Familiengericht angesiedelt (was sich räumlich getrennt vom Stammhaus in der Cicerostraße befindet). In Angelegenheiten der Freiwilligen Gerichtsbarkeit kann eine Ausbildung auch in einer Beschwerdekammer des Landgerichts erfolgen. Beim Kammergericht ist der 1. Zivilsenat für FGG-Sachen zuständig. Referendare, die sich schon während des Studiums und auch sonst mit FGG beschäftigt haben und somit schon über einen gewissen Kenntnisstand verfügen, sollten eine Ausbildung in diesem Senat in Erwägung ziehen.

In Berlin gibt es nicht das sog. Nur-Notariat. Bestimmte Rechtsanwälte sind auch zum Notar bestellt. Läßt sich der Referendar bei einem Notar ausbilden, wird der PräsKG als Ausbildungsbehörde besonders die Einhaltung von § 22 Abs. 4 JAO beachten, um Überschneidungen und mögliche Umgehungen dieser Vorschrift auszuschließen.

Bezüglich der Ausbildung bei einem Gericht in Strafsachen oder einer Staatsanwaltschaft wird auf § 21 JAO verwiesen.

b) Zunächst wird hier auf die Erläuterung zu § 21 JAO verwiesen. Bezüglich eines Gerichtes der allgemeinen Verwaltungsgerichtsbarkeit wird besonders auf das Oberverwaltungsgericht Berlin verwiesen. Während in der Pflichtstation Referendare überwiegend zum Verwaltungsgericht gehen, kommt in der Wahlstation eine Ausbildung bei einem Gericht in der zweiten Instanz in Betracht.

Als gesetzgebende Körperschaft ist in Berlin das Abgeordnetenhaus zu nennen. Hier werden Referendare in der Verwaltung beschäftigt. Aber auch der Deutsche Bundestag übernimmt Referendare zur Ausbildung.

c) Die Kammern für Handelssachen des Landgerichts (Tegeler Weg) werden für die Pflichtausbildung nach § 21 Abs. 2 Nr. 1 JAO und für die Schwerpunktbereichsausbildung herangezogen. War der Referendar schon in der Pflichtstation in einer Kammer für Handelssachen, bietet sich ein Zivilsenat des Kammergerichts für die Schwerpunktbereichsausbildung an. Dort gibt es Spezialsenate für Handelssachen, Wettbewerbs- und Kartellsachen.

d) Für die übrigen Gebiete wird auf die beim PräsKG geführte Liste Bezug genommen.

2. Die Auslandsstation stellt ein gewisses Problem innerhalb des Vorbereitungsdienstes dar. Sie paßt eigentlich nicht in den Katalog von Wahlstationen. Die Schwerpunktbereichsausbildung setzt eine Beschäftigung mit dem deutschen Recht voraus. Insofern kann eine Auslandsausbildung nicht schwerpunktbereichsbezogen sein. Ausnahmen bestehen bei bestimmten Ausbildungsstationen im Bereich der EG, bei denen ein ausreichender Bezug zum deutschen Recht hergestellt werden kann. Da eine Auslandsstation vom Gesetzgeber des Deutschen Richtergesetzes (§ 5 b Abs. 1 Satz 2 Nr. 5 g DRiG) ausdrücklich vorgesehen ist und eine zeitweise Ausbildung im Ausland zur Erweiterung des Gesichtskreises der zukünftigen Volljuristen durchaus wünschenswert sein kann, fordert der Landesgesetzgeber nur, daß bei einer Auslandsstation mindestens eine sachgerechte Ausbildung gewährleistet sein muß.

Im Gegensatz zum bisherigen Recht (§ 8 Abs. 3 letzter Satz JAG 1982) mit der Bestimmung, daß die Ausbildung in einer Wahlstation im Ausland drei Monate nicht überschreiten soll, sieht das jetzige Recht eine Beschränkung der Ausbildung im Ausland nicht vor. Da die Auslandsstation eine Ausnahme im System der Wahlstationen darstellt und im Rahmen einer sog. Kann-Bestimmung vom PräsKG nach pflichtgemäßem Ermessen zugelassen wird, ist eine Reglementierung und insbesondere zeitliche Beschränkung möglich (und im Interesse der Ausbildung auch notwendig). Läßt der PräsKG die beantragte Auslandsstation zu, weil eine sachgerechte Ausbildung gewährleistet ist (wohl besser gesagt: gewährleistet erscheint), soll die Dauer dieser Station drei Monate nicht unterschreiten (§ 22 Abs. 3 Satz 2 JAO). Allerdings kann der PräsKG im Interesse des Einzelfalls auch eine kürzere Auslandsausbildung zulassen (§ 22 Abs. 3 Satz 2 letzter Halbsatz JAO). Das kann z. B. insbesondere dann der Fall sein, wenn dem berechtigten Anliegen des Referendars, eine ausreichende Ausbildung im Schwerpunktbereich bei einer der Wahlstationen des § 22 Abs. 1 JAO zu durchlaufen und ferner dem Wunsch, auch noch — wenn auch kurzfristiger — ins Ausland zu gehen, Rechnung getragen werden soll.

Eine längere als eine dreimonatige Ausbildung im Ausland dürfte im Grundsatz nicht mehr sachgerecht sein, weil die Ausbildung im Schwerpunktbereich nicht mehr ausreichend gesichert ist. Der Begriff der sachgerechten Ausbildung nach § 22 Abs. 2 JAO bezieht sich zwar in erster Linie auf die Ausbildung in der Station selbst. Wegen des Ausnahmecharakters dieser Bestimmung ist jedoch der Bezug zu der Gesamtausbildung und insbesondere zu dem gewählten Schwerpunktbereich herzustellen. So dürfte z. B. die Ausbildung bei einem ausländischen Rechtsanwalt im außereuropäischen Ausland trotz angemessener Unterweisung durch den Ausbilder im Rahmen der Gesamtausbildung dann nicht mehr sachgerecht sein, wenn die Ausbildung in dieser Station drei Monate überschreitet und damit der Referendar keine Gelegenheit hat, seinen Schwerpunktbereich durch eine andere Ausbildungsstation nach § 22 Abs. 1 JAO zu erfassen. Andererseits kann aber z. B. eine drei Monate überschreitende Station bei einer geeigneten Ausbildungsstelle der EG ausreichenden Bezug zum Schwerpunktbereich Wirtschaft oder Staat und Verwaltung schaffen, wenn der Referendar genügend Gelegenheit hat, sich auch mit dem entsprechenden deutschen Recht auseinanderzusetzen.

3. Mit der in Absatz 4 vorgesehenen Einschränkung wird verhindert, daß ein Referendar die gesamte Schwerpunktausbildung bei einem Rechtsanwalt absolviert, obwohl er während der Pflichtstationen sechs Monate bei einem Rechtsanwalt tätig war. In diesem Fall muß er drei Monate der Schwerpunktausbildung bei einer anderen Ausbildungsstelle verbringen. Auf die Abgrenzungsschwierigkeiten zur Ausbildung bei einem Notar und der erhöhten Abgrenzungspflicht ist schon hingewiesen worden (Anm. 1 a).

§ 23

Festlegung des Ausbildungsganges

(1) Regelmäßig nicht später als zwei Monate nach Beginn des Vorbereitungsdienstes legt der Referendar dem Präsidenten des Kammergerichts den Entwurf eines Ausbildungsplanes vor.

(2) Aus dem Entwurf muß hervorgehen, welchen Schwerpunktbereich und welche Wahlstation der Referendar wählt, welche Dauer die Pflichtstationen haben sollen und bei welchen Ausbildungsstellen der Referendar ausgebildet werden will. Der Ausbildungsplan soll nicht mehr als sieben Ausbildungsstellen vorsehen.

(3) Entspricht der Entwurf den Vorschriften des § 8 JAG und dieser Verordnung, so stellt der Präsident des Kammergerichts den Ausbildungsplan vorbehaltlich der Verfügbarkeit der entsprechenden Ausbildungsplätze als verbindlich fest. Andernfalls gibt er dem Referendar Gelegenheit, den Entwurf in einer angemessenen Frist zu ändern oder zu ergänzen.

(4) Legt der Referendar auch innerhalb einer Nachfrist keinen Entwurf vor oder nimmt er eine erforderliche Änderung oder Ergänzung nicht vor, so stellt der Präsident des Kammergerichts einen verbindlichen Ausbildungsplan auf.

(5) Soweit die Durchführung des verbindlichen Ausbildungsplanes mangels verfügbarer Ausbildungsplätze bei einer gewählten Ausbildungsstelle nicht möglich ist, unterrichtet der Präsident des Kammergerichts den Referendar möglichst frühzeitig und ändert den Ausbildungsplan unter Berücksichtigung der Wünsche des Referendars.

(6) Der Referendar kann eine Änderung des verbindlichen Ausbildungsplanes bis spätestens sechs Wochen vor Beginn der beabsichtigten Abweichung beantragen. Absatz 3 gilt entsprechend.

(7) Der Präsident des Kammergerichts sorgt dafür, daß, wer die erste juristische Staatsprüfung bestanden hat, wegen des Ausbildungsplanes, insbesondere wegen der Wahl des Schwerpunktbereiches, in geeigneter Weise über die Ausbildungs- und Berufsmöglichkeiten in den verschiedenen Gebieten informiert wird.

1. Der Referendar hat einen Ausbildungsplan vorzulegen. Das geschieht formlos. Beispielhaft könnte ein Plan wie auf S. 103 aussehen.

2. Aus dem Entwurf müssen der gewählte Schwerpunktbereich, die gewählte Untergruppe nach § 36 Abs. 2 JAO und die gewählten Ausbildungsstationen hervorgehen. Die einzelnen gewünschten Ausbildungsstellen brauchen noch nicht so konkret angegeben zu werden, daß eine individuelle Überweisung (z. B. zu einem bestimmten Unternehmen oder Rechtsanwalt) möglich ist. Der Referendar hat also noch Zeit, sich die konkrete Ausbildungsstelle zu suchen und braucht nur allgemein anzugeben, ob er z. B. einem Gericht in Strafsachen, einem Wirtschaftsunternehmen, einer Gewerkschaft oder dergleichen zugewiesen werden möchte. Jedenfalls muß der Referendar aber zur Überweisung in die Station nach § 21 Abs. 2 Nr. 2 JAO (Ausbildung in Strafsachen) angeben, ob er bei einem Gericht in Strafsachen und/oder der Staatsanwaltschaft ausgebildet werden möchte.

Name des Referendars Berlin, den ....
Personal-Aktenzeichen Anschrift ....

An den
Präsidenten des Kammergerichts
Registratur E
Witzlebenstraße 4–5
1000 Berlin 19

Betr.: Entwurf eines Ausbildungsplans

Gewählter Schwerpunktbereich: Justiz
Untergruppe nach § 36 Abs. 2 JAO : 1 a

1. Landgericht in Zivilsachen
   6 Monate ab Monat/Jahr
2. a) Staatsanwaltschaft
   b) Amtsgericht in Strafsachen
   je drei Monate = sechs Monate ab Monat/Jahr
3. Verwaltungsbehörde
   sechs Monate ab Monat/Jahr
4. Rechtsanwalt
   sechs Monate ab Monat/Jahr
5. Familiengericht
   drei Monate ab Monat/Jahr
6. Kammergericht, Zivilsenat
   drei Monate ab Monat/Jahr

Unterschrift.

---

3. Die Konkretisierung der Ausbildungsstelle muß spätestens sechs Wochen vor der beabsichtigten Station erfolgen. Diese Frist gilt auch für die Änderung eines Ausbildungsplanes. Sie ist wegen der hohen Zahl von Überweisungsverfügungen zu den jeweiligen Einstellungs- und

Überweisungsterminen im Interesse einer funktionierenden Verwaltung geschaffen worden. Denn diese Zeit ist notwendig, um die erforderlichen Entscheidungen nach § 23 JAO zu treffen, zu verfügen und kanzleimäßig so rechtzeitig herauszugeben, daß die entsprechenden Stellen zum Überweisungstermin alle notwendigen Unterlagen in Händen haben.

4. § 23 Abs. 2 letzter Satz limitiert die Zahl der Ausbildungsstellen auf 7. Wegen der Definition der Ausbildungsstelle wird auf die Erläuterung zu § 8 JAG Anm. 2 Bezug genommen.

Da in Berlin eine Unterteilung von Ausbildungsstationen zugelassen ist, ist in Beachtung des § 5b Abs. 3 Satz 1 DRiG zur Vermeidung einer zu großen Zersplitterung der Ausbildung die Zahl der Ausbildungsstellen begrenzt. Beispiel: Macht ein Referendar von sämtlichen Teilungsmöglichkeiten innerhalb der Pflichtstationen Gebrauch, geht er so zum Gericht in Strafsachen und zur Staatsanwaltschaft, ferner zur Verwaltungsbehörde und zum Verwaltungsgericht für jeweils drei Monate, kommt er im Pflichtbereich schon auf sechs Ausbildungsstellen. Dann ist er gehalten, in der Wahlstation für sechs Monate zu *einer* Ausbildungsstelle zu gehen. Anders gesehen kann von der Möglichkeit des § 22 Abs. 3 Satz 1 JAO nur dann Gebrauch gemacht werden, wenn auf eine Teilung entweder der Pflichtstation in Strafsachen oder der Pflichtstation bei einer Verwaltungsbehörde verzichtet wird.

Da es sich um eine sog. Soll-Bestimmung handelt, sind Ausnahmen nur dann zulässig, wenn sie im Interesse der Ausbildung nicht nur sachgerecht, sondern geboten sind. Dabei ist eine Einzelfallabwägung vorzunehmen, wobei auch der Leistungsstand des Referendars und sein gewählter Ausbildungsgang zu berücksichtigen sind. Beachtlich ist ferner, daß bestimmte Ausbildungsstellen überhaupt nur eine dreimonatige, in sich geschlossene Ausbildung anbieten (z. B. das Semester an der Hochschule in Speyer oder die Ausbildung an einer juristischen Fakultät nach § 8 Abs. 3 letzter Satz JAG). Ferner kann eine Ausnahme auch dann gerechtfertigt sein, wenn aus Gründen des Ausbildungsplatzangebots die Durchführung des verbindlichen Ausbildungsplanes bei einer gewählten Ausbildungsstelle nicht möglich ist (vgl. § 23 Abs. 5 JAO) und infolgedessen von einer Teilungsmöglichkeit von Pflichtstationen Gebrauch gemacht wird.

5. Anträge auf Änderung eines Ausbildungsplanes sowie alle anderen Anträge (Urlaubsgesuche u. dgl.) sind auf dem Dienstweg, d. h. über die jeweilige Ausbildungsstelle, einzureichen, *sofern das Gesuch auch die Ausbildung in der gegenwärtigen Ausbildungsstelle betrifft.* Der Sinn liegt darin, daß die Ausbildungsstelle zugleich mit dem jeweiligen Antrag mitteilen kann, ob sie einverstanden ist und inwiefern Bedenken bestehen. So muß die jeweilige Ausbildungsstelle mit einer Verlängerung oder Verkürzung der dortigen Ausbildung einverstanden oder über ein Urlaubsgesuch informiert sein.

6. Der PräsKG führt im ersten Monat des Vorbereitungsdienstes eine Ausbildungsberatung durch. In diesem Rahmen findet auch eine Information über spätere Arbeitsmöglichkeiten als Volljurist und über die jeweiligen Berufschancen statt. Wegen der Gestaltung der Ausbildung wird auch auf die Anregungen zur Gestaltung des Vorbereitungsdienstes in diesem Erläuterungsbuch unter Nr. 24 verwiesen.

§ 24

Zuweisung der Ausbildungsstelle

(1) Die Überweisung an Gerichte, Behörden oder sonstige Ausbildungsstellen muß dem Ausbildungsplan entsprechen.

(2) Der Präsident des Kammergerichts überweist den Referendar zur Ausbildung bei einem Gericht oder einer Staatsanwaltschaft dem Präsidenten oder Leiter des jeweiligen Gerichts oder dem Generalstaatsanwalt, zur Ausbildung bei einer Verwaltungsbehörde dem Senator für Inneres, der für die weitere Überweisung des Referendars an eine andere Berliner Behörde oder die Zuweisung zu einem geeigneten Ausbildungsplatz der eigenen Behörde sorgt, oder dem Leiter der jeweiligen Bundesbehörde, zur Ausbildung bei einem Rechtsanwalt einem geeigneten Rechtsanwalt, zur Ausbildung bei sonstigen Stellen dem Leiter der jeweiligen Stelle. Von der Eignung eines Rechtsanwaltes ist in der Regel auszugehen, wenn er über eine mindestens dreijährige Berufserfahrung verfügt.

(3) Soll die Ausbildung bei einer anderen Stelle als einem Gericht, einer Staatsanwaltschaft, einer Behörde, einem Rechtsanwalt oder einem Notar stattfinden, kann der Präsident des Kammergerichts sich einen Bericht über die für den Referendar im einzelnen vorgesehenen Ausbildungstätigkeiten vorlegen lassen.

(4) Die Pflichtstationen in Zivilsachen und in Strafsachen sollen mit einem jeweils zweiwöchigen, der Einführung dienenden Ausbildungslehrgang beginnen, den der Präsident des Kammergerichts einrichtet.

1. Absatz 1 stellt klar, daß die Zuweisung immer zu einer bestimmten Ausbildungsstelle, nicht an einen konkreten Ausbildungsplatz erfolgt. Der jeweilige Leiter der Ausbildungsstelle (z. B. Generalstaatsanwalt bei dem Landgericht, PräsLG, PräsAG, Präsident des Landesarbeitsgerichts) weist dem Referendar einen bestimmten Ausbildungsplatz bei einem bestimmten Praxisausbilder zu.

2. Die Überweisung an Gerichte oder die Staatsanwaltschaft erfolgt, ohne daß der Referendar eine Einverständniserklärung der entsprechenden Ausbildungsstelle beizubringen hat. Bringt der Referendar eine Einverständniserklärung eines bestimmten Ausbilders bei, hat er damit keinen Anspruch, daß er dem gewählten Ausbilder zugewiesen wird. Der Leiter der Ausbildungsstelle muß vielmehr die Möglichkeit haben, die Zuweisung aus übergeordneten Gesichtspunkten vorzunehmen. So kann er dem Wunsch des Referendars und dem des Ausbilders nachkommen, eine bestimmte Zuweisung vorzunehmen. Er kann aber auch eine anderweitige Zuweisung vornehmen, weil z. B. aus dienstlichen Gründen im Verhältnis des Ausbilders zum Dienstherrn eine Zuweisung eines Referendars nicht angezeigt erscheint.

3. Die Überweisung zur Ausbildung bei einer dem Land Berlin zugehörigen Verwaltungsbehörde erfolgt an den Senator für Inneres (vgl. insofern eine Liste von Ausbildungsplätzen bei den Berliner Verwaltungsbehörden, die beim PräsKG, Registratur E, einzusehen ist), der seinerseits die weiteren Überweisungen an bestimmte Ausbildungsstellen vornimmt. Im übrigen muß der Referendar eine Einverständniserklärung der gewünschten Ausbildungsstelle beibringen (z. B. Bundesbehörden, Wirtschaftsunternehmen, Gewerkschaften, Rechtsanwälte, Notare). Einzelheiten dazu entnimmt der Referendar seinem vom PräsKG als verbindlich festgestellten Ausbildungsplan, aus dem sich ergibt, welche Einverständniserklärungen benötigt werden.

4. Die Ausbildung bei einem Rechtsanwalt setzt dessen Eignung voraus, wobei von der Eignung in der Regel dann auszugehen ist, wenn er über eine mindestens dreijährige Berufserfahrung verfügt. Diese einschränkende Bestimmung ist erstmalig in der JAO aufgenommen. Sie enthält keine Diskriminierung des Anwaltsstandes, sondern ist von der Anwaltskammer ausdrücklich unterstützt worden. Sie trägt der Bedeutsamkeit der Ausbildung bei einem Rechtsanwalt Rechnung. Der junge Jurist, der nach bestandenem zweiten Staatsexamen zur Anwaltschaft zugelassen wird, hat zwar die entsprechende juristische Qualifikation. Anwaltsspezifische Dinge muß er sich jedoch erst erarbeiten und entsprechende Erfahrungen sammeln. Dazu gehört z. B. der Umgang mit dem Mandanten, Taktik im prozessualen und außergerichtlichen Verfahren, Büroorganisation, Kostenwesen und Standesrecht. Es kann davon ausgegangen werden, daß im Regelfall der drei Jahre praktizierende Rechtsanwalt soweit ist, daß er sein Wissen an Referendare weitergeben kann. Bestehen verwertbare Anhaltspunkte dafür, daß diese Regelannahme nicht zutrifft, kann der PräsKG die Zuweisung eines Referendars ablehnen.

5. Der der Einführung dienende Ausbildungslehrgang im Sinne des Abs. 4, der sog. Einführungslehrgang im Zivilrecht und Strafrecht, dient dazu, den Referendar mit den Arbeitsmethoden bei der praktischen Anwendung des Rechts bekanntzumachen (vgl. § 6 a JAG). Es soll auch Gelgenheit bestehen, die Organisation der Gerichte und der Staatsanwaltschaft sowie (nicht nur richterliche) Arbeitsabläufe zur Vorbereitung der zu treffenden Entscheidungen (z. B. Urteile, Beschlüsse, Anklagen) kennenzulernen. Die Einführungslehrgänge dienen also als Orientierungshilfe, damit der Referendar schnellstmöglichst in der Lage ist, sogleich mit der praktischen Arbeit in den Ausbildungsstationen zu beginnen.

Während des Einführungslehrganges ist der Referendar keiner anderen Arbeitsgemeinschaft und keiner Ausbildungsstation zugeteilt. Er versieht seinen Dienst nur durch die Teilnahme an diesem Lehrgang. Urlaube und Nebentätigkeiten werden für die Zeit des Lehrganges grundsätzlich von dem PräsKG nicht genehmigt.

§ 25

Gastreferendare, Übernahme aus anderen Ländern

(1) Der Referendar kann mit Genehmigung des jeweils zuständigen Präsidenten des Oberlandesgerichts oder der jeweils zuständigen Verwaltungsbehörde für einzelne Ausbildungsabschnitte als Gast in einen anderen Oberlandesgerichtsbezirk oder Verwaltungsbezirk zur Ausbildung auf der Grundlage des Ausbildungsplanes überwiesen oder von dort übernommen werden.

(2) Wird ein Referendar, der einen Teil des Vorbereitungsdienstes nach den in einem anderen Bundesland geltenden Vorschriften abgeleistet hat, in Berlin in den Vorbereitungsdienst übernommen, so ist sein weiterer Ausbildungsgang so weit wie möglich nach § 8 JAG und nach § 23 dieser Verordnung zu gestalten.

1. Absatz 1 erfaßt ein Gastreferendariat von Referendaren anderer Bundesländer in Berlin und von Berliner Referendaren in anderen Oberlandesgerichtsbezirken. Notwendig sind jeweils die Genehmigungen der überweisenden und übernehmenden Ausbildungsbehörden, in Berlin des PräsKG. Das gilt nicht nur für Ausbildungsstellen bei Gerichten oder Behörden, sondern auch für die Ausbildung in einer Wahlstation. Denn auch der Referendar, der z. B. in einem Industrieunternehmen in einem anderen Bundesland ausgebildet wird, unterliegt der Dienstaufsicht der dort örtlich zuständigen Ausbildungsbehörde.

2. Berliner Referendare können einzelne nach ihrem Ausbildungsplan (§ 23 JAO) vorgesehene Ausbildungsstationen in einem anderen Oberlandesgerichtsbarkeit ableisten. Das kann bei bestimmten Ausbildungsstationen sehr empfohlen werden. Das gilt z. B. für die Ausbildung bei einer Verwaltungsbehörde. Hier kann die Ausbildung bei einer Kommunalbehörde (Landratsamt, Bürgermeisteramt, Kreisverwaltung) sehr effektiv sein.

Die Ausbildung bei der Verwaltungshochschule in Speyer oder an einer Universität gilt nicht als Gastreferendariat, so daß eine Genehmigung des dort zuständigen Oberlandesgerichtspräsidenten nicht vorliegen muß. Die Überweisung erfolgt an den Rektor der Hochschule.

3. Die Ausbildung eines von einem anderen Bundesland in den Berliner Vorbereitungsdienst aufgenommenen Referendars erfolgt unter Anpassung an die Berliner Vorschriften. Das war vor Inkrafttreten der neuen Vorschriften des Deutschen Richtergesetzes und der Berliner Landesvorschriften insofern problematisch, als in Berlin Schwerpunktgebiete zu berücksichtigen waren, während in anderen Bundesländern ein derartiges System nicht existierte. Wegen der jetzt eingetretenen Vereinheitlichung der Juristenausbildung dürfte die Übernahme unproblematischer geworden sein. Es ist im Einzelfall für jedes Bundesland zu prüfen, inwiefern eine Anpassung möglich ist.

§ 26

Anrechnung einer Ausbildung für den gehobenen Dienst

Ein Antrag auf Anrechnung einer erfolgreich abgeschlossenen Ausbildung für das Amt des gehobenen Justizdienstes oder für den gehobenen nichttechnischen Verwaltungsdienst auf den Vorbereitungsdienst ist mit dem Antrag auf Einstellung in den Vorbereitungsdienst zu verbinden.

Die Vorschrift regelt die verwaltungs-technische Handhabung einer möglichen Anrechnung nach § 8 Abs. 4 JAG. Der rechtzeitig gestellte Antrag ist Grundlage für die Ermessensentscheidung des PräsKG, die erfolgreich abgeschlossene andere Ausbildung mit drei oder sechs Monaten anzurechnen.

§ 27

Urlaub

Urlaub wird auf die Station angerechnet, in der sich der Referendar zur Zeit des Urlaubs befindet. Erhält der Referendar Urlaub aus besonderen Anlässen unter Wegfall der Anwärterbezüge, so wird dieser auf den Vorbereitungsdienst nicht angerechnet.

1. § 27 Satz 1 bezieht sich auf den Urlaub unter Fortzahlung der Bezüge. Dabei wird kein Unterschied zwischen Erholungsurlaub (vgl. EUrlVO — siehe unter Nr. 12) und Sonderurlaub (SoUrlVO — vgl. unter Nr. 13) gemacht.

2. Die Anrechnung des Urlaubs auf die Ausbildungsstation (nicht Ausbildungsstelle) hat zur Folge, daß sich die vorgeschriebene oder vorgesehene Dauer des Ausbildungsabschnitts nicht verlängert, sich im Ergebnis die tatsächliche Ausbildungsdauer in dieser Station verkürzt. Das bedeutet bei einem Jahresurlaub innerhalb einer Dreimonatsstation eine Verkürzung der tatsächlichen Ausbildungszeit auf ca. sechs bis sieben Wochen. Diese Umstände sind auch bei der Überlegung, eine Ausbildungsstation zu unterteilen (z. B. drei Monate Gericht in Strafsachen und drei Monate Staatsanwaltschaft) zu berücksichtigen, da durch einen Urlaub die Ausbildung bei der entsprechenden Ausbildungsstelle entscheidend verkürzt wird. Für derartige Fälle hat der PräsKG zu entscheiden, ob dienstliche, d. h. ausbildungsmäßige Belange, der Gewährung dieses Urlaubes entgegenstehen (vgl. §§ 1 Abs. 3, 10 Abs. 1 EUrlVO — Nr. 12).

3. Der Urlaub kann dann nicht auf einen Ausbildungsabschnitt angerechnet werden, wenn er nach Abschluß des eigentlichen Vorbereitungsdienstes in der Zeit bis zum Termin der mündlichen Prüfung genommen wird.

Die Teilnahme an den Klausurterminen und der mündlichen Prüfung ist ein Dienstgeschäft und daher Dienstpflicht der Referendare. Die

Bewilligung von Urlaub zu diesen Terminen ist ausgeschlossen. Dies gilt auch dann, wenn der Referendar bis dahin noch keinen oder nur teilweisen Erholungsurlaub genommen hatte. Dieser verfällt bei Bestehen der mündlichen Prüfung mit Ablauf dieses Tages, da der Referendar zu diesem Zeitpunkt aus dem Beamtenverhältnis ausscheidet (§ 13 Abs. 1 Satz 3 JAG). Eine Urlaubsabgeltung ist ausgeschlossen. Es ist Sache des Referendars, seine Urlaubsplanung entsprechend vorzunehmen (vgl. VG Berlin, Beschluß vom 17. Dezember 1982 zu VG 5 A 279/82).

4. Der Vorbereitungsdienst verlängert sich um die Zeit eines Urlaubs unter Wegfall der Anwärterbezüge (z. B. Sonderurlaub nach § 10 Abs. 1 SoUrlVO – Nr. 13).

§ 28

Verlängerung der Ausbildung

(1) War der Referendar länger als ein Drittel der nach seinem Ausbildungsplan vorgesehen Dauer einer Station dienstunfähig, so wird auf seinen Antrag die Ausbildung in dieser Station um drei Monate oder ein Vielfaches von drei Monaten verlängert, bis die tatsächliche Ausbildungsdauer einschließlich des anrechenbaren Urlaubs mindestens zwei Drittel der vorgesehenen Dauer erreicht hat.

(2) Einem geschäftsführenden Vorsitzenden des Personalrats der Referendare, der dieses Amt mindestens für die Dauer von sechs Monaten ausübt, ist auf Antrag eine Ausbildungsverlängerung um drei Monate zu bewilligen.

(3) Der Präsident des Kammergerichts kann die Ausbildung von Amts wegen verlängern, wenn sie in erheblichem Umfang durch Urlaub, Dienstunfähigkeit oder vergleichbare Umstände behindert worden ist.

1. Eine Verlängerung des Vorbereitungsdienstes wegen schlechter Leistungen gibt es im Gegensatz zum früheren Recht (§ 25 Abs. 1 JAO 82) nicht mehr (vgl. § 5 b Abs. 3 Satz 4 DRiG).

2. Die Verlängerung nach § 28 Abs. 1 und 2 JAO wird nur auf Antrag des Referendars verfügt.

3. Absatz 1 bezieht sich auf die vorgesehene Dauer einer Ausbildungsstation (nicht Ausbildungsstelle!) und soll gewährleisten, daß der Referen-

dar mindestens zwei Drittel der vorgesehenen Ausbildungszeit tatsächlich ausgebildet wird. War der Referendar z. B. beim Amtsgericht in Strafsachen bei einer vorgesehenen Ausbildungsdauer von drei Monaten sechs Wochen krank, kommt eine Verlängerung der Ausbildung nicht in Betracht, wenn eine weitere Krankheitszeit in der folgenden Ausbildung bei der Staatsanwaltschaft nicht eintritt. Denn die Ausbildung bei den Ausbildungsstellen Amtsgericht in Strafsachen und Staatsanwaltschaft gelten als eine Ausbildungsstation, nämlich Pflichtstation in Strafsachen. Ferner ist § 27 Satz 1 JAO zu beachten, so daß anrechenbarer Urlaub als tatsächliche Ausbildungszeit rechnet. Es kommt nur darauf an, ob der Referendar wegen Dienstunfähigkeit nicht ausgebildet werden konnte.

4. Die Verlängerung um drei Monate oder um ein Vielfaches davon hat den Zweck, den Rhythmus der Einstellungs- und Überweisungstermine einzuhalten, nach dem sich auch der Rhythmus der Prüfungstermine richtet.

5. Das Berliner Personalvertretungsrecht sieht für den Vorsitzenden eines sog. Ausbildungs-Personalrats, also auch des Personalrats der Referendare im Bezirk des Kammergerichts, eine Freistellung vom Dienst nicht vor. Über § 28 Abs. 2 JAO besteht die Möglichkeit, zum Ausgleich dafür einem geschäftsführenden Vorsitzenden des Personalrats eine Ausbildungsverlängerung zu bewilligen, um Ausbildungsnachteile auszugleichen. Voraussetzung dafür ist, daß das Amt mindestens für die Dauer von sechs Monaten ausgeübt worden ist. Nur unter dieser Voraussetzung ist eine Ausbildungsverlängerung um drei Monate zu bewilligen.

6. Absatz 3 gibt dem Dienstherrn die Möglichkeit, von sich aus die Ausbildung zu verlängern, ohne daß ein Antrag des Referendars vorliegt. Die Verlängerung liegt im pflichtgemäßen Ermessen des Dienstherrn. Es muß sich um eine Behinderung in erheblichem Umfang gehandelt haben. Wenn auch die Zurechenbarkeit kein Entscheidungskriterium ist, scheidet eine Verlängerung aus, wenn die Ausbildung aus in der Person des Referendars liegenden Umständen in dienstrechtlich zu beanstandender Weise behindert worden ist, sich der Referendar bewußt in nicht gerechtfertigter Weise der Ausbildung entzogen hat. Die Dauer der Verlängerung ist hier nicht geregelt. Sie hat sich jedoch im Hinblick auf die Prüfungstermine ebenfalls an dem sog. Kampagnesystem zu orientieren. Hierbei sind allerdings vom Präsidenten des Justizprüfungsamtes eingeschobene Zwischentermine zu beachten.

§ 29

Gestaltung der Ausbildung

(1) Auf der Grundlage der nach § 35 zu erlassenden Vorschriften obliegt die inhaltliche und methodische Gestaltung der Ausbildung dem Ausbilder.

(2) Zu Beginn der Ausbildung soll der Ausbilder mit dem Referendar die Ausbildungsmöglichkeiten und die beabsichtigte Gestaltung der Ausbildung besprechen. In den Wahlstationen sollen besondere Interessen des Referendars nach Möglichkeit berücksichtigt werden.

1. Die Vorschrift regelt im Zusammenhang mit den zu erlassenden Richtlinien nach § 35 JAO die Ausbildung in der Station und in der Arbeitsgemeinschaft (§ 33 Abs. 5 JAO).

2. Absatz 2 Satz 1 sollte eine Selbstverständlichkeit festhalten. Ein einleitendes Gespräch zwischen Ausbilder und Referendar ist nicht nur sinnvoll, sondern erscheint zur Klärung von Ausbildungsinhalten, Anforderungen und Beurteilungskriterien notwendig und ist geeignet, den vertrauensvollen Kontakt einzuleiten, der Lehren und Lernen nicht nur ermöglicht, sondern fördert.

3. In den Pflichtstationen kann im allgemeinen auf besondere Interessen des Referendars weniger eingegangen werden, da die Ausbildung von den entsprechenden Aufgabengebieten und den im Hinblick auf die Examensklausuren zu erbringenden Leistungen geprägt ist. In den Wahlstationen dürfte dem § 29 Abs. 2 Satz 2 JAO eher Genüge getan werden können.

§ 30

Ausbildungsnachweise

Der Ausbilder führt einen Ausbildungsnachweis, in dem er die schriftlichen und mündlichen Leistungen des Referendars von nicht nur untergeordneter Bedeutung aufführt. Bei umfangreicheren Leistungen soll auch die Beurteilung der Leistung vermerkt werden. Jede in den Ausbildungsnachweis aufgenommene Leistung ist mit dem Referendar eingehend zu erörtern.

Der Ausbildungsnachweis gibt Gelegenheit, die Ausbildung in der Station nachzuvollziehen und bildet eine Grundlage für das nach § 31 JAO zu erstellende Zeugnis. Er kann auch eine Bedeutung bei der Entscheidung über Gegenvorstellungen gegen ein Zeugnis nach § 31 Abs. 4 JAO haben.

§ 31

Zeugnisse

(1) In einem Zeugnis äußert sich der Ausbilder ausführlich über Leistungen und Befähigung des Referendars. Dabei geht er auf die Kenntnisse, die Fähigkeit und die Persönlichkeit des Referendars ein, soweit dies für die Beurteilung der Leistungen und der Befähigung des Referendars für den entsprechenden Aufgabenbereich erforderlich ist. Die Gesamtleistung des Referendars ist mit einer der Noten und Punktzahlen zu bewerten, wie sie für Einzelleistungen in der Prüfung vorgeschrieben sind. Dem Zeugnis wird der Ausbildungsnachweis beigefügt.

(2) War der dem Ausbilder zur Verfügung stehende Beurteilungszeitraum kürzer als vier Wochen, so kann von der Erteilung eines Zeugnisses abgesehen werden; Absatz 1 Satz 3 findet regelmäßig keine Anwendung. Diese Zeit kann jedoch von einem anderen Ausbilder, der in derselben Ausbildungsstelle dem Referendar ein Zeugnis erteilt, in sein Zeugnis einbezogen werden, wenn er sich über die Leistungen des Referendars in dieser Zeit hinreichend unterrichten konnte.

(3) Gegen Ende der Ausbildung teilt der Ausbilder dem Referendar die Beurteilung mit, die er zu erteilen beabsichtigt.

(4) Ist der Referendar mit dem erteilten Zeugnis nicht einverstanden, so kann er eine Stellungnahme zu seinen Personalakten geben oder Gegenvorstellungen bei dem Ausbilder oder bei dem Präsidenten des Kammergerichts erheben. Der Präsident des Kammergerichts kann das Zeugnis ändern oder den Ausbilder hierzu anweisen.

1. Das Zeugnis bildet die Grundlage für die Bildung der Ausbildungsnote nach § 34 JAO, kann für den Referendar aber auch insofern von Wichtigkeit sein, als er bei späteren Bewerbungen Einzelzeugnisse vorle-

gen kann, die seine Befähigung und Leistungen darstellen. Unter diesen Gesichtspunkten haben Zeugnisse auch nach Wegfall der sog. Drittelanrechnung von im Vorbereitungsdienst erhaltenen Noten im Examen nach wie vor ihre Bedeutung. Die Zeugnisse liegen auch der Prüfungskommission vor, die die Leistungen im Vorbereitungsdienst berücksichtigen kann (vgl. dazu die Erläuterung zu § 38 JAO sowie § 5d Abs. 3 DRiG).

2. Die Gesamtleistung des Referendars in einer Station oder einer Arbeitsgemeinschaft ist nach § 1 der Notenverordnung (vgl. unter Nr. 4 dieses Erläuterungsbuches) mit einer Note und Punktzahl zu bewerten. § 2 der Notenverordnung findet keine Anwendung, da es hier nicht um die rechnerische Zusammenfassung von Einzelbeurteilungen geht. So können auch nicht die in den Ausbildungsnachweis aufgenommenen Einzelnoten (§ 30 Satz 2 JAO) nach § 2 der Notenverordnung zusammengefaßt werden, da diese nicht den gesamten Leistungsbereich während der Station oder während der Arbeitsgemeinschaft erfassen und regelmäßig mündliche Leistungen außer Betracht lassen.

3. Die Stellungnahme des Referendars zu seinem Zeugnis wird lediglich zu den Personalakten genommen und gibt jedem befugten Leser (z. B. Dienstherr bei Erteilung der Ausbildungsnote nach § 34 JAO) Gelegenheit, es relativiert aufzunehmen. Über eine Gegenvorstellung hat der PräsKG zu entscheiden. Dieser hat (regelmäßig nach vorheriger Anhörung des Ausbilders) darüber zu befinden, ob das Zeugnis gegen gesetzliche Vorschriften verstößt, allgemeine Beurteilungsmaßstäbe nicht beachtet worden sind, der Ausbilder von einem unrichtigen Sachverhalt ausgegangen ist oder sich von sachfremden Erwägungen hat leiten lassen. Der Beurteilende hat einen Beurteilungsspielraum. Die deswegen eingeschränkte Überprüfungsmöglichkeit (vgl. z. B. Battis, BBG, § 23 Anm. 2b bb) gilt jedoch nur im Verhältnis von Verwaltunsbehörde zum Verwaltungsgericht, nicht aber im Verhältnis Dienstvorgesetzter, Dienstbehörde und oberste Dienstbehörde und Widerspruchsbehörde (vgl. auch OVG Bremen, DÖD 1977/137, 138). Der PräsKG als Dienstbehörde für den Referendar kann jedoch nur dann von der Ermächtigung des § 31 Abs. 4 Satz 2 JAO Gebrauch machen, wenn er selbst in der Lage ist, die Fähigkeiten und Leistungen des Referendars einzuschätzen und muß sich ggf. die erforderlichen Vorstellungen verschaffen (vgl. auch OVG Münster, DVBl. 1973/581; Bayerischer VGH, DÖD 1977/179, 180).

4. Nicht das Einzelzeugnis, aber die Entscheidung des PräsKG über die Gegenvorstellung des Referendars ist ein Verwaltungsakt, der mit dem

Widerspruch angreifbar ist (vgl. Battis, BBG, § 23 Anm. 2b bb). Der Senator für Justiz als Widerspruchsbehörde ist verpflichtet, eine eigene nachvollziehende Bewertung vorzunehmen und darf sich nicht auf die Prüfung beschränken, ob die Beurteilung im Rahmen des dem Ausbilder und ggf. dem PräsKG als Dienstbehörde zustehenden Beurteilungsspielraumes vertretbar ist. Die Widerspruchsbehörde muß daher sich ein eigenes Urteil bilden und zu diesem Zweck prüfen, ob sie die angefochtene Beurteilung als eigene übernehmen oder davon abweichen will (vgl. OVG Bremen, DÖD 1977/137 ff.; BVerwG ZBR 79/304).

§ 32

Studium an einer Hochschule

(1) Die Freie Universität Berlin soll dem Präsidenten des Kammergerichts rechtzeitig, spätestens sechs Monate vor Beginn mitteilen, welche Ausbildungsprogramme sie für die wissenschaftliche Referendarausbildung in den Schwerpunktbereichen anbietet.

(2) Die wissenschaftliche Referendarausbildung an einer juristischen Fakultät muß gewährleisten, daß die Lehrinhalte praxisbezogen sind; dies soll insbesondere durch die Beteiligung erfahrener Praktiker gefördert werden. Die Lehrinhalte sollen überwiegend in Seminaren oder in gleicher Weise durch aktive Mitarbeit gekennzeichnete Lehrveranstaltungen vermittelt werden, in denen der Referendar schriftliche oder vorbereitete mündliche Leistungen zu erbringen hat. Die Leistungen sind mit einer der Noten und Punktzahlen zu bewerten, wie sie für Einzelleistungen in der Prüfung vorgeschrieben sind.

(3) Die Hochschule erteilt dem Referendar eine Bescheinigung, aus der sich die regelmäßige Teilnahme und die Bewertung der vom Referendar erbrachten Leistungen ergibt.

1. Die Vorschrift soll sicherstellen, daß die mit der Reform 1984 eröffnete Möglichkeit, während der Schwerpunktausbildung für drei Monate an die Hochschule zurückzukehren (§ 8 Abs. 3 JAG), auch tatsächlich für eine vertiefte wissenschaftliche Ausbildung genutzt wird. Hierzu ist es notwendig, daß sich der Fachbereich Rechtswissenschaft längerfristig auf diese neue Aufgabe einrichtet und rechtzeitig mitteilt, für welchen Schwerpunktbereich ein Ausbildungsprogramm angeboten wird. Insofern wird auf die Erläuterung zu § 8 JAG Bezug genommen. Die

Mindestfrist von sechs Monaten nach Absatz 1 ist recht kurz bemessen. Denn der Referendar muß seinen Ausbildungsplan rechtzeitig auf die universitäre Ausbildung ausrichten. Da nicht ständig in allen Schwerpunktbereichen Ausbildungsprogramme angeboten werden dürften, muß er ausreichend Gelegenheit haben, sich um Ersatzstationen zu bemühen. Es sollte demnach erreicht werden, daß die Hochschule möglichst frühzeitig angibt, in welchen Schwerpunktbereichen sie in welchem Semester überhaupt Ausbildungsprogramme anbieten wird. Die Detailinformation kann dann unter Ausschöpfung der Frist des Abs. 1 erfolgen.

2. Absatz 2 stellt klar, daß die wissenschaftliche Referendarausbildung keine Neuauflage des Studiums vor der ersten juristischen Staatsprüfung darstellt. Sie ist auch nicht vergleichbar mit den früher durchgeführten praxisorientierten Universitätsveranstaltungen (vgl. § 1 Abs. 1 JAG 1982). Die Rückkehr an die Hochschule darf auch nicht zu ausbildungsfremden Zwecken (allgemeine Examensvorbereitung, Promotion o. ä.) verwendet werden.

3. Die Hochschule erteilt dem Referendar kein Gesamtzeugnis im Sinne des § 31 JAO. In die Teilnahmebescheinigung sind allerdings die Ergebnisse der bewerteten Einzelleistungen nach Absatz 2 aufzunehmen.

§ 33

Arbeitsgemeinschaften

(1) Während der ersten achtzehn Monate des Vorbereitungsdienstes nimmt der Referendar an je einer Arbeitsgemeinschaft in den Pflichtgebieten Zivilrechtspflege, Strafrechtspflege und Verwaltung, anschließend an einer der Vertiefung der Pflichtgebiete und der Vorbereitung auf die schriftliche Prüfung dienenden Arbeitsgemeinschaft und danach an einer weiteren Arbeitsgemeinschaft teil, die sich auf den vom Referendar gewählten Schwerpunktbereich, insbesondere auf die nach § 36 Abs. 2 Satz 3 gewählte Untergruppe bezieht. Die Arbeitsgemeinschaften dauern je sechs Monate. Während der Dauer einer Ausbildung bei der Hochschule für Verwaltungswissenschaften Speyer, bei einer sonstigen Hochschule und bei einer Auslandsstation ist der Referendar von der Teilnahme an einer Arbeitsgemeinschaft befreit.

(2) Neben den Arbeitsgemeinschaften nach Absatz 1 soll der Präsident des Kammergerichts eine mindestens dreimonatige Ar-

beitsgemeinschaft zur Begleitung der Ausbildung bei einem Rechtsanwalt einrichten. Der Referendar hat dem Präsidenten des Kammergerichts spätestens sechs Wochen vor Beginn einer Ausbildung bei einem Rechtsanwalt mitzuteilen, ob er beabsichtigt, an der Arbeitsgemeinschaft nach Satz 1 teilzunehmen; bei erfolgter Anmeldung ist die Teilnahme an der Arbeitsgemeinschaft Dienstpflicht.

(3) Die Arbeitsgemeinschaft wird von einem Richter, Staatsanwalt, Rechtsanwalt oder Beamten des höheren Dienstes geleitet. Die Leiter der Arbeitsgemeinschaften werden vom Präsidenten des Kammergerichts bestellt, die Leiter der Arbeitsgemeinschaften für Verwaltung im Einvernehmen mit dem Senator für Inneres, soweit sie aus dessen Geschäftsbereich kommen. Die Leiter der Arbeitsgemeinschaften nach Absatz 2 werden auf Vorschlag der Rechtsanwaltskammer Berlin bestellt.

(4) Durch die Arbeitsgemeinschaften wird der Referendar angeleitet, sich die erforderlichen Kenntnisse und Fähigkeiten soweit wie möglich im Selbststudium zu erarbeiten. In den Arbeitsgemeinschaften erhält er Gelegenheit zur Festigung, Kontrolle und Vertiefung seines Wissens, zur Übung seiner Fähigkeiten und Diskussion seiner Meinungen.

(5) Die Vorschriften der §§ 29, 31 gelten für die Arbeitsgemeinschaften entsprechend.

1. Der Referendar nimmt während der gesamten Ausbildungszeit an Pflicht- oder Pflicht-Wahlarbeitsgemeinschaften teil. Klargestellt ist in der Neufassung dieser Vorschrift, daß der Referendar unter bestimmten Voraussetzungen von der Teilnahme an der Arbeitsgemeinschaft befreit ist. Die Hochschule für Verwaltungswissenschaften in Speyer bietet eigene Arbeitsgemeinschaften an, von denen der Referendar eine zu besuchen hat. Nimmt der Referendar an der wissenschaftlichen Ausbildung an einer juristischen Fakultät (§ 32 Abs. 2 JAO) teil, braucht er ebenfalls nicht an einer vom PräsKG organisierten Arbeitsgemeinschaft teilzunehmen, da an der Universität gleichartige Veranstaltungen angeboten werden, die der Referendar zu besuchen hat. Schließlich finden im Ausland keine Arbeitsgemeinschaften statt. Als Ausnahme sind hier allerdings Stationen bei der EG zu nennen, die begleitende Arbeitsgemeinschaften anbieten. Geht der Referendar zeitweilig als Gastreferendar in ein anderes Bundesland, muß er dort durchgeführte Referendar-Arbeitsgemeinschaften besuchen. Das gilt nicht nur für den Bereich der

Pflichtstationen. Wird in dem betreffenden Gastbezirk keine der den Berliner Vorschriften entsprechende Arbeitsgemeinschaft angeboten, hat er an einer vergleichbaren Arbeitsgemeinschaft teilzunehmen.

2. Die Pflichtarbeitsgemeinschaften für Zivilrechtspflege, Strafrechtspflege und Verwaltung laufen parallel zu den Pflichtstationen nach § 21 Abs. 2 Nr. 1 bis 3 JAO. Sie dienen vornehmlich der Erarbeitung des jeweiligen Prozeßrechts. Das Nähere regeln die nach § 35 JAO zu erlassenden Richtlinien.

3. Während der letzten sechs Monate des Pflichtbereichs (19. bis 24. Monat des Vorbereitungsdienstes) nimmt der Referendar an einer der Vertiefung der Pflichtgebiete und der Vorbereitung auf die schriftliche Prüfung dienenden Arbeitsgemeinschaft teil. Diese bietet Gelegenheit, examensrelevanten Stoff der Pflichtgebiete zu wiederholen. Das ist vor allem im Zivilrecht notwendig, weil die entsprechende Pflichtarbeitsgemeinschaft am Anfang des Vorbereitungsdienstes liegt und der Referendar hier erfahrungsgemäß noch erhebliche Einarbeitungs- und Umstellungsschwierigkeiten hat, die Aufnahmelücken nach sich ziehen. Die Arbeitsgemeinschaft kann nicht von *einem* Arbeitsgemeinschaftsleiter durchgeführt werden, so daß Ausbilder der verschiedenen Fachgebiete zur Verfügung stehen. In dieser Arbeitsgemeinschaft soll auch Gelegenheit bestehen, den Aktenvortrag (vgl. § 38 Abs. 1 Satz 1 JAO) zu üben, da dafür in der folgenden Wahlarbeitsgemeinschaft im Schwerpunktbereich nicht ausreichend Zeit zur Verfügung stehen dürfte.

4. In die Zeit der letzten sechs Monate der Ausbildung in den Pflichtstationen fällt auch die mindestens dreimonatige Anwalts-Arbeitsgemeinschaft nach § 33 Abs. 2 JAO. Nimmt der Referendar an einer angebotenen Anwalts-Arbeitsgemeinschaft teil, so tritt diese neben die Vertiefungsarbeitsgemeinschaft nach Absatz 1. Der Referendar hat also in dieser Zeit die Pflicht, an zwei Arbeitsgemeinschaften pro Woche teilzunehmen. Absatz 2 Satz 2 letzter Halbsatz stellt klar, daß bei erfolgter Anmeldung auch die Teilnahme an der Anwalts-Arbeitsgemeinschaft Dienstpflicht ist.

5. Nach der schriftlichen Prüfung im Pflichtbereich nimmt der Referendar an einer sechsmonatigen Pflichtarbeitsgemeinschaft im gewählten Schwerpunktbereich teil. Diese bezieht sich insbesondere auf die nach § 36 Abs. 2 Satz 3 gewählte Untergruppe. Diese Arbeitsgemeinschaft ist demnach überwiegend auf den Bereich ausgerichtet, in dem der Referendar die schriftlichen Examensarbeiten nach § 36 Abs. 2 Satz 1 JAO anzufertigen hat. Anhand dieser Regelung wird sich der Referendar zu überlegen haben, ob er die Wahlstation auch auf die nach § 36 Abs. 2 Satz 3 JAO gewählte Untergruppe ausrichten soll, ober ob es nicht angezeigt ist, diese in dem — in der mündlichen Prüfung auch geforderten — anderen Teilbereich durchzuführen (vgl. auch die Erläuterungen zu § 22 JAO).

6. Die Arbeitsgemeinschaften finden in der Regel einmal wöchentlich mit einer Zeitdauer von zwei Doppelstunden (drei Zeitstunden) statt. Der Dienst in der Arbeitsgemeinschaft geht am festgesetzten Arbeitsgemeinschaftstag der Ausbildung in der Station vor.

7. Die Arbeitsgemeinschaft ist kein Repetitorium und begrenzt nicht durch die behandelten Fragen den Prüfungsstoff. Sie kann und soll nur Gelegenheit bieten, ausgewählte Themen zu behandeln. Es ist Sache des Referendars, ausgerichtet nach seinen Fähigkeiten oder Lücken im Selbststudium zu arbeiten.

§ 34

Ausbildungsnote

(1) Der Präsident des Kammergerichts erteilt auf der Grundlage der Einzelzeugnisse (§ 31 Abs. 1, § 32 Abs. 3, § 33 Abs. 5) die Ausbildungsnote. § 31 Abs. 1 Satz 3 gilt entsprechend.

(2) Der Präsident des Kammergerichts teilt die Ausbildungsnote mit der Vorstellung zur Prüfung dem Justizprüfungsamt und dem Referendar mit. Zugleich übersendet er dem Justizprüfungsamt die Akten über die erste juristische Staatsprüfung, die während des Vorbereitungsdienstes erteilten Zeugnisse und gegebenenfalls gemäß § 31 Abs. 4 zu den Personalakten gegebene Stellungnahmen. Auf Wunsch des Referendars sind auch die sonstigen Personalakten dem Justizprüfungsamt zuzuleiten.

1. Die Ausbildungsnote hat nach Wegfall der sog. Drittelanrechnung der Leistungen des Vorbereitungsdienstes im Examen nicht mehr die entscheidende Wirkung auf das Ergebnis der zweiten juristischen Staatsprüfung. Dennoch kann die zusammenfassende Beurteilung der Leistungen des Referendars im Vorbereitungsdienst nicht unerhebliche Bedeutung haben. Hier ist einerseits auf § 5d Abs. 3 DRiG und §§ 38 Abs. 3, 15 Abs. 1 JAO zu verweisen und andererseits die Möglichkeit zu sehen, die Ausbildungsnote bei Bewerbungen vorzuweisen.

2. Die Ausbildungsnote nach der JAO 1972 ist vornehmlich im Hinblick auf die Drittelanrechnung als Verwaltungsakt angesehen worden, da sie unmittelbare rechtliche Außenwirkung hatte. Dienstliche Beurteilungen eines Beamten durch seinen Dienstvorgesetzten werden zwar nach der ständigen Rechtsprechung des Bundesverwaltungsgerichts (vgl. BVerwGE 28/191; 49/351, 353 ff.) nicht als Verwaltungsakt angesehen, weil die Dienstbehörde mit ihnen keine Regelung mit unmittelbaren Rechtswirkungen trifft und sie keine Rechtsverbindlichkeit beanspruchen. Die zusammenfassende Beurteilung in Form der Ausbildungsnote ist jedoch auch nach JAO 1984 im Hinblick auf die genannten Wirkungen ein Verwaltungsakt. Die Ausbildungsnote ist nicht nur ein reines Verwaltungsinternum, sondern stellt eine verbindliche Entscheidung über die Leistungen im juristischen Vorbereitungsdienst dar.

3. Die Ausbildungsnote ist nach § 1 der Notenverordnung (Nr. 4) mit einer Note und Punktzahl festzusetzen. § 2 der Notenverordnung findet keine Anwendung, da es sich nicht um eine rechnerische Zusammenfassung von Einzelberwertungen zu einer Gesamtbewertung handelt. Dem PräsKG steht dabei ein eigener Beurteilungsspielraum zu, denn er erteilt die Ausbildungsnote „auf der Grundlage der Einzelzeugnisse".

§ 35

Verwaltungsvorschriften

Der Senator für Justiz erläßt Richtlinien für die praktische Ausbildung und die Arbeitsgemeinschaften, hinsichtlich der Ausbildung bei einer Verwaltungsbehörde und in den Arbeitsgemeinschaften für Verwaltung im Einvernehmen mit dem Senator für Inneres. Er kann dieses Recht ganz oder teilweise auf den Präsidenten des Kammergerichts übertragen.

Dritter Abschnitt

Die zweite juristische (große) Staatsprüfung

§ 36

Aufsichtsarbeiten

(1) Von den sechs Aufsichtsarbeiten, die vor Ende der Ausbildung bei der letzten Pflichtstation angefertigt werden, haben je

zwei ihren Schwerpunkt in der Zivilrechtspflege, der Strafrechtspflege und der Verwaltung; eine der Aufsichtsarbeiten soll dem Referendar Gelegenheit geben, Kenntnisse und Fähigkeiten für die anwaltliche Tätigkeit nachzuweisen.

(2) Die restlichen zwei Aufsichtsarbeiten sind unmittelbar im Anschluß an die Ausbildung bei der letzten Wahlstation anzufertigen. Sie erstrecken sich

1. im Schwerpunktbereich Justiz
a) auf die Zivilrechtspflege unter Berücksichtigung der Freiwilligen Gerichtsbarkeit,
b) auf die Strafrechtspflege unter besonderer Berücksichtigung des Strafprozeßrechts,

2. im Schwerpunktbereich Staat und Verwaltung
a) auf das Staatsrecht, das Allgemeine und Besondere Verwaltungsrecht einschließlich des Verfahrensrechts und des Prozeßrechts,
b) auf das Steuerrecht einschließlich des Verfahrensrechts und des Prozeßrechts,

3. im Schwerpunktbereich Wirtschaft
auf das Handelsrecht, das Gesellschaftsrecht, die Grundzüge des Unternehmenssteuerrechts, das Wertpapierrecht, das Wettbewerbsrecht, das Urheberrecht und die Grundzüge des Kartellrechts,

4. im Schwerpunktbereich Arbeit und soziale Sicherung
a) auf das individuelle und kollektive Arbeitsrecht, das arbeitsgerichtliche Verfahren,
b) auf das Recht der sozialen Sicherung einschließlich der entsprechenden Verfahrensrechte und Prozeßrechte.

Im Ausbildungsplan (§ 23) bestimmt der Referendar zugleich, in welcher der in Satz 2 Nr. 1, 2 und 4 nach Buchstaben gegliederten Untergruppen er die Aufsichtsarbeiten anfertigen will. Die Entscheidung kann nach Beginn der Ausbildung in den Wahlstationen nicht mehr geändert werden.

(3) In den Aufsichtsarbeiten hat der Referendar überwiegend Entwürfe von Entscheidungen nach Akten und gutachtliche Äußerungen zu Rechtsfällen anzufertigen. Die Arbeitsgemeinschaftsleiter sollen dem Justizprüfungsamt Vorschläge für Aufsichtsarbeiten einreichen.

(4) § 7, § 8 Abs. 4 und 5, § 9 und § 10 Abs. 1 bis 3 gelten entsprechend. Im Falle des § 9 Abs. 5 Satz 2 gelten die Aufsichtsarbeiten

nach Absatz 1 und 2 als je eine Einheit. Der Referendar ist zum nächstmöglichen Termin zur Anfertigung der Aufsichtsarbeiten zu laden. Hinsichtlich der Aufsichtsarbeiten nach Absatz 2 kann das Justizprüfungsamt besondere Nachholtermine festsetzen, wenn eine hinreichende Anzahl von Referendaren zu diesem Termin geladen werden kann. Entsprechendes gilt für die Aufsichtsarbeiten nach Absatz 1, wenn der Referendar diese bis zum Ende der Ausbildung in der letzten Wahlstation noch nicht angefertigt hat.

(5) Sobald sämtliche Aufsichtsarbeiten nach Absatz 1 abschließend bewertet sind, teilt das Justizprüfungsamt dem Referendar die Bewertung mit. Für die Aufsichtsarbeiten nach Absatz 2 gilt § 10 Abs. 4 entsprechend.

1. Von den acht Aufsichtsarbeiten, die im schriftlichen Teil der zweiten Staatsprüfung anzufertigen sind (§ 12 Abs. 1 JAG), werden sechs vor dem Ende der Ausbildung bei der letzten Pflichtfachstation geschrieben (Abs. 1). Die Termine werden so angesetzt, daß die Klausuren in engem zeitlichen Zusammenhang stehen und mit der letzten „Pflichtfachklausur" in etwa auch die zweijährige Ausbildungsdauer bei den Pflichtstationen (§ 8 Abs. 2 JAG) endet. Der enge zeitliche Zusammenhang der sechs Aufsichtsarbeiten wird nur durch Pausentage unterbrochen, die im Regelfall nach je zwei Klausuren eingelegt werden.

Der Sinn der im wesentlichen durch Bundesrecht vorgezeichneten Regelung (§ 5d Abs. 2 DRiG) besteht darin, die zweite Staatsprüfung zu entzerren und dem Rechtsreferendar Gelegenheit zu geben, die auf die Pflichtstationen bezogenen schriftlichen Prüfungsleistungen in naher Anknüpfung an die Praxiserfahrung zu erbringen, wobei freilich der Normgeber nicht so weit gegangen ist, die auf die einzelnen Fachgebiete bezogenen Klausuren nochmals zu splitten und sie zeitlich unmittelbar in die jeweiligen Pflichtstationen (z. B. Zivilrecht und Strafrecht) zu integrieren. Ferner soll erreicht werden, daß sich der Referendar unbelastet der ohnehin mit sechs Monaten verhältnismäßig kurzen Wahlstation widmen kann.

2. Von den sechs auf die Pflichtstationen bezogenen Aufsichtsarbeiten erstrecken sich je zwei auf die Zivilrechtspflege, die Strafrechtspflege und die Verwaltung. Der Pflichtfachstoff des ersten Examens unter besonderer Berücksichtigung der praktischen Ausbildung wird dabei vorausgesetzt (§ 12 Abs. 2 JAG). Das heißt:

– Die **Zivilrechtsklausuren** beziehen sich auf die streitentscheidende Zivilrechtspflege unter Einbeziehung der Zwangsvollstreckung. Die Aufgabe besteht zumeist in der Anfertigung von richterlichen Entscheidungen mit Begründung (Urteile mit Tatbestand und Entscheidungsgründen, Beschlüsse), sofern es sich nicht um eine sogen. Anwaltsklausur (siehe unten) handelt.

— Die **Strafrechtsklausuren** erstrecken sich auf die Strafrechtspflege, wobei in der Regel aufgrund eines Aktenauszuges Entschließungen der Staatsanwaltschaft zu fertigen sind (Anklage, Einstellungsverfügung, Begleitverfügungen). Abweichungen auch hier im Fall der Anwaltsklausur.

— Die **Verwaltungsklausur** umfaßt das öffentliche Recht einschließlich des Verwaltungsverfahrensrechts und des Verwaltungsprozeßrechts. Anzufertigen sind — sofern es sich nicht um eine Anwaltsklausur handelt — zumeist Widerspruchsbescheide oder gerichtliche Entscheidungen (Urteile mit Tatbestand und Entscheidungsgründen, Beschlüsse).

Eine der sechs Klausuren soll dem Referendar Gelegenheit geben, Kenntnisse und Fähigkeiten für die anwaltliche Tätigkeit nachzuweisen (sogen. Anwaltsklausur). Betrifft sie das **Zivilrecht**, wird im allgemeinen auf der Grundlage eines Mandantengesprächs (Vermerk über das Anliegen eines Mandanten mit weiteren Unterlagen über Verträge, Kündigungen, Mahnungen etc.) erwartet, die Überlegungen eines Rechtsanwalts gegebenenfalls in Klagen, Anträge, Rechtsmittel, Schriftsätze und erläuternde Schreiben an den Mandanten praktisch umzusetzen. Betrifft sie das **Strafrecht**, muß aus der Sicht des Anwalts entweder auf der Grundlage eines zu fertigenden Gutachtens Strafanzeige/Strafantrag formuliert oder aufgrund eines Hauptverhandlungsprotokolls und erstinstanzlichen Urteils und gegebenenfalls sonstiger Unterlagen eine Rechtsmittelschrift entworfen werden (Revision), wobei der Schwierigkeitsgrad nicht sehr hoch anzusetzen ist, da eine graduelle Abstufung zum Schwerpunktbereich Justiz (Strafrecht unter besonderer Berücksichtigung des Strafprozeßrechts) erhalten bleiben muß. Für die Anwaltsklausur auf dem Gebiet der **Verwaltung** gilt im Grundsatz das gleiche wie für das Zivilrecht: Auf der Grundlage des mitgeteilten Sachverhalts sind sachgerechte Anträge (Widersprüche), Schriftsätze, Klagen, Rechtsmittel und Schreiben an den Mandanten zu entwerfen.

3. Die restlichen zwei Klausuren, die sich auf den Schwerpunktbereich beziehen (§ 12 Abs. 1 JAG), gehen nicht mehr auf Kosten der Ausbildungszeit; sie werden nach ihrem Ende, also nach zweieinhalb Jahren angefertigt. Innerhalb der Schwerpunktbereiche Justiz (Abs. 2 Nr. 1), Staat und Verwaltung (Abs. 2 Nr. 2) und Arbeit und soziale Sicherung

(Abs. 2 Nr. 4), die sehr verschiedenartige und breitgestreute Gebiete abdecken, hat der Referendar — jedenfalls im schriftlichen Teil der Prüfung — die Möglichkeit einer weiteren Schwerpunktsetzung und Spezialisierung. Die Wahl muß im Ausbildungsplan (§ 23), spätestens jedoch vor Beginn der Wahlstation endgültig getroffen werden. Die Klausuren, für die im übrigen das unter Anm. 2 Gesagte gilt, haben, soweit sie sich auf die Kerngebiete des Rechts (Zivilrecht, Strafrecht, öffentliches Recht) beziehen, einen gegenüber den Pflichtfachklausuren gehobenen Schwierigkeitsgrad. Es werden geschrieben:

Im **Schwerpunktbereich Justiz**
Untergruppe a: entweder zwei Klausuren aus der streitentscheidenden Zivilrechtspflege (richterliche Entscheidungen), möglicherweise mit Verzahnungen zur Freiwilligen Gerichtsbarkeit, oder je eine Klausur auf den Gebieten der streitentscheidenden Zivilrechtspflege und der Freiwilligen Gerichtsbarkeit (Beschwerdeentscheidungen),
Untergruppe b: zwei Klausuren auf dem Gebiet der Strafrechtspflege mit stark strafprozessualem Einschlag (Anklagen mit strafprozessualen Zusatzproblemen oder Revisionsentscheidungen).

Im **Schwerpunktbereich Staat und Verwaltung**
Untergruppe a: zwei Klausuren auf den Gebieten des öffentlichen Rechts, die sich durch einen erhöhten Schwierigkeitsgrad von den Klausuren auf dem Gebiet der Verwaltung (Anm. 2) unterscheiden und sich vorzugsweise auf das Besondere Verwaltungsrecht beziehen (ferner mag es gelegentlich Aufgaben geben, die Rechtsetzungstechnik und organisationsrechtliche Fragen zum Gegenstand haben).
Untergruppe b: zwei Steuerrechtsklausuren (meist Urteilsentwürfe), vorzugsweise auf den Gebieten des Umsatzsteuer- und Einkommensteuerrechts.

Im **Schwerpunktbereich Wirtschaft**
ohne Untergruppenwahl zwei Klausuren (richterliche Entscheidungen) auf den Gebieten, die in Abs. 2 Nr. 3 ausdrücklich benannt sind, wobei hier die Grundzüge des Unternehmenssteuerrechts allenfalls eine marginale Bedeutung haben und eher der mündlichen Prüfung vorbehalten bleiben.

Im **Schwerpunktbereich Arbeit und soziale Sicherung**
Untergruppe a: zwei Arbeitsrechtsklausuren in Form von Urteilsentwürfen, wobei mindestens eine ihren Ansatz im Individualarbeitsrecht hat.
Untergruppe b: zwei Aufsichtsarbeiten (meist gerichtliche Entscheidungen), die sich vorzugsweise auf die Rentenversicherung, Unfallversicherung, Krankenversicherung, das Recht der Arbeitsförderung, und

das Sozialhilferecht erstrecken. Soweit Abs. 2 Nr. 4b von „entsprechenden Verfahrensrechten“ spricht, dürfte es sich um einen Redaktionsfehler handeln, da auf das Verwaltungsverfahren einheitlich das SGB X, nicht aber auch das Verwaltungsverfahrensgesetz anwendbar ist.

4. Die Klausuren werden entsprechend den Einstellungsterminen für Referendare (1. Februar, 1. Mai, 1. August, 1. November) vierteljährlich geschrieben, weil zwangsläufig in 3 Monatsabständen die Voraussetzungen für die in Abs. 1 genannten Aufsichtsarbeiten erfüllt werden oder die Ausbildung beendet wird (Abs. 2) und dann die zwei restlichen Klausuren anzufertigen sind. Die vierteljährlichen Klausurenkampagnen beziehen sich also sowohl auf die Pflichtfach- als auch auf die Schwerpunktbereichsklausuren, wenngleich sie auch unterschiedliche „Einstellungsgruppen“ betreffen. Wenn beispielsweise bei einem Einstellungstermin am 1. November die auf die Pflichtstation bezogenen 6 Aufsichtsarbeiten gegen Ende Oktober des übernächsten Jahres geschrieben werden müssen, sind zu Beginn des sich dann anschließenden Monats November diejenigen Referendare zur Anfertigung der beiden Schlußklausuren (Schwerpunktbereichsklausuren) zu laden, die ihre Ausbildung vor zweieinhalb Jahren am 1. Mai begonnen hatten. Dieser Verbund ermöglicht es, alle 8 Klausuren zusammenhängend anzufertigen, wie dies bei entschuldigter Versäumung vorangegangener Termine oder in der Wiederholungsprüfung (§ 40 Abs. 1 S. 3) notwendig wird.

5. Die Teilnahme an den Klausurenterminen ist ein Dienstgeschäft und daher Pflicht der Referendare. Die Bewilligung von Erholungsurlaub durch den PräsKG ist ausgeschlossen, da wichtige dienstliche Gründe entgegenstehen (§ 1 Abs. 3 und § 10 Abs. 1 ErholungsurlaubsVO). Es ist daher auch nicht dem Belieben des Referendars überlassen, ob er sich den Leistungskontrollen gemäß Absatz 1 unterziehen oder diese erst zu einem nachfolgenden Termin oder am Ende der Ausbildung schreiben will. Das unentschuldigte Fernbleiben von Klausurenterminen oder eine in anderer Weise ersichtliche Leistungsverweigerung ist eine Dienstpflichtverletzung, die von der Ausbildungsbehörde unabhängig von den prüfungsrechtlichen Folgen zu ahnden ist.

6. Im Falle entschuldigter Säumnis (Abs. 4 S. 2) ist der Referendar zum nächstmöglichen Termin zu laden; Nachholtermine außerhalb des üblichen Vierteljahresrythmus sind zulässig. Die Wiederholung beschränkt sich nicht auf die versäumte Klausur, sondern erstreckt sich auf den gesamten Block der Klausuren nach Abs. 1 oder Abs. 2, die *jeweils* als Einheit gelten. Erkrankt der Referendar bei den Klausuren nach Abs. 1 während der letzten Klausur, muß er auch die ersten 5 Aufsichtsarbeiten, die er geschrieben und abgegeben hat, wiederholen. Im übrigen gelten die Vorschriften der ersten Staatsprüfung über Erleichterungen für Behinderte (§ 7), die Hilfsmittel (§ 8 Abs. 4), die Aufsichts- und Ordnungsverstöße, insbesondere Täuschungsversuche (§§ 9, 19) und die Bewertung (§ 10 Abs. 1–3) entsprechend, vgl. die dortigen Anm. Die zugelassenen Hilfsmittel für die Aufsichtsarbeiten ergeben sich aus der unter Nr. 21 abgedruckten Bekanntmachung des PräsJPA.

7. Die Aufgabe stellt nach Abs. 4 S. 1 das JPA (§ 7 Abs. 1), wobei die Vorschläge von den vom PräsKG bestellten Arbeitsgemeinschaftsleitern (§ 33 Abs. 3) eingereicht werden sollen (Abs. 3). Bei der Auswahl der Aufgaben steht dem Amt ein Beurteilungsspielraum zu, der der gerichtlichen Nachprüfung weitgehend entzogen ist (BVerwG, DÖV 1979, 752), da pädagogisch-wissenschaftliche Gesichtspunkte im Vordergrund stehen. Wegen der Zulässigkeit der Ausgabe von Aktenstücken, die einen zurückliegenden Sachverhalt betreffen und auf die nicht mehr geltende Rechtsvorschriften anzuwenden sind, vgl. BVerwG, NJW 1979, 330. Jedenfalls braucht der Prüfungsstoff nicht danach ausgewählt werden, was der Referendar während der Ausbildung gelernt hat (VG Münster, Urt. v. 21. 3. 1975 — 1 K 214/74). Die Auswahl muß sich lediglich im Rahmen der gesetzlich vorgesehenen Stoffgebiete halten. Würde die Prüfung sich ausschließlich nach dem tatsächlichen Ausbildungsstand richten, wäre ein staatliches Prüfungsamt, das einen gleichmäßigen Leistungsstandard gewährleisten soll, überflüssig. Mängel in der Qualität der Ausbildung dürfen im Prüfungsverfahren gerade nicht berücksichtigt werden. Die Ausbildung hat sich an den Prüfungsanforderungen auszurichten, nicht umgekehrt.

8. Die Notenmitteilungen an den Referendar für die 6 während der Ausbildung nach Abs. 1 anzufertigenden Aufsichtsarbeiten veranlaßt das JPA sobald als möglich nach Abschluß der Bewertungen zusammenhängend. Die Ergebnisse der beiden Schlußklausuren nach Abs. 1 erfährt der Referendar spätestens 1 Woche vor der mündlichen Prüfung (Abs. 5 S. 2 in Verbindung mit § 10 Abs. 4).

§ 37

Ausschluß von der mündlichen Prüfung

Steht bereits nach der Bewertung der sechs Aufsichtsarbeiten nach § 36 Abs. 1 fest, daß der Referendar die Prüfung nicht bestan-

den hat (§ 12 Abs. 4 JAG), erteilt ihm das Justizprüfungsamt umgehend einen Bescheid über das Ergebnis der Prüfung. Unbeschadet dessen setzt der Referendar die Ausbildung bei der Wahlstation fort; hieran schließt sich eine etwaige Ergänzungsausbildung (§ 40 Abs. 1) an.

Da nach § 12 Abs. 4 JAG mindestens drei der insgesamt acht Aufsichtsarbeiten (§ 12 Abs. 1 S. 1 JAG) mit „Ausreichend" oder besser beurteilt sein müssen, um die Zugangsberechtigung zur mündlichen Prüfung zu erlangen, kann bereits nach Korrektur der während der Ausbildung anzufertigenden sechs Pflichtfachklausuren gem. § 36 Abs. 1 feststehen, daß der Referendar die Prüfung nicht bestanden hat. Dies ist immer dann der Fall, wenn sämtliche sechs Arbeiten mißlungen sind, also durch die Schlußklausuren gem. § 36 Abs. 2 nicht mehr die Voraussetzung des § 12 Abs. 4 JAG erfüllt werden kann. Dem Referendar ist umgehend über das Ergebnis der Prüfung ein Bescheid zu erteilen, so daß das Prüfungsverfahren (1. Versuch) bereits während der Ausbildung beendet ist. Er setzt seine reguläre Ausbildung in den Wahlstationen entsprechend dem Ausbildungsplan unbeschadet des negativen Prüfungserfolgs fort. Hat der Prüfungsausschuß eine Ergänzungsausbildung angeordnet (§ 40 Abs. 1), die sich in der Regel erneut auf die Pflichtstationen beziehen wird, so schließt sich diese unmittelbar an die Beendigung der Ausbildung in der letzten Wahlstation (§§ 8 Abs. 2 JAG; 22 JAO) an. Danach wird die Wiederholungsprüfung abgelegt, vgl. hierzu § 40 Abs. 1 S. 3.

§ 38

Vortrag und Prüfungsgespräch

(1) Das Aktenstück für den Vortrag wird dem Referendar am Morgen des Tages der mündlichen Prüfung für eine Vorbereitungszeit von etwa einer Stunde übergeben; § 8 Abs. 4 erster Halbsatz gilt entsprechend. Der Referendar trägt dem Prüfungsausschuß den wesentlichen Inhalt der Akte vor und äußert sich zu den Rechtsfragen.

(2) Im Anschluß an den Vortrag findet das Prüfungsgespräch statt, das sich in vier Prüfungsabschnitten auf die in § 12 Abs. 2 Satz 1 Nr. 3 JAG genannten Rechtsgebiete bezieht. Eine Wahl von Untergruppen im Schwerpunktbereich findet nicht statt.

(3) § 14 Abs. 1 und 3 bis 5 sowie § 15 gelten mit der Maßgabe entsprechend, daß die Prüfung nur dann nicht bestanden ist, wenn die aus sämtlichen Prüfungsleistungen errechnete Gesamtnote den Wert von 3,99 nicht überschreitet.

1. Die mündliche Prüfung (§ 12 Abs. 1 S. 2 JAG) beginnt mit einem Aktenvortrag, für den eine Stunde Vorbereitungszeit im JPA unter Auslage der erforderlichen Hilfsmittel zur Verfügung steht. Diese Art des Aktenvortrags beruht auf der Reform von 1972. Durch seinen Vortrag soll der Referendar die Fähigkeit unter Beweis stellen, einen Sachverhalt in freier Rede vorzutragen und sich zu den Rechtsfragen zu äußern. Wegen der kurzen Vorbereitungszeit werden nur leichte Aktenfälle geringen Umfangs ausgegeben. Der Vortrag neuer Art (vor 1972 betrug die Vorbereitungszeit 3 Tage) hat den Vorteil, daß ein besserer Vergleichsmaßstab gefunden werden kann, weil in der Regel an die fünf Referendare eines Prüfungstermins dasselbe Aktenstück ausgegeben wird. Hinzukommt, daß die ad-hoc-Vorbereitung den Anforderungen des Berufslebens näher kommt und daher praxisgerechter erscheint. Das Rechtsgebiet, aus dem der Vortrag entnommen wird, ist nicht vorgeschrieben. In Betracht kommen sowohl die Pflichtfächer Zivilrechtspflege, Strafrechtspflege einschließlich der Grundzüge des Strafvollzugsrechts und Verwaltung einschließlich des Verwaltungsprozesses als auch die auf den gewählten Schwerpunktbereich bezogenen Rechtsgebiete (§ 12 Abs. 1 S. 2, Abs. 2 Nr. 3 JAG).

Da im nachfolgenden Prüfungsgespräch – anders als bei den auf den Schwerpunktbereich bezogenen Aufsichtsarbeiten (§ 36 Abs. 2 S. 3) – eine Untergruppenwahl nicht stattfindet, bietet sich an, bei den Schwerpunktbereichen Justiz, Staat und Verwaltung sowie Arbeit und soziale Sicherung den Aktenvortrag aus derjenigen Untergruppe zu entnehmen, die bei den Aufsichtsarbeiten abgewählt worden ist. Dies würde es ermöglichen, im Prüfungsgespräch wiederum den Schwerpunkt auf die andere Untergruppe zu legen, zumal die Prüfungsdauer ohnehin nicht immer ausreichen dürfte, beide Untergruppen voll abzudecken. Wenn umgekehrt der Aktenvortrag demselben Rechtsgebiet entnommen wird, das bereits bei den Schwerpunktbereichsklausuren repräsentiert war, wird das Schwergewicht des Prüfungsgesprächs sinnvollerweise auf die bis dahin nicht berücksichtigte Untergruppe gelegt werden. Ansprüche erwachsen hieraus freilich nicht, da das JPA in der Auswahl der Vorträge ebenso wie der Prüfer bei der Gestaltung der Prüfung im Rahmen des überhaupt zulässigen Prüfungsstoffs frei ist.

Für den Aktenvortrag ist unbedingt folgendes zu beachten:

– Freie Rede anhand kurzer Stichpunkte. Ablesen eines ausformulierten Manuskripts verfehlt den Zweck dieser Prüfungsleistung und führt zu Punktabzügen.

– Die Dauer des Vortrags darf 10 Minuten nicht überschreiten. Die Aktenstücke sind so ausgewählt, daß diese Zeit ausnahmslos ausreicht und eher großzügig bemessen ist.

– Aufbau des Vortrags:
Kurze Einführung (z. B. Vorstellung der Parteien und des Gegenstandes),
Sachverhaltensschilderung unter Hervorhebung etwaiger Anträge,
Entscheidungsvorschlag,
Rechtliche Begründung
Tenorierungsvorschlag.

2. Das sich anschließende Prüfungsgespräch erstreckt sich auf vier Abschnitte, und zwar

a) die **Zivilrechtspflege**, und zwar die streitentscheidende Zivilrechtspflege (BGB, ZPO, EGBGB, Nebengesetze wie AGB-Gesetz, AbzG sowie alles, was in typischem Zusammenhang steht, §§ 12 Abs. 2 S. 2; 3 Abs. 5 JAG),

b) die **Strafrechtspflege** einschließlich der Grundzüge des Strafvollzugsrechts (StGB, StPO, StrafvollzG, strafrechtl. Nebengesetze, im übrigen vgl. §§ 12 Abs. 2 S. 3; 3 Abs. 5 JAG),

c) die **Verwaltung** (Allgemeines Verwaltungsrecht, eingebettet in Fälle aus dem Besonderen Verwaltungsrecht, GG, VvB, VerVfG, VwGO, VwVG, VwZG, AzG, ASOG, im übrigen vgl. §§ 12 Abs. 2 S. 2; 3 Abs. 5 JAG) und

d) den **gewählten Schwerpunktbereich** nach § 36 Abs. 2 ohne Untergruppenwahl. Vgl. dazu Anm. 1.

Die Prüfung dauert je Prüfling etwa 1 Stunde und wird durch angemessene Pausen unterbrochen, Abs. 3 in Verbindung mit § 14 Abs. 1. Da 10 Minuten auf den Vortrag entfallen und weitere 10 Minuten auf Pausen angerechnet werden, verbleiben für das Prüfungsgespräch etwa 40 Minuten je Prüfling. Bei (maximal) fünf Referendaren je Prüfungsgruppe bedeutet dies für den Prüfungsablauf:

1. Abschnitt – 50 Min. Zivilrechtspflege
2. Abschnitt – 50 Min. Strafrechtspflege
3. Abschnitt – 50 Min. Verwaltung
4. Abschnitt – 50 Min. Schwerpunktbereich

Zwischen den einzelnen Prüfungsabschnitten werden etwa 10minütige Beratungspausen eingelegt; eine der Pausen wird im allgemeinen zur Mittagspause (etwa 1 Stunde) ausgedehnt.

3. Das Prüfungsergebnis wird wie folgt ermittelt: Die Summe der in den Aufsichtsarbeiten erzielten Punkte wird durch die Zahl 8 dividiert und der auf diese Weise ermittelte Durchschnittswert mit 6 multipliziert, weil der schriftliche Prüfungsteil mit 60 v. H. zu gewichten ist (Abs. 3 in Verbindung mit § 15 Abs. 1). Entsprechend wird mit den mündlichen Prüfungsleistungen verfahren: Die im Vortrag und in den vier Abschnitten des Prüfungsgesprächs erzielten Punkte werden addiert, alsdann durch 5 dividiert. Der so ermittelte Durchschnittswert für die mündliche Prüfung wird mit 4 multipliziert, weil dieser Prüfungsteil nur ein Gewicht von 40 v. H. ausmacht. Schließlich werden beide Produkte addiert und durch die Zahl 10 geteilt. Ergibt die so ermittelte Gesamtnote einen Punktwert von mindestens 4,00, so ist die Prüfung bestanden und der Prüfungsausschuß hat zu erwägen, ob er von der Abweichungsmöglichkeit des § 5d Abs. 3 DRiG Gebrauch will (vgl. hierzu Anm. zu § 15). Verzichtet er darauf, ist die Gesamtnote zugleich die Endnote, ansonsten ist Endnote die durch Zuschlag erhöhte Gesamtnote. Sie wird auf zwei Dezimalstellen genau ohne Auf- oder Abrundung ermittelt. Die Zuordnung des Punktwerts zur Gesamtnote richtet sich nach § 2 der VO über eine Noten- und Punkteskala (abgedruckt unter Nr. 4).

Beispiel:

I. **Aufsichtsarbeiten**			
1. Zivilrechtspflege		7 Punkte	
2. Zivilrechtspflege		8 Punkte	
3. Strafrechtspflege		5 Punkte	
4. Strafrechtspflege		11 Punkte	
5. Verwaltung		9 Punkte	
6. Verwaltung		12 Punkte	
7. Schwerpunktbereich		7 Punkte	
8. Schwerpunktbereich		6 Punkte	
	Summe	65 : 8 =	8,12
II. **Mündliche Prüfung**			
1. Vortrag		11 Punkte	
2. Prüfungsgespräch			
a) Zivilrechtspflege		10 Punkte	
b) Strafrechtspflege		10 Punkte	
c) Verwaltung		9 Punkte	
d) Schwerpunktbereich		12 Punkte	
	Summe	52 : 5 =	10,40

III.	**Gesamtnote**		
	1. (Durchschnitt von I. × 6) 8,12 × 6	=	48,72
	2. (Durchschnitt von II. × 4) 10,40 × 4	=	41,60
			90,32
	geteilt durch 10	=	9,03
IV.	**Fakultative Abweichung** gem. § 5 d Abs. 3 DRiG, falls 4,00 oder besser:		0,30
V.	Ergebnis der Prüfung: vollbefriedigend		9,33

4. Die Abweichung vom rechnerisch ermittelten Prüfungsergebnis (§ 5 d Abs. 3 DRiG) wird sich, wenn sie der Prüfungsausschuß für gerechtfertigt hält, zugunsten des Referendars auswirken. Bundesrechtlich zulässige Abschläge vom „erdienten" Prüfungsergebnis wären schwerlich nachvollziehbar und dürften praktisch nicht vorkommen. Wegen der Einzelheiten der Gründe, die zur Anhebung führen können vgl. Anm. 2 zu § 15. Als Besonderheit bei Referendaren kommt hinzu, daß Leistungen im Vorbereitungsdienst, wenn sie in besonderen Maße aus dem (tatsächlichen) Durchschnitt herausragen, den Gesamteindruck vom Leistungsbild des Prüflings mitprägen und einen Zuschlag rechtfertigen können. Dies ist nicht schon dann der Fall, wenn der Referendar vom PräsKG mit einer im unteren oder mittleren Bereich des „Vollbefriedigend" angesiedelten Note zur Prüfung vorgestellt worden ist (§ 34 Abs. 2). Denn eine derartige Note wird von den meisten Prüflingen vorgewiesen und hebt sich daher aus dem Durchschnitt nicht sonderlich heraus.

§ 39

Beteiligung der Personalvertretung

(1) Ein Mitglied des Personalrats der Referendare im Bezirk des Kammergerichts hat das Recht, die Aufsichtsarbeiten mit den Randbemerkungen und schriftlichen Bewertungen der Prüfer binnen zwei Wochen nach Abschluß der Bewertung einzusehen. Dabei ist die Anonymität der Prüflinge zu wahren.

(2) Einem Mitglied des Personalrats der Referendare ist während der mündlichen Prüfung die Anwesenheit zu gestatten und, soweit

ein Prüfling nicht widerspricht, Gelegenheit zu geben, sich nach Beendigung der mündlichen Prüfung vor der Schlußberatung zu dem Prüfungsverfahren zu äußern; einer fachlichen Bewertung hat er sich zu enthalten. Die Äußerung erfolgt in Abwesenheit der Prüflinge und der sonst anwesenden Personen vor dem Prüfungsausschuß.

1. Die Gesamtheit der Referendare im Bezirk des Kammergerichts bildet eine Dienststelle i. S. des Personalvertretungsgesetzes, § 5 Abs. 2 Nr. 4 BlnPersVG. Es ist daher *ein* Personalrat zu wählen. Dienststellenleiter i. S. des Personalvertretungsrechts ist der PräsKG. Monatsgespräche haben mit diesem, nicht mit dem PräsJPA stattzufinden. Das JPA hat Beteiligungsrechte nur zu gewähren, soweit sie in § 34 geregelt sind. Wegen Verlängerung der Ausbildung eines Vorsitzenden des Personalrats vgl. § 28 Abs. 2.

2. Die Kenntnisse, die der Personalrat bei seinen Beteiligungsrechten erlangt, unterliegen der Verschwiegenheitspflicht, § 11 BlnPersVG. Hierzu gehören insbesondere die einzelnen Noten, von denen der Personalrat bei der Klausureneinsicht Kenntnis erhält.

3. Das Recht zur Einsicht in die Aufsichtsarbeiten mit Randbemerkungen und Bewertungen erstreckt sich nicht zugleich auf die Übersichten gem. §§ 10 Abs. 3, 36 Abs. 4. Diese dürfen aber dem Personalrat zugänglich gemacht werden.

In der mündlichen Prüfung findet die Anhörung des Personalratsmitglieds *zum Verfahren* vor Beginn der Schlußberatung statt. Einer fachlichen Beurteilung hat er sich zu enthalten. Seine Anwesenheit bei der Beratung ist ausgeschlossen.

§ 40

Wiederholung der Prüfung, Rücktritt

(1) Hat der Referendar die Prüfung wegen mangelhafter Leistungen zum ersten Mal nicht bestanden, so bestimmt der Prüfungsausschuß, im Falle des § 12 Abs. 4 JAG das Justizprüfungsamt, ob, wie lange und in welchen Stationen eine Ergänzungsausbildung abzuleisten ist; sie dauert sechs, in Ausnahmefällen neun Monate. Die Ausbildungsnote ist in entsprechender Anwendung des § 34 unter Einbeziehung der während der Ergänzungsausbil-

dung erteilten Zeugnisse neu zu erteilen. In der Wiederholungsprüfung unterzieht sich der Referendar dem schriftlichen Teil der Prüfung zusammenhängend, indem er zunächst die auf die Pflichtstationen bezogenen Aufsichtsarbeiten gemäß § 36 Abs. 1 und unmittelbar danach die auf den Schwerpunktbereich bezogenen Aufsichtsarbeiten gemäß § 36 Abs. 2 anfertigt. Die Anfertigung der Aufsichtsarbeiten kann schon während des letzten Monats der Ergänzungsausbildung verlangt werden.

(2) Auf Antrag sind dem Referendar, der die Prüfung wegen mangelhafter Leistungen nicht bestanden hat, die in § 36 Abs. 1 genannten Aufsichtsarbeiten anzurechnen, wenn mehr als drei davon mindestens mit „ausreichend" bewertet worden sind; entsprechendes gilt für die Aufsichtsarbeiten nach § 36 Abs. 2 Satz 1, wenn wenigstens eine davon mit „ausreichend" bewertet worden ist. Ist die Prüfung aus anderen Gründen als wegen mangelhafter Leistungen für nicht bestanden erklärt worden, so ist sie vollständig zu wiederholen.

(3) § 18 Abs. 2 gilt mit der Maßgabe entsprechend, daß der Antrag auf Genehmigung des Rücktritts mit einem Antrag auf Entlassung aus dem Vorbereitungsdienst verbunden sein muß.

1. Es sind bei Prüfungsmißerfolg folgende Fälle zu unterscheiden:

a) Es ist ein Prüfungsausschuß gebildet und der Referendar hat wegen mangelhafter Leistungen zum ersten Mal die Prüfung nicht bestanden: Das Beamten- oder Praktikantenverhältnis dauert fort (Höchstdauer siehe § 9 Abs. 2 JAG) und der Prüfungsausschuß bestimmt, ob und gegebenenfalls wie lange und in welchen Stationen eine Ergänzungsausbildung abzuleisten ist. Wenn eine Ergänzungsausbildung ausnahmsweise nicht erforderlich ist, die Leistungsdefizite auszugleichen, kann die Prüfung zum nächstmöglichen Zeitpunkt wiederholt werden, andernfalls nach 6 Monaten (Regelfall) oder im Ausnahmefall nach 9 Monaten (meist seltene Fälle: z. B. ältere Referendare, deren juristisches Diplom einer Universität der DDR als der ersten juristischen Staatsprüfung gleichwertig anerkannt worden ist) Ergänzungsvorbereitungsdienst. Die Bestimmung der Stationen, die früher dem PräsKG oblag, wird davon abhängen, auf welchen Rechtsgebieten (Pflichtstationen oder Schwerpunktbereichsstationen) in besonderem Maße ein Nachholbedarf zutage getreten ist. Die Auflage sollte sich auf allgemeine Angaben (z. B. ordentliches Gericht in Zivilsachen) beschränken, weil der Ausschuß nicht übersehen kann, wo im einzelnen Ausbildungsplätze bereitgestellt werden können.

b) Es ist kein Prüfungsausschuß gebildet und der Referendar hat wegen mangelhafter Leistungen in der schriftlichen Prüfung die Zulassung zur mündlichen Prüfung verfehlt (§ 12 Abs. 4 JAG): Es gilt das gleiche wie zu lit. a); allerdings trifft die Entscheidung nicht ein besonders zu bildender Ausschuß, sondern das JPA als Verwaltungsbehörde durch seinen Präsidenten (§ 21 JAG).

c) Besteht der Referendar die Prüfung deshalb nicht, weil er den Termin zur Abnahme der mündlichen Prüfung unentschuldigt versäumt (§§ 38 Abs. 3, § 14 Abs. 4) oder weil er zu täuschen versucht hat (§§ 19, 41), dauert das Beamten- und Praktikantenverhältnis wie in den Fällen des lit. a) und b) fort; eine Auflage wird aber nicht erteilt. Sie ist auch nicht notwendig, weil kein Leistungsversagen zutage getreten ist, das es rechtfertigen könnte, das Land mit weiteren Anwärterbezügen zu belasten (Beachte: andere Regelung gilt für das 1. Examen, wo auch bei Säumnis Auflagen erteilt werden, § 16 Abs. 1 S. 1). Der Referendar ist nach Zustellung des Bescheides über das Nichtbestehen zum nächstmöglichen Zeitpunkt zur Ablegung der Wiederholungsprüfung zu laden. Eine Anrechnung von Prüfungsleistungen findet nicht statt. Bei Säumnis in der mündlichen Prüfung sind auch sämtliche schriftlichen Leistungen hinfällig; alle acht Klausuren müssen erneut angefertigt werden (Abs. 2 S. 2).

d) Beim Mißerfolg in der Wiederholungsprüfung entfallen Auflagen ebenfalls, weil der Referendar aus dem Vorbereitungsdienst kraft Gesetzes mit dem Tage der mündlichen Prüfung oder, falls eine mündliche Prüfung nicht stattfindet (z. B. § 12 Abs. 4 JAG), mit dem Tag der Zustellung der Entscheidung aus dem Beamten- oder Praktikantenverhältnis entlassen ist (§ 13 Abs. 2 S. 2 JAG).

2. In der Wiederholungsprüfung ist eine Entzerrung der schriftlichen Prüfungsleistungen (§§ 36 Abs. 1 und 2) nicht möglich; alle acht Aufsichtsarbeiten sind zusammenhängend zu schreiben soweit keine Anrechnung stattfindet (Anm. 3). Da die „Wiederholer“ in die Vierteljahreskampagnen integriert werden müssen, Beginn und Ende des Ergänzungsvorbereitungsdienstes damit aber nicht korrespondieren, ist vorgesehen, daß die Anfertigung der Aufsichtsarbeiten schon während des letzten Monats der Ergänzungsausbildung verlangt werden kann.

Beispiel: Ist der Referendar beim ersten Prüfungsversuch Mitte Februar durchgefallen und endet der sechsmonatige Ergänzungsvorbereitungsdienst Mitte August, so kann er zu der Klausurenkampagne geladen werden, die gegen Ende Juli mit den sechs Pflichtfachklausuren (§ 36

Abs. 1) beginnt und Anfang August mit den Schwerpunktbereichsklausuren § 36 Abs. 2) abschließt. Andernfalls wäre ein sechsmonatiger Ergänzungsvorbereitungsdienst nicht realisierbar, weil zumeist Wartezeiten von einem weiteren Vierteljahr einkalkuliert werden müßten.

3. Bei Mißerfolg wegen mangelhafter Leistungen (aber auch nur dort) sind schriftliche Prüfungsleistungen aus dem 1. Versuch anrechenbar, wenn

a) ein entsprechender Antrag gestellt wird (was durchaus nicht selbstverständlich ist, weil auch darauf vertraut werden kann, daß die Klausuren in der Wiederholung insgesamt besser ausfallen werden) und

b) im Block der sechs Pflichtfachklausuren (§ 36 Abs. 1) mehr als drei Aufsichtsarbeiten und im Block der zwei Schwerpunktbereichsklausuren (§ 36 Abs. 2) mindestens eine Aufsichtsarbeit gelungen sind.

Eine Regelung, wie sie § 35 Abs. 2 JAO 1972 für die sogen. Abschichtungsklausuren vorsah, nämlich daß die Wahl für jede Klausur einzeln getroffen werden kann, gibt es nicht. Die Wahl bezieht sich nur auf die zu lit. b) genannten Blöcke.

Beispiel: Hat der Referendar von den sechs Klausuren nach § 36 Abs. 1 nur zwei mit je 4 Punkten geschrieben und von den zwei Klausuren nach § 36 Abs. 2 eine mit 3 Punkten und die andere mit 11 Punkten, kann er sich den zweiten Block (3 und 11 Punkte) anrechnen lassen, so daß er nur die sechs Pflichtfachklausuren wiederholen muß.

4. Der Rücktritt von der Prüfung (Abs. 3) setzt einen wichtigen Grund voraus, der den Referendar hindert, die Prüfung in absehbarer Zeit zu beenden (vgl. § 18 Abs. 2). Ferner muß der Antrag auf Rücktritt mit dem Antrag auf Entlassung aus dem Vorbereitungsdienst (Beamten- oder Praktikantenverhältnis) verbunden werden. Der erstere Antrag ist an den PräsJPA, der letztere an den PräsKG zu richten. Nach genehmigtem Rücktritt kann die Prüfung außerhalb des Beamtenverhältnisses abgelegt werden. Die erneute Zulassung zur Prüfung kann aber nur innerhalb von zehn Jahren nach Genehmigung des Rücktritts begehrt werden (§ 18 Abs. 2 S. 4). Erbrachte Prüfungsleistungen werden durch den Rücktritt hinfällig; Rechte, die sich aus Abs. 2 ergeben (Anrechnung von Prüfungsleistungen aus einem früheren Prüfungsversuch) bleiben allerdings erhalten.

§ 41

Entsprechende Geltung

Soweit sich nicht aus den §§ 10 bis 13 JAG oder den Vorschriften dieses Abschnittes etwas anderes ergibt, finden die §§ 13, 16 Abs. 5,

§§ 17, 18 Abs. 1 und § 19 auf die zweite juristische Staatsprüfung entsprechende Anwendung. § 16 Abs. 5 gilt auch bei der nochmaligen Wiederholung der großen Staatsprüfung (§ 13 Abs. 3 JAG) entsprechend, sofern dem Referendar von der zuständigen Stelle des Bundeslandes, in dem er die Wiederholungsprüfung nicht bestanden hat, die nochmalige Wiederholung der zweiten juristischen Staatsprüfung genehmigt worden ist.

1. Entsprechend anwendbar für das zweite Examen sind die Vorschriften über das Vorgespräch mit den Prüflingen und die Vorberatung des Ausschusses vor Beginn der mündlichen Prüfung. Eine Besonderheit im zweiten Examen: die Vorberatung erstreckt sich nur auf die persönlichen Verhältnisse und den Leistungsstand unter Berücksichtigung der Klausurenübersicht. Schriftliche Arbeiten sind nicht mehr zu bewerten.

2. Auch zur Wiederholung des zweiten Examens kann das Prüfungsamt gewechselt werden, wenn *dringende* Gründe vorliegen. Allerdings wird der Wechsel dadurch erschwert, daß wiederholungswillige Referendare aus anderen Bundesländern wegen § 36 Abs. 2 i. V. mit § 8 Abs. 3 JAG entscheiden müssen, welchen Schwerpunktbereich sie wählen; weder hinsichtlich des Vorbereitungsdienstes noch in bezug auf die Prüfungsleistungen gibt es in den Ländern Kongruenz. Zum Teil werden Hausarbeiten geschrieben und zum Teil sind die Klausuren anders strukturiert, vor allem aber die Schwerpunktbereiche unterschiedlich geschnitten. Wegen der dringenden Gründe vgl. Anm. 5 zu § 16. Auflagen des anderen Prüfungsamts bleiben bestehen. Der Wechsel des Prüfungsamtes ist auch bei einer bereits ausnahmsweise gestatteten zweiten Wiederholung (§ 13 Abs. 3 JAG) der Prüfung möglich (Satz 2 in Verbindung mit § 16 Abs. 5). Die Gestattung kann aber ausschließlich von der zuständigen Stelle des „abgebenden Bundeslandes" (zumeist Minister der Justiz) ausgesprochen werden. Hat der Referendar beispielsweise in Bayern die Wiederholungsprüfung nicht bestanden, kann er nicht den Wohnsitz nach Berlin verlegen, um hier eine Entscheidung nach § 13 Abs. 3 JAG zu erbitten. Zuständig bleibt der Bayer. Staatsminister der Justiz. Erst wenn dieser positiv entscheidet, kommt eine Übernahme in Betracht.

3. Entsprechend anwendbar aus dem ersten Examen sind ferner die Vorschriften über die Beurkundung des Prüfungshergangs (vgl. Anm. zu § 17), die Entschuldigung versäumter Prüfungsleistungen (vgl. Anm. zu § 18) und die Rechtsfolgen ordnungswidrigen Verhaltens, insbesondere eines Täuschungsversuchs (vgl. Anm. zu § 19).

Vierter Abschnitt

Die Übergangs- und Schlußvorschriften

§ 42

(1) Für Prüfungen von Kandidaten, die ihr Studium vor dem 1. April 1985 aufgenommen haben, gelten unbeschadet des Absatzes 2 die bisherigen Vorschriften mit der Maßgabe, daß § 9 Abs. 5 Satz 2, § 11 Abs. 1, 2 und 8 Satz 2, § 12, § 13 Abs. 3, § 14 Abs. 1 bis 3, § 15, § 16 Abs. 1 und 2, § 18 Abs. 2 und § 19 Abs. 2 dieser Verordnung entsprechende Anwendung finden. § 15 Abs. 1 Satz 5 zweite Alternative gilt für Kandidaten, die bei Inkrafttreten dieser Verordnung bereits zur ersten juristischen Staatsprüfung zugelassen sind, mit der Maßgabe, daß eine in einem Pflichtfach angefertigte Hausarbeit mit doppeltem Gewicht in die Berechnung einzubeziehen ist; bei Wiederholungsprüfungen ist der Zeitpunkt der erneuten Zulassung maßgebend. Im Fall des § 18 Abs. 2 Satz 4 beginnt die Frist nicht vor dem Inkrafttreten dieser Verordnung.

(2) §§ 5 und 6 gelten für Prüfungen von Kandidaten, die nach dem 30. September 1986 zur ersten juristischen Staatsprüfung oder nach dem 30. September 1988 zur Wiederholung der ersten juristischen Staatsprüfung zugelassen werden.

§ 43

Für Referendare, die vor dem 1. Mai 1985 in den juristischen Vorbereitungsdienst eingetreten sind, gelten die bisherigen Vorschriften mit der Maßgabe, daß § 18 Abs. 2, § 19 Abs. 2, § 28 Abs. 2 und § 40 Abs. 3 dieser Verordnung entsprechende Anwendung finden und daß § 32 Abs. 2 Satz 1 der Ausbildungs- und Prüfungsordnung für Juristen (JAO) vom 11. Oktober 1982 (GVBl. S. 1897) keine Anwendung findet, wenn die Bewertung einer nach dem Inkrafttreten dieser Verordnung angefertigten Aufsichtsarbeit mit „ungenügend“ auf Säumnis oder einem ordnungswidrigen Verhalten des Referendars beruht. § 42 Abs. 1 Satz 3 gilt entsprechend.

§ 44

(1) Diese Verordnung tritt am Tage nach der Verkündung im Gesetz- und Verordnungsblatt für Berlin in Kraft.

(2) Gleichzeitig tritt die Ausbildungs- und Prüfungsordnung für Juristen (JAO) vom 11. Oktober 1982 (GVGl. S. 1897) außer Kraft.

1. Die §§ 42–44 enthalten die Vorschriften über das Inkrafttreten und die Übergangsregelungen. Nach § 44 Abs. 2 ist die JAO 1982 am Tage nach der Verkündung der JAO 1984 am 14. Dezember 1984 außer Kraft getreten, allerdings nur insoweit, als nicht das alte Recht für einen bestimmten Kreis von Rechtskandidaten und Referendaren weitergilt (§§ 42, 43).

2. Rechtskandidaten, die vor dem 1. April 1984 ihr Studium aufgenommen haben, oder Referendare, die vor dem 1. Mai 1985 in den juristischen Vorbereitungsdienst eingetreten sind, können Studium, Referendarzeit und Prüfungen nach der Ausbildungs- und Prüfungsordnung für Juristen vom 11. Oktober 1982 (GVBl. S. 1897) beenden, soweit nicht bereits *einzelne* Vorschriften der neuen JAO Anwendung finden. Im einzelnen gilt folgendes:

a) **Erste juristische Staatsprüfung:**

aa) Ab 14. Dezember 1984 gelten

– **§ 9 Abs. 5 Satz 2** (keine Wiederholungsmöglichkeit für Klausuren, die wegen unentschuldigten Fernbleibens, wegen verspäteter Abgabe oder wegen eines Täuschungsversuchs mit „ungenügend" bewertet worden sind)

– **§ 11 Abs. 1** (bei Hausarbeiten keine Beschränkung auf Grundzüge)

– **§ 11 Abs. 2** (Bestimmung des JPA, ob die Hausarbeit vor oder nach den Klausuren anzufertigen ist)

– **§ 11 Abs. 8 Satz 2** (Bekanntgabe der vorläufigen Bewertung der Hausarbeit)

– **§ 12** (Ausschluß von der mündlichen Prüfung nach der Bewertung der 4 Aufsichtsarbeiten: Folgen für die Hausarbeit)

– **§ 13 Abs. 3** (Beratung vor der mündlichen Prüfung)

– **§ 14 Abs. 1 bis 3** (Ablauf der mündlichen Prüfung)

– **§ 15** (Beratung über die Bewertung der mündlichen Prüfungsleistungen und Schlußberatung, insbesondere Sperrklausel von 3,99 Punkten in den Pflichtfächern bei den Aufsichtsarbeiten und in der mündlichen Prüfung.

Ausnahme: Kandidaten, die vor dem 14. Dezember 1984 zugelassen worden sind, kommen noch in den Genuß der alten Regelung: Einbeziehung der Pflichtfachhausarbeit mit doppelter Punktzahl; § 15 Abs. 1 Satz 5 zweite Alternative gilt für sie nicht! Bei Wiederholungsprüfungen ist der Zeitpunkt der erneuten Zulassung maßgebend)

— **§ 16 Abs. 1 und 2** (Auflagen bei Wiederholung der Prüfung, Wegfall der Semesterauflage)

— **§ 18 Abs. 2** (Rücktritt von der Prüfung: Grundsätzlich keine Anrechnung erbrachter Prüfungsleistungen; 10-Jahres-Frist)

— **§ 19 Abs. 2** (Fiktion des Täuschungsversuchs bei Mitführen unzulässiger Hilfsmittel)

bb) Ab 1. April 1985 gelten
alle übrigen neuen Vorschriften der JAO für Kandidaten, die im Sommersemester 1985 oder später ihr Studium beginnen, jedoch gelten die §§ 5 und 6 (Pflichtfächer und Wahlfachgruppen) unabhängig vom Zeitpunkt des Studienbeginns für die Prüfung von Kandidaten, die nach dem 30. September 1986 zur ersten juristischen Staatsprüfung oder nach dem 30. September 1988 zur Wiederholung der ersten juristischen Staatsprüfung zugelassen werden.

b) **Juristischer Vorbereitungsdienst**

Für Referendare, die vor dem 1. Mai 1985 in den juristischen Vorbereitungsdienst eingetreten sind, gilt das bisherige Recht. Vorzeitig gelten jedoch:

— **§ 28 Abs. 2** (Verlängerung des Vorbereitungsdienstes für den Vorsitzenden des Personalrats)

— Ferner: Die Wiederholungsmöglichkeit für Abschichtungsklausuren nach § 32 Abs. 2 S. 1 JAO 1982 entfällt bei unentschuldigter Säumnis oder ordnungswidrigem Verhalten, wenn die Arbeit mit „ungenügend" bewertet worden ist.

c) **Zweite juristische Staatsprüfung**

aa) Ab 14. Dezember 1984 gelten

— **§ 18 Abs. 2; § 40 Abs. 3** (Rücktritt von der Prüfung: Grundsätzlich keine Anrechnung erbrachter Prüfungsleistungen; 10-Jahres-Frist)

— **§ 19 Abs. 2; § 41** (Fiktion des Täuschungsversuchs bei Mitführen unzulässiger Hilfsmittel)

bb) Ab 1. Mai 1985 gelten
alle anderen Vorschriften der neuen JAO, für die Referendare, die ab diesem Zeitpunkt in den juristischen Vorbereitungsdienst eingetreten sind.

3. Deutsches Richtergesetz

in der Fassung vom 19. April 1972 (BGBl. I S. 713), zuletzt geändert durch das Dritte Gesetz zur Änderung des Deutschen Richtergesetzes vom 25. Juli 1984 (BGBl. I S. 995) und das Fünfte Gesetz zur Änderung dienstrechtl. Vorschriften vom gleichen Tage (BGBl. I S. 998)

Auszug

Zweiter Abschnitt

Befähigung zum Richteramt

§ 5

Befähigung zum Richteramt

(1) Die Befähigung zum Richteramt erwirbt, wer ein rechtswissenschaftliches Studium an einer Universität mit der ersten Staatsprüfung und einen anschließenden Vorbereitungsdienst mit der zweiten Staatsprüfung abschließt.

(2) Studium und Vorbereitungsdienst sind inhaltlich aufeinander abzustimmen.

1. Ziel der volljuristischen Ausbildung ist die Befähigung zum Richteramt, die den Zugang zu einer Vielfalt juristischer Berufe eröffnet, siehe Einführung vor JAG.

Abs. 1 schreibt bundesrechtlich im Wege konkurrierender Gesetzgebung (Art. 74 Abs. 1 GG) die Zweistufigkeit der Ausbildung fest, d. h. der Vorbereitungsdienst muß der theoretischen Universitätsausbildung nachfolgen. Diese Absage an einstufige Ausbildungsmodelle (vgl. § 5 b DRiG i. d. Fssg. vom 19. April 1972, BGBl. I S. 713) ist allerdings etwas abgeschwächt durch die Verlängerung des Praktikums auf *mindestens* 3 Monate (§ 5 a Abs. 3) einerseits und die Regelung des § 5 b Abs. 2 S. 2 andererseits. Das Berliner Landesrecht hat sowohl das Praktikum als auch die Möglichkeit, während des Vorbereitungsdienstes an einer rechtswissenschaftlichen Fakultät zu studieren, auf 3 Monate begrenzt (§§ 1 Abs. 1 Nr. 7; 8 Abs. 3 S. 4 JAG). Die Studieninhalte werden wesentlich geprägt durch die landesrechtlich vorgeschriebenen Zulassungsvoraussetzungen zur ersten Staatsprüfung (§ 1 JAG) und die Prüfungsfächer gemäß § 3 Abs. 2 und 3 JAG, §§ 5 und 6 JAO. Die Einzelheiten des Vorbereitungsdienstes und des Prüfungsstoffs für die zweite Staatsprüfung sind im wesentlichen in § 8 JAG, §§ 21, 22 JAO bzw. § 12 JAG, §§ 36, 38 JAO geregelt.

2. Bundesrecht schreibt jetzt zwei *Staats*prüfungen vor und übernimmt damit den Standard, der bislang ohnehin überall landesrechtlich vorgeschrieben war. Damit ist ausgeschlossen, daß die erste Staatsprüfung als Universitätsprüfung ausgestaltet wird. Es handelt sich bei beiden Prüfungen um sogen. externe Prüfungen, die von staatlichen Prüfungsämtern abzunehmen sind (in Berlin: vgl. §§ 14, 16 JAG). Ungeachtet dessen wird die Hochschule im ersten Examen angemessen repräsentiert, da den Prüfungsausschüssen zwei Professoren angehören sollen (§ 17 Abs. 3 JAG).

3. Die inhaltliche Abstimmung von Studium und Vorbereitungsdienst (Abs. 2) ist dadurch gewährleistet, daß weitgehende Kongruenz zwischen den Kernfächern des Rechts, die sowohl während des Studiums als auch im Vorbereitungsdienst besonders betont werden (vgl. § 1 Abs. 1 Nr. 2–4 JAG, §§ 5, 36 Abs. 1 JAO), zwischen den Wahlfachgruppen und den Schwerpunktbereichen besteht. (§ 6 JAO; § 8 Abs. 3 JAG; § 36 Abs. 2 JAO.) Die Unterschiede des Fächerkanons bestehen im wesentlichen darin, daß die Rechtsgebiete im 1. Examen nach systematischen und didaktischen Gesichtspunkten geordnet sind, während im 2. Examen die Zuordnung zu Berufsfeldern im Vordergrund steht. Von wenigen Ausnahmen abgesehen kann jedes Wahlfach während des Vorbereitungsdienstes in einem größeren berufsfeldbezogenen Zusammenhang fortgeführt werden.

§ 5a

Studium

(1) Die Studienzeit beträgt dreieinhalb Jahre, diese Zeit kann unterschritten werden, sofern die für die Zulassung zur ersten Prüfung erforderlichen Leistungen nachgewiesen sind. Mindestens zwei Jahre müssen auf ein Studium an einer Universität im Geltungsbereich dieses Gesetzes entfallen.

(2) Gegenstand des Studiums sind vor allem die Kernfächer Bürgerliches Recht, Strafrecht, Öffentliches Recht und Verfahrensrecht einschließlich der rechtswissenschaftlichen Methoden mit ihren philosophischen, geschichtlichen und gesellschaftlichen Grundlagen. Der Student widmet sich darüber hinaus Wahlfächern,

die der Ergänzung des Studiums und der Vertiefung der mit ihnen zusammenhängenden Pflichtfächer dienen.

(3) Die Inhalte des Studiums berücksichtigen die rechtsprechende, verwaltende und rechtsberatende Praxis. Während der vorlesungsfreien Zeit finden praktische Studienzeiten von insgesamt mindestens drei Monaten Dauer statt. Das Landesrecht kann bestimmen, daß die praktische Studienzeit bei einer Stelle und zusammenhängend stattfindet.

(4) Während des Studiums sind studienbegleitende Leistungskontrollen unter Prüfungsbedingungen vorzusehen. Mit den Kontrollen wird festgestellt, ob der Student für die weitere Ausbildung fachlich geeignet ist. Die Kontrollen sollen bis zum Ende des zweiten Studienjahres durchgeführt werden. Die Kontrollen erstrecken sich mindestens auf das Bürgerliche Recht, das Strafrecht und das Öffentliche Recht. Bei Mißerfolg kann das Kontrollverfahren innerhalb eines Jahres einmal wiederholt werden. Die Teilnahme an durch Landesrecht zu bestimmenden Lehrveranstaltungen und die Zulassung zur ersten Prüfung sind davon abhängig, daß das Kontrollverfahren erfolgreich abgeschlossen worden ist.

(5) Das Nähere regelt das Landesrecht.

1. Die Mindeststudienzeit ist auf zwei Jahre reduziert, da neuerdings die dreieinhalbjährige Studienzeit unterschritten werden darf (vgl. Anm. 2 zu § 1 JAG); letztere (Abs. 1, Halbsatz 1) hat nur noch für die Studienordnung und den Studienplan Bedeutung, die nach den Vorstellungen des Bundesgesetzgebers so aufgebaut sein sollen, daß ein Studium nach sieben Semestern in das Prüfungsverfahren übergeleitet werden kann.

Die fortbestehende Anrechnungsmöglichkeit für Absolventen einer Ausbildung des gehobenen Dienstes (§ 5 c) von bis zu einem Jahr bezog sich schon nach altem Recht auf die Mindeststudienzeit. Soweit der Student frei über seine Studienzeit disponieren kann, bedarf es keiner förmlichen Anrechnung. Da nunmehr dem Rechtsstudenten nur noch vorgeschrieben ist, daß er zwei Jahre an einer deutschen Universität studiert haben muß, bezieht sich die Anrechnungsmöglichkeit lediglich noch auf diese Zeit. Daß bei voller Ausschöpfung der Anrechnungsmöglichkeit ein verbleibendes Studium von einem Jahr nicht ausreichen kann, die Voraussetzungen für die Zulassung zur 1. jur. Staatsprüfung zu erbringen, liegt auf der Hand (vgl. Anm. zu § 3 JAO).

2. Die Kernfächer sind als Pflichtfächer ausgewiesen (§ 5 Nr. 3, 6, 7 bis 9 JAO) und besonders berücksichtigt bei den studienbegleitenden

Leistungskontrollen und den Übungen (§ 1 Abs. 1 Nr. 2 bis 4 JAG). Der Grundlagenklausel wird durch § 2 JAG (Zweck der Prüfung) und § 5 Nr. 1 und 2 JAO (Methodenlehre, Grundzüge der Rechtstheorie usw.) Rechnung getragen. Die Wahlfächer sind in Wahlfachgruppen zusammengefaßt, die in Umfang und Inhalt in etwa gleichgewichtig sind (§ 6 Abs. 1 JAO); eine Untergruppenspezialisierung findet in der Prüfung nicht statt, d. h. der Prüfling muß mit Fragen aus der gesamten Wahlfachgruppe rechnen. Ausnahmen: Bei Themenklausuren in den Wahlfachgruppen nach § 6 Abs. 1 Nr. 1 und 2 (§ 8 Abs. 3 Satz 3 JAO).

3. Wegen der Studienpraktika siehe § 1 Abs. 4 JAG, § 1 Abs. 4 JAO).

4. Die studienbegleitenden Leistungskontrollen unter Prüfungsbedingungen sind keine Prüfungen im Rechtssinne und daher auch nicht unter § 5 d geregelt. Sie sind zwingend und stehen daher nicht zur Disposition der Länder. Ein Regelungsspielraum verbleibt nur insoweit, als die Kontrollen bis zum Ende des zweiten Studienjahres durchgeführt werden „sollen". In Berlin ist diese Sollregelung in eine Mußregelung umgesetzt worden, weil andernfalls die Leistungskontrollen nicht den vom Bundesgesetzgeber beigemessenen Zweck erfüllen können. Die Frist für die Wiederholung knüpft an den Mißerfolg in dem konkreten Fach an (wegen der Einzelheiten vgl. § 1 Abs. 1 Nr. 3, Abs. 2 und 3 JAG; § 1 Abs. 1, § 2, § 4 Abs. 2 JAO). Es sind andere Modelle denkbar, die offener gestaltet sind und in denen lediglich vorgeschrieben ist, daß der Student bis zum Abschluß des sechsten Semesters alle Leistungskontrollen einschließlich der Wiederholung absolviert haben muß.

§ 5 b

Vorbereitungsdienst

(1) Der Vorbereitungsdienst dauert zweieinhalb Jahre. Die Ausbildung findet zunächst statt bei folgenden Pflichtstationen:

1. einem ordentlichen Gericht in Zivilsachen,

2. einem Gericht in Strafsachen oder einer Staatsanwaltschaft,

3. einer Verwaltungsbehörde,

4. einem Rechtsanwalt,

sodann, nach Wahl des Referendars,

5. bei folgenden Wahlstationen, die durch Landesrecht zu Schwerpunktbereichen zusammenzufassen sind:

a) einer der in den Nummern 1 bis 4 genannten Stationen,

b) einer gesetzgebenden Körperschaft des Bundes oder eines Landes,

c) einem Notar,

d) einem Gericht der Verwaltungs-, der Finanz-, der Arbeits- oder der Sozialgerichtsbarkeit,

e) einer Gewerkschaft, einem Arbeitgeberverband oder einer Körperschaft wirtschaftlicher, sozialer oder beruflicher Selbstverwaltung,

f) einem Wirtschaftsunternehmen,

g) einer überstaatlichen, zwischenstaatlichen oder ausländischen Station oder einem ausländischen Rechtsanwalt,

h) einer sonstigen Station, bei der eine sachgerechte Ausbildung gewährleistet ist.

(2) Das Landesrecht kann bestimmen, daß die Ausbildung nach Absatz 1 Satz 2 Nr. 1 zum Teil bei einem Gericht der Arbeitsgerichtsbarkeit, die Ausbildung nach Absatz 1 Satz 2 Nr. 3 zum Teil bei einem Gericht der Verwaltungs-, der Finanz- oder der Sozialgerichtsbarkeit stattfinden kann. Eine Ausbildung an einer rechtswissenschaftlichen Fakultät kann auf die Ausbildung nach Absatz 1 Satz 2 Nr. 5, eine Ausbildung an der Hochschule für Verwaltungswissenschaften kann auf die Ausbildung nach Absatz 1 Satz 2 Nr. 3 oder 5 mit bis zu vier Monaten angerechnet werden.

(3) Der Vorbereitungsdienst soll bei höchstens sieben Stationen abgeleistet werden. Eine Pflichtstation dauert mindestens drei Monate. Die Ausbildung bei den Wahlstationen dauert ein halbes Jahr. Der Vorbereitungsdienst kann im Einzelfall aus zwingenden Gründen verlängert werden, nicht jedoch wegen unzureichender Leistungen.

(4) Während der Ausbildung können Ausbildungslehrgänge bis zu einer Gesamtdauer von drei Monaten vorgesehen werden.

(5) Das Nähere regelt das Landesrecht.

Der Vorbereitungsdienst, der seit 1980 insgesamt zweieinhalb Jahre beträgt, gliedert sich in zwei große Abschnitte: Die Ausbildung in den Pflichtstationen und die in den Wahlstationen, wobei die letztere ein halbes Jahr beträgt. Die auf die Pflichtstationen bezogenen schriftlichen Prüfungsleistungen werden gegen Ende der letzten Pflichtstation erbracht (§ 5d Abs. 2) und damit „abgeschichtet". Gleichzeitig steht dadurch das letzte halbe Jahr ungestört der Ausbildung im gewählten Schwerpunktbereich zur Verfügung. Wegen der Einzelheiten der Berliner Regelung siehe § 8 JAG; §§ 21 bis 23, 32, 33 JAO.

§ 5c

Anrechnung einer Ausbildung für den gehobenen Dienst

(1) Eine erfolgreich abgeschlossene Ausbildung für den gehobenen Justizdienst oder für den gehobenen nichttechnischen Verwaltungsdienst kann auf Antrag bis zur Dauer von 18 Monaten auf die Ausbildung angerechnet werden. Auf den Vorbereitungsdienst dürfen jedoch nicht mehr als sechs Monate angerechnet werden.

(2) Das Nähere regelt das Landesrecht.

Nach Berliner Landesrecht wird der Rahmen des § 5c DRiG ausgeschöpft (§ 1 Abs. 5; 8 Abs. 4 JAG). Die Bedeutung für das Studium ist äußerst gering, da die Studienzeit ohnehin überschritten wird. Die Verkürzung des Vorbereitungsdienstes hat hingegen die Auswirkung, daß der Referendar zumeist bei den Pflichtstationen Reduzierungen vornehmen muß. Hier ist äußerste Vorsicht am Platze, weil eine erfolgte Anrechnung nicht mehr rückgängig gemacht werden kann und sich oft erst später herausstellt, daß die Ausbildung für den gehobenen Dienst nicht ausreicht, die so entstandenen Lücken auszufüllen.

§ 5d

Prüfungen

(1) In den Prüfungen sind schriftliche und mündliche Leistungen zu erbringen. Die Einheitlichkeit der Prüfungsanforderungen und der Leistungsbewertung ist zu gewährleisten.

(2) Die schriftlichen Leistungen in der zweiten Prüfung beziehen sich zum einen auf die Ausbildung bei den Pflichtstationen und zum anderen auf die Ausbildung im Schwerpunktbereich (§ 5b Abs. 1 Satz 2 Nr. 5); die mündlichen Leistungen beziehen sich auf die gesamte Ausbildung. Die schriftlichen Leistungen sind gegen Ende der Ausbildung bei der letzten Pflichtstation und gegen Ende der Ausbildung bei der letzten Wahlstation zu erbringen. Sieht die auf die Ausbildung in den Pflichtstationen bezogene schriftliche Prüfung nach Landesrecht neben Aufsichtsarbeiten auch eine häusliche Arbeit vor, kann bestimmt werden, daß diese Leistung nach Beendigung der Gesamtausbildung erbracht werden muß. Das Landesrecht kann bestimmen, daß die

schriftlichen Leistungen jeweils nach den beiden Ausbildungsabschnitten zu erbringen sind. Die mündlichen Leistungen sind nach der Ausbildung bei den Wahlstationen zu erbringen.

(3) In der ersten und zweiten Prüfung kann das Prüfungsorgan bei seiner Entscheidung von der rechnerisch ermittelten Gesamtnote abweichen, wenn dies auf Grund des Gesamteindrucks den Leistungsstand des Kandidaten besser kennzeichnet und die Abweichung auf das Bestehen der Prüfung keinen Einfluß hat; hierbei sind bei der zweiten Prüfung auch die Leistungen im Vorbereitungsdienst zu berücksichtigen. Die Abweichung darf ein Drittel des durchschnittlichen Umfangs einer Notenstufe nicht übersteigen. Der Anteil der mündlichen Prüfungsleistungen an der Gesamtnote darf 40 vom Hundert nicht übersteigen. Die schriftlichen Prüfungsleistungen, die sich auf den Schwerpunktbereich beziehen, fließen mit einem Anteil von bis zu 40 vom Hundert in das Ergebnis der schriftlichen Prüfung ein. Eine rechnerisch ermittelte Anrechnung von im Vorbereitungsdienst erteilten Noten auf die Gesamtnote der zweiten Prüfung ist ausgeschlossen. Der Bundesminister der Justiz wird ermächtigt, durch Rechtsverordnung mit Zustimmung des Bundesrates eine Noten- und Punkteskala für die Einzel- und Gesamtnoten festzulegen.

(4) Das Nähere regelt das Landesrecht.

1. Bundesrecht schreibt nunmehr entsprechend der Prüfungspraxis in allen Ländern schriftliche und mündliche Prüfungsleistungen vor. Damit bleibt weiterhin den Ländern überlassen, ob der schriftliche Prüfungsteil nur aus Aufsichtsarbeiten besteht (Süddeutsches System) oder aus Aufsichtsarbeiten und einer wissenschaftlichen Hausarbeit (norddeutsches System). Berlin hat sich für die Beibehaltung der Hausarbeit im ersten Examen entschieden; in der zweiten Prüfung ist sie seit 1972 abgeschafft.

2. Die Einheitlichkeit der Prüfungsforderungen und der Leistungsbewertung zu gewährleisten, ist eine sehr verschwommene Forderung des Bundesgesetzgebers und aufgrund des föderalen Systems nur unvollkommen zu erfüllen. Soweit es sich um die verschiedenen Prüfungssysteme in den Bundesländern handelt, sind die Anforderungen zunächst von den Prüfungsgebieten (Fächerkanon) abhängig, die zwar eine gewisse Annäherung erfahren haben, aber durchaus nicht identisch sind (in Berlin vgl. §§ 5, 6, 36, 38 JAO). Die Bewertungsskala richtet sich zwar einheitlich nach der NotenVO des BMJ (Nr. 4), besagt aber wenig über die tatsächlichen Anforderungen, die an eine durchschnittliche oder

überdurchschnittliche Leistung gestellt werden. Hier hilft nur der Erfahrungsaustausch zwischen den Justizprüfungsämtern, der regelmäßig stattfindet.

Nicht einmal innerhalb eines Prüfungsamtes läßt sich eine völlig einheitliche Leistungsbewertung gewährleisten, da die Vorstellungen der einzelnen Prüfer, die unabhängig sind und denen die Beurteilung einer Prüfungsleistung höchstpersönlich anvertraut ist, mitunter auseinandergehen. Im Gegensatz zu den allgemeinen Prüfungsanforderungen, die durch den Stoffkatalog und die Prüfungsaufgaben weitgehend einheitlich vom JPA gesteuert werden können, verbleibt bei der Leistungsbewertung ein Freiraum, der unterschiedlich ausgefüllt werden kann. Dies gilt insbesondere für die Grenzbereiche zwischen „Ausreichend" und „Mangelhaft" und zwischen den einzelnen Prädikaten. Um möglichst einheitliche Maßstäbe zu sichern, schreibt das Berliner Landesrecht eine weitgehende Beteiligung hauptamtlicher Prüfer vor (§ 17 Abs. 3 JAG).

3. Wegen der Abweichung vom rechnerisch ermittelten Gesamtergebnis der Prüfung (Abs. 3 S. 1) siehe Anm. 2 zu § 15 und Anm. 4 zu § 38 JAO). Hinsichtlich der Gewichtung des mündlichen Teils der Prüfungen unterschreitet der Berliner Landesgesetzgeber den Wert von 40 v. H. nicht. Wegen der Einzelheiten der ersten Staatsprüfung siehe § 3 JAG, §§ 7 bis 15 JAO und der zweiten Staatsprüfung § 12 JAG, §§ 36 bis 38 JAO.

§ 6

Anerkennung von Prüfungen

(1) Die Zulassung zum Vorbereitungsdienst darf einem Bewerber nicht deswegen versagt werden, weil er die erste Prüfung nach § 5 in einem anderen Land im Geltungsbereich dieses Gesetzes abgelegt hat. Die in einem Land im Geltungsbereich dieses Gesetzes auf den Vorbereitungsdienst verwendete Zeit ist in jedem deutschen Land anzurechnen.

(2) Wer im Geltungsbereich dieses Gesetzes die Befähigung zum Richteramt nach § 5 erworben hat, ist im Bund und in jedem deutschen Land zum Richteramt befähigt.

§ 7

Universitätsprofessoren

Jeder ordentliche Professor der Rechte an einer Universität im Geltungsbereich dieses Gesetzes ist zum Richteramt befähigt.

Dritter Abschnitt

Richterverhältnis

§ 8

Rechtsformen des Richterdienstes

Richter können nur als Richter auf Lebenszeit, auf Zeit, auf Probe oder kraft Auftrags berufen werden.

§ 9

Voraussetzungen für die Berufungen

In das Richterverhältnis darf nur berufen werden, wer

1. Deutscher im Sinne des Artikels 116 des Grundgesetzes ist,
2. die Gewähr dafür bietet, daß er jederzeit für die freiheitliche demokratische Grundordnung im Sinne des Grundgesetzes eintritt, und
3. die Befähigung zum Richteramt besitzt (§§ 5 bis 7).

§ 10

Ernennung auf Lebenszeit

(1) Zum Richter auf Lebenszeit kann ernannt werden, wer nach Erwerb der Befähigung zum Richteramt mindestens drei Jahre im richterlichen Dienst tätig gewesen ist.

(2) Auf die Zeit nach Absatz 1 können angerechnet werden Tätigkeiten

1. als Beamter des höheren Dienstes,
2. im deutschen öffentlichen Dienst oder im Dienst einer zwischenstaatlichen oder überstaatlichen Einrichtung, wenn die Tätigkeit nach Art und Bedeutung der Tätigkeit in einem Amt des höheren Dienstes entsprochen hat,
3. als habilitierter Lehrer des Rechts an einer deutschen wissenschaftlichen Hochschule,
4. als Rechtsanwalt, Notar oder als Assessor bei einem Rechtsanwalt oder Notar,
5. in anderen Berufen, wenn die Tätigkeit nach Art und Bedeutung wie die unter den Nummern 1 bis 4 genannten Tätigkeiten geeignet war, Kenntnisse und Erfahrungen für die Ausübung des Richteramts zu vermitteln.

Die Anrechnung von mehr als zwei Jahren dieser Tätigkeiten setzt besondere Kenntnisse und Erfahrungen des zu Ernennenden voraus.

§ 11

Ernennung auf Zeit

Eine Ernennung zum Richter auf Zeit ist nur unter den durch Bundesgesetz bestimmten Voraussetzungen und nur für die bundesgesetzlich bestimmten Aufgaben zulässig.

§ 12

Ernennung auf Probe

(1) Wer später als Richter auf Lebenszeit oder als Staatsanwalt verwendet werden soll, kann zum Richter auf Probe ernannt werden.

(2) Spätestens fünf Jahre nach seiner Ernennung ist der Richter auf Probe zum Richter auf Lebenszeit oder unter Berufung in das Beamtenverhältnis auf Lebenszeit zum Staatsanwalt zu ernennen. Die Frist verlängert sich um die Zeit einer Beurlaubung ohne Bezüge.

§ 13

Verwendung eines Richters auf Probe

Ein Richter auf Probe kann ohne seine Zustimmung nur bei einem Gericht, bei einer Behörde der Gerichtsverwaltung oder bei einer Staatsanwaltschaft verwendet werden.

§ 14

Ernennung zum Richter kraft Auftrags

(1) Ein Beamter auf Lebenszeit oder auf Zeit kann zum Richter kraft Auftrags ernannt werden, wenn er später als Richter auf Lebenszeit verwendet werden soll.

(2) (aufgehoben)

§ 112

Anerkennung nichtdeutscher Prüfungen

§ 92 Abs. 2 des Bundesvertriebenengesetzes in der Fassung der Bekanntmachung vom 14. August 1957 (Bundesgesetzbl. I S. 1215), zuletzt geändert durch Gesetz vom 10. Mai 1971 (Bundesgesetzbl. I S. 445), wird durch dieses Gesetz nicht berührt.

1. Wem bei Inkrafttreten des DRiG (jetzt: 16. September 1984) die Befähigung zum Richteramt zuerkannt war, ohne daß er die Voraussetzungen der §§ 5 bis 5d DRiG erfüllt, behält diese Befähigung (§ 109 DRiG). Die Vorschriften, nach denen eine solche Zuerkennung möglich war, sind durch § 86 DRiG seit dem 1. Juli 1962 aufgehoben. Es handelte sich um

a) das Gesetz über die Befähigung zum Richteramt vom 27. Februar 1936 (Reichsgesetzbl. I S. 127),

b) die Verordnung über die Zuerkennung der Fähigkeit zum Richteramt an Volksdeutsche vom 8. Dezember 1939 (Reichsgesetzbl. I S. 2390),

c) das Bayerische Gesetz über die Richteramtsbefähigung umgesiedelter und heimatvertriebener Juristen vom 16. Juni 1948 (Bereinigte Sammlung des bayerischen Landesrechts Band III S. 64),

d) das Bremische Gesetz über die Richteramtsbefähigung umgesiedelter und heimatvertriebener Juristen vom 2. Juni 1948 (Gesetzblatt S. 133),

e) das Hessische Gesetz über die Richteramtsbefähigung umgesiedelter und heimatvertriebener Juristen vom 21. Juni 1948 (Gesetz- und Verordnungsblatt S. 79, 92),

f) das Gesetz Nr. 929 des früheren Landes Württemberg-Baden über die Richteramtsbefähigung umgesiedelter und heimatvertriebener Juristen vom 2. Juni 1948 (Regierungsblatt S. 91, 148).

2. Gegenwärtig ist nur noch die Anerkennung von Prüfungen und Befähigungsnachweisen nach § 92 Abs. 2 des Bundesvertriebenengesetzes (BVFG) in der Fassung der Bekanntmachung vom 3. September 1971 (BGBl. I S. 1565, 1807/GVBl. S. 1854), zuletzt geändert durch Gesetz vom 25. Februar 1983 (BGBl. I S. 189/GVBl. S. 417), möglich.

§ 92 Abs. 2 BVGG lautet:

„Prüfungen oder Befähigungsnachweise, die Vertriebene und Sowjetzonenflüchtlinge bis zum 8. Mai 1945 in Gebieten außerhalb des

> Deutschen Reiches nach dem Gebietsstande vom 31. Dezember 1937 abgelegt oder erworben haben, sind anzuerkennen, wenn sie den entsprechenden Prüfungen und Prüfungsnachweisen im Geltungsbereich des Gesetzes gleichwertig sind."

Obwohl § 112 nur Absatz 2 des § 92 BVFG unberührt läßt, also diejenige Vorschrift, die lediglich eine Anerkennung vor dem Zusammenbruch 1945 abgelegter Prüfungen vorsieht, werden auch bei juristischen Prüfungen die Fälle des § 92 Abs. 3 BVFG gleichgestellt (BVerwGE 51, 144, 148 f.).

§ 92 Abs. 3 Satz 1 BVFG lautet:

> „Auf Prüfungen oder Befähigungsnachweise, die Vertriebene oder Sowjetzonenflüchtlinge nach dem 8. Mai 1945 in Gebieten außerhalb des Geltungsbereichs des Gesetzes abgelegt oder erworben haben, ist Absatz 2 entsprechend anzuwenden ..."

Voraussetzung für die Anrechnung sind danach

a) die Vertriebenen- oder Flüchtlingseigenschaft (Vorlage des A-, B- oder C-Ausweises nach § 15 BVFG ist erforderlich)

b) Ablegung von Prüfungen vor dem 8. Mai 1945 in Gebieten außerhalb des ehem. Dt. Reiches nach dem Gebietsstande vom 31. Dezember 1937 oder von Prüfungen nach dem 8. Mai 1945 in Gebieten außerhalb des Geltungsbereichs des BVFG und

c) Gleichwertigkeit mit hiesigen Prüfungen.

Bei Übersiedlern aus der DDR braucht der C-Ausweis dann nicht vorgelegt werden, wenn der Antragsteller die Anspruchsberechtigung nach Abschnitt I des Flüchtlingshilfegesetzes (FlüHG) vom 15. Mai 1971 (BGBl. I S. 682), zuletzt geändert am 24. August 1972 (BGBl. I S. 1531), nachweist (§ 20 Abs. 2 FlüHG).

Die Gleichwertigkeit mit der ersten juristischen Staatsprüfung (nur sie kommt in der Regel in Betracht) ist zu bejahen, wenn die außerhalb des Geltungsbereichs des BVFG abgelegte Prüfung unter Berücksichtigung der vorausgegangenen Ausbildung die Fähigkeit bescheinigt, sich in fremde Rechtsgebiete einzuarbeiten, und so gestaltet ist, daß der Geprüfte wissenschaftlich arbeitend und das Recht methodisch anwendend sich von der nationalen Rechtsordnung seines Herkunftslandes lösen und sich alsbald, gegebenenfalls unter Anleitung, soweit in die Hauptgebiete des im Geltungsbereich des BVFG anwendbaren Rechts einarbeiten kann, daß er in den Referendardienst aufgenommen und auf die zweite juristische Staatsprüfung vorbereitet werden könnte (BVerwG 55, 104, 112, siehe auch in Buchholz 412.3 § 92 BVFG Nr. 2, S. 19).

3. Die Anerkennungspraxis war nicht immer einheitlich. Unterschiede ergaben sich nicht nur hinsichtlich der einzelnen Länder des Vertreibungsgebietes, sondern auch danach, ob die Prüfungen vor 1945, in den ersten Jahren nach Kriegsende oder erheblich später abgelegt worden sind. Hinzu kam, daß die Landesjustizverwaltungen teilweise auch unterschiedlich entschieden haben. Erst seit jüngerer Zeit kann von einer übereinstimmenden Länderpraxis gesprochen werden. So wird die Gleichwertigkeit einer juristischen Prüfung mit dem zweiten juristischen Staatsexamen nicht mehr anerkannt, nachdem das Bundesverwaltungsgericht 1977 entschieden hatte, daß die Richteramtsprüfung in der CSSR nicht mit der zweiten juristischen Staatsprüfung gleichwertig sei (BVerwGE 55, 104). Die Diplome über die Abschlußprüfung des juristischen Studiums werden hingegen im allgemeinen als gleichwertig mit der ersten juristischen Staatsprüfung anerkannt. Das gilt für juristische Hochschuldiplome aus der DDR, Jugoslawien, Rumänien, der CSSR, Ungarn und der UdSSR, nicht aber für Diplome über eine wirtschaftswissenschaftliche Prüfung und juristische Spezialgebiete.

Nicht anerkannt wird in der Verwaltungspraxis die Gleichwertigkeit der juristischen Diplomprüfungen aus der VR Polen, sofern nicht eine weitere juristische Prüfung (Richter-, Staatsanwalts-, Rechtsanwalts- oder Rechtsberaterprüfung) nach praktischer Ausbildung hinzutritt. Ist das der Fall, werden beide Prüfungen zusammen als mit der ersten juristischen Staatsprüfung gleichwertig anerkannt. Ob dies von den Gerichten gebilligt wird, ist noch offen.

§ 112 a

(aufgehoben)

§ 113

Übergangsvorschriften für Ausbildungen und Prüfungen

(1) Die Landesregierungen bestimmen durch Rechtsverordnung, wieweit Studium und Vorbereitungsdienst, die vor Inkrafttreten dieses Gesetzes nach den bisher geltenden Vorschriften abgeleistet worden sind, anerkannt werden. Das gleiche gilt für die Anerkennung erster Prüfungen.

(2) Die für den Vorbereitungsdienst der Kriegsheimkehrer bestehenden Rechtsvorschriften bleiben unberührt.

1. Abs. 1 betrifft das Inkrafttreten des DRiG in seiner ursprünglichen Fassung am 1. 7. 1962.

2. In Berlin siehe VO vom 27. August 1962 (GVBl. S. 1051).

4. Verordnung über eine Noten- und Punkteskala für die erste und zweite juristische Prüfung

Vom 3. Dezember 1981
(BGBl. I S. 1243)

Auf Grund des durch Artikel 1 Nr. 3 des Gesetzes vom 16. August 1980 (BGBl. I S. 1451) neu gefaßten § 5d Abs. 1 Satz 5 des Deutschen Richtergesetzes wird mit Zustimmung des Bundesrates verordnet:

§ 1

Notenstufen und Punktzahlen

Die einzelnen Leistungen in der ersten und zweiten Prüfung sind mit einer der folgenden Noten und Punktzahlen zu bewerten:

sehr gut	eine besonders hervorragende Leistung	= 16 bis 18 Punkte
gut	eine erheblich über den durchschnittlichen Anforderungen liegende Leistung	= 13 bis 15 Punkte
vollbefriedigend	eine über den durchschnittlichenAnforderungen liegende Leistung	= 10 bis 12 Punkte
befriedigend	eine Leistung, die in jeder Hinsicht durchschnittlichen Anforderungen entspricht	= 7 bis 9 Punkte
ausreichend	eine Leistung, die trotz ihrer Mängel durchschnittlichen Anforderungen noch entspricht	= 4 bis 6 Punkte
mangelhaft	eine an erheblichen Mängeln leidende, im ganzen nicht mehr brauchbare Leistung	= 1 bis 3 Punkte
ungenügend	eine völlig unbrauchbare Leistung	= 0 Punkte.

§ 2

Bildung von Gesamtnoten

(1) Soweit Einzelbewertungen zu einer Gesamtbewertung zusammengefaßt werden, ist die Gesamtnote bis auf zwei Dezimalstellen ohne Auf- oder Abrundung rechnerisch zu ermitteln.

(2) Den errechneten Punktwerten entsprechen folgende Notenbezeichnungen:

14.00–18.00	sehr gut
11.50–13.99	gut
9.00–11.49	vollbefriedigend
6.50– 8.99	befriedigend
4.00– 6.49	ausreichend
1.50– 3.99	mangelhaft
0– 1.49	ungenügend.

§ 3

Übergangsvorschrift

(1) Die §§ 1 und 2 sind auf Prüfungen anzuwenden, die nach dem 1. Januar 1983 begonnen werden, soweit nicht das Landesrecht einen früheren Zeitpunkt für die Anwendung bestimmt. Das Ablegen von Prüfungsleistungen nach § 5 d Abs. 3 des Deutschen Richtergesetzes gilt nicht als Beginn der Prüfung.*

(2) Für Wiederholungsprüfungen kann das Landesrecht abweichende Regelungen vorsehen.

§ 4

Berlin-Klausel

Diese Verordnung gilt nach § 14 des Dritten Überleitungsgesetzes in Verbindung mit § 125 des Deutschen Richtergesetzes auch im Land Berlin.

§ 5

Inkrafttreten

Diese Verordnung tritt am Tage nach der Verkündung in Kraft.

* *
*

* Bezieht sich auf die Fassung des DRiG *vor* Inkrafttreten des Dritten Änderungsgesetzes vom 25. Juli 1984 (BGBl. I S. 995/GVBl. S. 1098)

5. Gerichtsverfassungsgesetz

in der Fassung vom 9. Mai 1975 (BGBl. I S. 1077),
zuletzt geändert durch Gesetz
vom 17. Juli 1984 (BGBl. I S. 990)

Auszug

§ 10

Referendare

Unter Aufsicht des Richters können Referendare Rechtshilfeersuchen erledigen und außer in Strafsachen Verfahrensbeteiligte anhören, Beweise erheben und die mündliche Verhandlung leiten. Referendare sind nicht befugt, eine Beeidigung anzuordnen oder einen Eid abzunehmen.

§ 142

Sachliche Zuständigkeit

(1) ...

(2) ...

(3) Referendaren kann die Wahrnehmung der Aufgaben eines Amtsanwalts und im Einzelfall die Wahrnehmung der Aufgaben eines Staatsanwalts unter dessen Aufsicht übertragen werden.

§ 193

Anwesenheit von auszubildenden Personen

Bei der Beratung und Abstimmung dürfen außer den zur Entscheidung berufenen Richtern nur die bei demselben Gericht zu ihrer juristischen Ausbildung beschäftigten Personen zugegen sein, soweit der Vorsitzende deren Anwesenheit gestattet.

* *
*

6. Bundesrechtsanwaltsordnung

vom 1. August 1959 (BGBl. I S. 565), zuletzt geändert durch Gesetz vom 25. Juli 1984 (BGBl. I S. 995)

Auszug

§ 4

Befähigung zum Richteramt

Zur Rechtsanwaltschaft kann nur zugelassen werden, wer die Befähigung zum Richteramt nach dem Deutschen Richtergesetz erlangt hat.

§ 59

Ausbildung von Referendaren

(1) Der Rechtsanwalt hat den Referendar, der im Vorbereitungsdienst bei ihm beschäftigt ist, in den Aufgaben eines Rechtsanwalts zu unterweisen, ihn anzuleiten und ihm Gelegenheit zu praktischen Arbeiten zu geben.

(2) Auf den Referendar, der unter Beistand des Rechtsanwalts die Ausführung der Parteirechte übernimmt, ist § 157 Abs. 1 und 2 der Zivilprozeßordnung nicht anzuwenden. Das gleiche gilt, wenn der Referendar den Rechtsanwalt in Fällen vertritt, in denen eine Vertretung durch einen Rechtsanwalt nicht geboten ist.

* *
*

7. Bundesgebührenordnung für Rechtsanwälte

vom 26. Juli 1957 (BGBl. I S. 907), zuletzt geändert durch Gesetz vom 23. Dezember 1982 (BGBl. I S. 2071)

Auszug

§ 4

Vergütung für Tätigkeiten von Vertretern des Rechtsanwalts

Die Vergütung für eine Tätigkeit, die der Rechtsanwalt nicht persönlich vornimmt, wird nach diesem Gesetz bemessen, wenn

der Rechtsanwalt durch einen Rechtsanwalt, den allgemeinen Vertreter oder einen zur Ausbildung zugewiesenen Referendar vertreten wird.

* *
*

8. Strafprozeßordnung

in der Fassung vom 7. Januar 1975
(BGBl. I S. 129, ber. S. 650) zuletzt geändert
durch Gesetz vom 17. Juli 1984 (BGBl. I S. 990)

Auszug

§ 139

Übertragung auf Referendar

Der als Verteidiger gewählte Rechtsanwalt kann mit Zustimmung des Angeklagten die Verteidigung einem Rechtskundigen, der die erste Prüfung für den Justizdienst bestanden hat und darin seit mindestens einem Jahr und drei Monaten beschäftigt ist, übertragen.

§ 142

Auswahl des Verteidigers

(1) Der zu bestellende Verteidiger wird durch den Vorsitzenden des Gerichts möglichst aus der Zahl der bei einem Gericht des Gerichtsbezirks zugelassenen Rechtsanwälte ausgewählt.

(2) In den Fällen des § 140 Abs. 1 Nr. 2, 4 und 5 sowie des § 140 Abs. 2 können auch Rechtskundige, welche die vorgeschriebene erste Prüfung für den Justizdienst bestanden haben und darin seit mindestens einem Jahr und drei Monaten beschäftigt sind, für den ersten Rechtszug als Verteidiger bestellt werden, jedoch nicht bei dem Gericht, dessen Richter sie zur Ausbildung überwiesen sind.

* *
*

9. Richtlinien für das Strafverfahren

in der ab 1. Januar 1977 geltenden Fassung,
AV des Senators für Justiz vom 10. Dezember 1976
(ABl. S. 1688), geändert mit Wirkung vom
1. April 1984 (Sonderdruck)

Auszug

107.

Referendare als Verteidiger

Referendare sollen als Verteidiger nur bestellt werden (§ 142 Abs. 2 StPO), wenn nach der Art und der Bedeutung der Strafsache und der Person des Referendars Gewähr für eine sachgemäße Verteidigung besteht. Ist die Mitwirkung eines Verteidigers aus den Gründen des § 140 Abs. 2 StPO notwendig, so wird die Bestellung eines Referendars im allgemeinen nur dann in Betracht kommen, wenn die Tat nicht besonders schwer und die Sach- und Rechtslage nicht besonders schwierig, aber ersichtlich ist, daß der Beschuldigte sich nicht selbst verteidigen kann. Der Gesichtspunkt der Gebührenersparnis soll bei der Bestellung unberücksichtigt bleiben.

Dem von Amts wegen als Verteidiger bestellten Referendar sind die notwendigen baren Auslagen aus der Staatskasse zu erstatten.

* *
*

10. Rechtspflegergesetz

Vom 5. November 1969
(BGBl. I S. 2065), zuletzt geändert durch Gesetz
vom 25. Juli 1984 (GVBl. I S. 995)

Auszug

§ 2

Voraussetzungen für die Tätigkeit als Rechtspfleger

(1) Mit den Aufgaben eines Rechtspflegers kann ein Beamter des Justizdienstes betraut werden, der einen Vorbereitungsdienst von drei Jahren abgeleistet und die Rechtspflegerprüfung bestan-

den hat. Der Vorbereitungsdienst vermittelt in einem Studiengang einer Fachhochschule oder in einem gleichstehenden Studiengang dem Beamten die wissenschaftlichen Erkenntnisse und Methoden sowie die berufspraktischen Fähigkeiten und Kenntnisse, die zur Erfüllung der Aufgaben eines Rechtspflegers erforderlich sind. Der Vorbereitungsdienst besteht aus Fachstudien von mindestens achtzehnmonatiger Dauer und berufspraktischen Studienzeiten. Die berufspraktischen Studienzeiten umfassen die Ausbildung in den Schwerpunktbereichen der Aufgaben eines Rechtspflegers; die praktische Ausbildung darf die Dauer von einem Jahr nicht unterschreiten.

(2) Zum Vorbereitungsdienst kann zugelassen werden, wer eine zu einem Hochschulstudium berechtigende Schulbildung besitzt oder einen als gleichwertig anerkannten Bildungsstand nachweist. Beamte des mittleren Justizdienstes können zur Rechtspflegerausbildung zugelassen werden, wenn sie nach der Laufbahnprüfung mindestens drei Jahre im mittleren Justizdienst tätig waren und nach ihrer Persönlichkeit sowie ihren bisherigen Leistungen für den Dienst als Rechtspfleger geeignet erscheinen. Die Länder können bestimmen, daß die Zeit der Tätigkeit im mittleren Justizdienst bis zu einer Dauer von sechs Monaten auf die berufspraktischen Studienzeiten angerechnet werden kann.

(3) Mit den Aufgaben eines Rechtspflegers kann auf seinen Antrag auch betraut werden, wer die Befähigung zum Richteramt besitzt.

(4) Auf den Vorbereitungsdienst können ein erfolgreich abgeschlossenes Studium der Rechtswissenschaften bis zur Dauer von zwölf Monaten und ein Vorbereitungsdienst nach § 5b des Deutschen Richtergesetzes bis zur Dauer von sechs Monaten angerechnet werden. Auf Teilnehmer einer Ausbildung nach § 5b des Deutschen Richtergesetzes in der Fassung des Gesetzes vom 10. September 1971 (BGBl. I S. 1557) ist Satz 1 entsprechend anzuwenden.

(5) Referendare können mit der zeitweiligen Wahrnehmung der Geschäfte eines Rechtspflegers beauftragt werden.

* *
*

11. Landesbeamtengesetz

in der Fassung vom 20. Februar 1979 (GVBl. S. 368), zuletzt geändert durch Gesetz vom 30. Oktober 1984 (GVBl. S. 1541)

Einleitende Vorschriften

§ 7

Arten von Beamten

(1) Das Beamtenverhältnis kann begründet werden
1. auf Lebenszeit, wenn der Beamte dauernd für Aufgaben im Sinne des § 6 Abs. 2 verwendet werden soll,
2. auf Zeit, wenn der Beamte aufgrund besonderer gesetzlicher Vorschriften nur auf bestimmte Dauer für derartige Aufgaben verwendet werden darf,
3. auf Probe, wenn der Beamte zur späteren Verwendung auf Lebenszeit eine Probezeit zurückzulegen hat,
4. auf Widerruf, wenn der Beamte
a) einen Vorbereitungsdienst, einen Ausbildungsdienst oder eine Grundausbildung abzuleisten hat oder
b) nur nebenbei oder vorübergehend für Aufgaben im Sinne des § 6 Abs. 2 verwendet werden soll.
(2) ...

Ernennung

§ 8

Fälle der Ernennung

(1) Einer Ernennung bedarf es
1. zur Begründung des Beamtenverhältnisses,
2. zur Umwandlung des Beamtenverhältnisses in ein solches anderer Art (§ 7 Abs. 1),
3. zur ersten Verleihung eines Amtes,
4. zur Verleihung eines anderen Amtes mit anderem Endgrundgehalt und anderer Amtsbezeichnung,
5. zur Verleihung eines anderen Amtes mit anderer Amtsbezeichnung beim Wechsel der Laufbahngruppe.

(2) Die Ernennung erfolgt durch Aushändigung einer Ernennungsurkunde. In der Urkunde müssen enthalten sein

1. bei der Begründung des Beamtenverhältnisses die Worte „unter Berufung in das Beamtenverhältnis" mit dem die Art des Beamtenverhältnisses bestimmenden Zusatz „auf Widerruf", „auf Probe", „auf Lebenszeit", oder „auf Zeit" mit der Angabe der Zeitdauer der Berufung oder „als Ehrenbeamter",
2. bei der Umwandlung des Beamtenverhältnisses in ein solches anderer Art die diese Art bestimmenden Worte nach Nummer 1,
3. bei der Verleihung eines Amtes die Amtsbezeichnung.

Entspricht die Ernennungsurkunde nicht der in Satz 2 vorgeschriebenen Form, so liegt eine Ernennung nicht vor. Fehlt nur der in Satz 2 Nr. 1 genannte Zusatz, so liegt eine Ernennung zum Beamten auf Widerruf vor.

§ 9

Einstellungsvoraussetzungen

(1) In das Beamtenverhältnis darf nur berufen werden, wer

1. Deutscher im Sinne des Artikels 116 des Grundgesetzes ist,
2. die Gewähr dafür bietet, daß er jederzeit für die freiheitliche demokratische Grundordnung im Sinne des Grundgesetzes und der Verfassung von Berlin eintritt,
3. a) die vorgeschriebene oder — mangels solcher Vorschriften — übliche Vorbildung oder Befähigung besitzt oder
   b) die erforderliche Befähigung durch Lebens- und Berufserfahrung innerhalb oder außerhalb des öffentlichen Dienstes erworben hat.

(2) ...

§ 18

Pflichten gegenüber der Allgemeinheit

(1) Der Beamte dient dem ganzen Volke. Er hat seine Aufgaben unparteiisch und gerecht zu erfüllen und bei seiner Amtsführung auf das Wohl der Allgemeinheit Bedacht zu nehmen.

(2) Der Beamte muß sich durch sein gesamtes dienstliches und außerdienstliches Verhalten zu der freiheitlichen demokratischen Grundordnung im Sinne des Grundgesetzes und der Verfassung von Berlin bekennen und für deren Erhaltung eintreten.

§ 19

Politische Betätigung

Der Beamte hat bei politischer Betätigung diejenige Mäßigung und Zurückhaltung zu wahren, die sich aus seiner Stellung gegenüber der Gesamtheit und aus der Rücksicht auf die Pflichten seines Amtes ergeben.

§ 20

Berufspflichten

Der Beamte hat sich mit voller Hingabe seinem Beruf zu widmen. Er hat sein Amt uneigennützig und nach bestem Gewissen wahrzunehmen. Sein Verhalten innerhalb und außerhalb des Dienstes muß der Achtung und dem Vertrauen gerecht werden, die sein Beruf erfordert.

§ 21

Befolgung dienstlicher Anordnungen

Der Beamte hat seine Vorgesetzten zu beraten und zu unterstützen. Er ist verpflichtet, die von ihnen erlassenen Anordnungen auszuführen und ihre allgemeinen Richtlinien zu befolgen, sofern es sich nicht um Fälle handelt, in denen er nach besonderer gesetzlicher Vorschrift an Weisungen nicht gebunden und nur dem Gesetz unterworfen ist.

§ 23

Diensteid

(1) Der Beamte hat folgenden Diensteid zu leisten:

„Ich schwöre, daß ich mein Amt getreu dem Grundgesetz für die Bundesrepublik Deutschland und der Verfassung von Berlin in Übereinstimmung mit den Gesetzen zum Wohle der Allgemeinheit ausüben und meine Amtspflichten gewissenhaft erfüllen werde; so wahr mir Gott helfe."

(2) Der Eid kann auch ohne die Worte „so wahr mir Gott helfe" geleistet werden.

(3) Erklärt ein Beamter, daß er aus Glaubens- oder Gewissensgründen keinen Eid leisten könne, so darf er statt der Worte „Ich schwöre" die Worte „Ich gelobe" oder die nach dem Bekenntnis seiner Religionsgemeinschaft oder nach der Überzeugung seiner Weltanschauungsgemeinschaft an die Stelle des Eides tretende Beteuerungsformel sprechen.

§ 26

Amtsverschwiegenheit

(1) Der Beamte hat, auch nach Beendigung des Beamtenverhältnisses, über die ihm bei seiner amtlichen Tätigkeit bekanntgewordenen Angelegenheiten Verschwiegenheit zu bewahren. Dies gilt nicht für Mitteilungen im dienstlichen Verkehr oder über Tatsachen, die offenkundig sind oder ihrer Bedeutung nach keiner Geheimhaltung bedürfen.

(2) Der Beamte darf ohne Genehmigung über solche Angelegenheiten weder vor Gericht noch außergerichtlich aussagen oder Erklärungen abgeben. Die Genehmigung erteilt die Dienstbehörde oder, wenn das Beamtenverhältnis beendet ist, die letzte Dienstbehörde; die Dienstbehörde kann ihre Befugnis auf Dienstvorgesetzte übertragen. Hat sich der Vorgang, der den Gegenstand der Äußerung bildet, im Zuständigkeitsbereich einer anderen Dienstbehörde ereignet, so darf die Genehmigung nur mit deren Zustimmung erteilt werden.

(3) Der Beamte hat, auch nach Beendigung des Beamtenverhältnisses, auf Verlangen der Dienstbehörde oder der letzten Dienstbehörde amtliche Schriftstücke, Zeichnungen, bildliche Darstellungen sowie Aufzeichnungen jeder Art über dienstliche Vorgänge, auch soweit es sich um Wiedergaben handelt, herauszugeben. Die gleiche Verpflichtung trifft seine Hinterbliebenen und seine Erben.

(4) Unberührt bleibt die gesetzlich begründete Pflicht des Beamten, Straftaten anzuzeigen und bei Gefährdung der freiheitlichen demokratischen Grundordnung für deren Erhaltung einzutreten.

§ 29

Genehmigungspflichtige Nebentätigkeit

(1) Der Beamte bedarf, soweit er nicht nach § 28 zur Übernahme verpflichtet ist, der vorherigen Genehmigung

1. zur Übernahme eines Nebenamtes, einer Vormundschaft, Pflegschaft oder Testamentsvollstreckung,
2. zur Übernahme einer Nebenbeschäftigung gegen Vergütung, zu einer gewerblichen Tätigkeit, zur Mitarbeit in einem Gewerbebetrieb oder zur Ausübung eines freien Berufes,
3. zum Eintritt in den Vorstand, Aufsichtsrat, Verwaltungsrat oder in ein sonstiges Organ einer Gesellschaft, einer Genossenschaft oder eines in einer anderen Rechtsform betriebenen Unternehmens sowie zur Übernahme einer Treuhänderschaft.

(2) Die Genehmigung darf nur versagt werden, wenn zu besorgen ist, daß die Nebentätigkeit die dienstlichen Leistungen, die Unparteilichkeit oder die Unbefangenheit des Beamten oder öffentliche Interessen beeinträchtigen würde. Ergibt sich eine solche Beeinträchtigung nach Erteilung der Genehmigung, so ist diese zu widerrufen.

§ 30

Nicht genehmigungspflichtige Nebentätigkeit, Anzeigepflicht

(1) Nicht genehmigungspflichtig ist

1. die Verwaltung eigenen oder der Nutznießung des Beamten unterliegenden Vermögens,
2. eine schriftstellerische, wissenschaftliche, künstlerische oder Vortragstätigkeit des Beamten,
3. die mit Lehr- oder Forschungsaufgaben zusammenhängende selbständige Gutachtertätigkeit von Lehrern an öffentlichen Hochschulen und von Beamten an anderen wissenschaftlichen Instituten und Anstalten,
4. die Tätigkeit zur Wahrung von Berufsinteressen in Gewerkschaften oder Berufsverbänden oder in Selbsthifeeinrichtungen der Beamten,
5. die unentgeltliche Tätigkeit in Organen von Genossenschaften.

(2) Der Beamte hat ein Hochschulstudium oder eine Berufsausbildung anzuzeigen.

(3) Die dienstliche Verantwortlichkeit des Beamten bleibt unberührt; es ist Pflicht des Dienstvorgesetzten, Mißbräuchen entgegenzutreten.

§ 36

Fernbleiben vom Dienst

(1) Der Beamte darf dem Dienst nicht ohne Genehmigung seines Dienstvorgesetzten fernbleiben. Dienstunfähigkeit infolge Krankheit hat er unverzüglich anzuzeigen und auf Verlangen nachzuweisen.

(2) Verliert der Beamte wegen unentschuldigten Fernbleibens vom Dienst nach dem Bundesbesoldungsgesetz seinen Anspruch auf Bezüge, so wird dadurch eine disziplinarrechtliche Verfolgung nicht ausgeschlossen.

(3) In den übrigen Fällen, in denen der Beamte keinen Dienst geleistet hat, sind ein andereres Arbeitseinkommen oder ein beam-

tenrechtlicher Unterhaltsbeitrag, die der Beamte für denselben Zeitraum erzielt hat, auf die Bezüge anzurechnen; der Beamte ist zur Auskunft hierüber verpflichtet.

§ 55

Urlaub

(1) Dem Beamten steht alljährlich ein Erholungsurlaub unter Fortgewährung der Bezüge zu. Die Erteilung und Dauer des Erholungsurlaubs regelt der Senat durch Rechtsverordnung.

(2) Der Senat regelt ferner die Bewilligung von Urlaub aus anderen Anlässen und bestimmt, ob und inwieweit die Bezüge während eines solchen Urlaubs zu belassen sind. Stimmt ein Beamter seiner Aufstellung als Bewerber für die Wahl zum Deutschen Bundestag oder zu der gesetzgebenden Körperschaft eines Landes zu, ist ihm auf Antrag innerhalb der letzten zwei Monate vor dem Wahltag der zur Vorbereitung seiner Wahl erforderliche Urlaub unter Wegfall der Bezüge zu gewähren.

(3) Eine Urlaubsgenehmigung darf nicht versagt werden zur Wahrnehmung von Verpflichtungen, die gewerkschaftlichen, wissenschaftlichen oder fachlichen Zwecken von Berufsverbänden dienen, soweit nicht zwingende dienstliche Belange entgegenstehen.

§ 56

Personalakten

(1) Der Beamte hat, auch nach Beendigung des Beamtenverhältnisses, ein Recht auf Einsicht in seine vollständigen Personalakten; dazu gehören alle ihn betreffenden Vorgänge. Er muß über Beschwerden und Behauptungen tatsächlicher Art, die für ihn ungünstig sind oder ihm nachteilig werden können, vor Aufnahme in die Personalakten gehört werden. Die Äußerung des Beamten ist zu seinen Personalakten zu nehmen.

(2) Dienstliche Beurteilungen des Beamten sind ihm zur Kenntnis zu geben. Auf sein Verlangen ist seine Stellungnahme in die Personalakten aufzunehmen.

§ 65

Entlassung aus anderen Gründen

Der Beamte ist zu entlassen,

1. wenn er sich weigert, den gesetzlich vorgeschriebenen Diensteid zu leisten oder ein an dessen Stelle vorgeschriebenes Gelöbnis abzulegen, oder
2. wenn er nach Erreichen der Altersgrenze ernannt worden ist.

§ 66

Entlassung auf Antrag

(1) Der Beamte kann jederzeit seine Entlassung verlangen. Das Verlangen muß der Dienstbehörde schriftlich erklärt werden. Die Erklärung kann, solange die Entlassungsverfügung dem Beamten noch nicht zugegangen ist, innerhalb zweier Wochen nach Zugang bei der Dienstbehörde zurückgenommen werden, mit Zustimmung der Dienstbehörde auch nach Ablauf dieser Frist.

(2) Die Entlassung ist für den beantragten Zeitpunkt auszusprechen; sie kann jedoch solange hinausgeschoben werden, bis der Beamte seine Amtsgeschäfte ordnungsgemäß erledigt hat, längstens drei Monate.

§ 67

Entlassung der Beamten auf Probe

(1) Der Beamte auf Probe kann entlassen werden, wenn einer der folgenden Entlassungsgründe vorliegt:

1. wenn er sich eines Verhaltens schuldig macht, das bei einem Beamten auf Lebenszeit eine Disziplinmaßnahme zur Folge hätte, die nur im förmlichen Disziplinarverfahren verhängt werden kann, oder
2. wenn er sich in der Probezeit nicht bewährt, insbesondere hinsichtlich seiner Eignung und fachlichen Leistung durchschnittlichen Anforderungen nicht entspricht, oder
3. wenn die Voraussetzungen des § 61 Abs. 2 vorliegen und eine andere Verwendung nicht möglich ist.

Bei Dienstunfähigkeit (§ 77) ist der Beamte auf Probe zu entlassen, wenn er nicht nach § 81 in den Ruhestand versetzt wird. Ist der Beamte auf Probe wegen Dienstunfähigkeit zu entlassen, findet

§ 79 entsprechende Anwendung. Dabei verlängern sich die Fristen des nachfolgenden Absatzes 3 um jeweils einen Monat; für die Einbehaltung von Bezügen ist von dem Ruhegehalt auszugehen, das nach § 15 des Beamtenversorgungsgesetzes die Höchstgrenze eines zu gewährenden Unterhaltsbeitrages wäre.

(2) Beamte auf Probe der in § 72 bezeichneten Art können jederzeit entlassen werden.

(3) Bei der Entlassung sind folgende Fristen einzuhalten:
bei einer Beschäftigungszeit

bis zu drei Monaten
zwei Wochen zum Monatsschluß

von mehr als drei Monaten
ein Monat zum Monatsschluß,

von mindestens einem Jahr
sechs Wochen zum Schluß eines Kalendervierteljahres,

von mindestens fünf Jahren
drei Monate zum Schluß eines Kalendervierteljahres,

von mindestens acht Jahren
vier Monate zum Schluß eines Kalendervierteljahres.

Als Beschäftigungszeit gilt die Zeit ununterbrochener entgeltlicher Tätigkeit im Dienste desselben Dienstherrn oder der Verwaltung, deren Aufgaben der Dienstherr übernommen hat, sowie im Falle der Versetzung im Dienste des früheren Dienstherrn.

(4) Im Falle des Absatzes 1 Satz 1 Nr. 1 kann der Beamte auf Probe ohne Einhaltung einer Frist entlassen werden.

(5) Erreicht ein Beamter auf Probe die Altersgrenze (§ 76), so ist er mit dem Ende des Monats, in den dieser Zeitpunkt fällt, entlassen.

(6) Die laufbahnrechtlichen Vorschriften über die Entlassung während oder nach Ablauf der Probezeit bleiben unberührt.

§ 68

Beamte auf Widerruf

(1) Der Beamte auf Widerruf kann jederzeit entlassen werden; bei Dienstunfähigkeit (§ 77) ist er zu entlassen. § 67 Abs. 3, 4 und 5 gilt entsprechend.

(2) Dem Beamten auf Widerruf im Vorbereitungsdienst, im Ausbildungsdienst oder in der Grundausbildung soll Gelegenheit gegeben werden, den Vorbereitungsdienst, den Ausbildungsdienst oder die Grundausbildung abzuleisten und die Prüfung abzulegen. Mit der Ablegung der Prüfung endet sein Beamtenverhältnis, soweit dies durch Gesetz, Rechtsverordnung oder allgemeine Verwaltungsvorschriften bestimmt ist.

§ 70

Folge der Entlassung

(1) Nach der Entlassung hat der frühere Beamte keinen Anspruch auf Bezüge, Versorgung und sonstige Geldleistungen (§ 49), soweit gesetzlich nichts anderes bestimmt ist. Die Amtsbezeichnung darf er nicht mehr führen.

(2) Die oberste Dienstbehörde kann die Erlaubnis erteilen, die Amtsbezeichnung mit dem Zusatz „außer Dienst (a. D.)", sowie die im Zusammenhang mit dem Amt verliehenen Titel zu führen. Die Erlaubnis kann zurückgenommen werden, wenn der frühere Beamte sich ihrer als nicht würdig erweist.

§ 83

Gerichtliche Verurteilung

Das Beamtenverhältnis eines Beamten, der im ordentlichen Strafverfahren durch das Urteil eines deutschen Gerichts im Geltungsbereich des Beamtenrechtsrahmengesetzes

1. wegen einer vorsätzlichen Tat zu Freiheitsstrafe von mindestens einem Jahr oder
2. wegen einer vorsätzlichen Tat, die nach den im Land Berlin geltenden Vorschriften über Friedensverrat, Hochverrat, Gefährdung des demokratischen Rechtsstaates oder Landesverrat und Gefährdung der äußeren Sicherheit strafbar ist, zu Freiheitsstrafe von mindestens sechs Monaten

verurteilt wird, endet mit der Rechtskraft des Urteils. Entsprechendes gilt, wenn dem Beamten die Fähigkeit zur Bekleidung öffentlicher Ämter aberkannt wird.

* *
*

12. Verordnung über den Erholungsurlaub der Beamten und Richter

in der Fassung vom 8. April 1983 (GVBl. S. 775), zuletzt geändert durch VO vom 8. November 1983 (GVBl. S. 1423)

Auszug

§ 1

Urlaubsjahr und Gewährleistung des Dienstbetriebes

(1) Die Landesbeamten erhalten in jedem Urlaubsjahr Erholungsurlaub unter Fortzahlung der Bezüge.

(2) Urlaubsjahr ist das Kalenderjahr.

(3) Der Erholungsurlaub ist auf das Urlaubsjahr so zu verteilen, daß der ordnungsmäßige Geschäftsgang gewährleistet ist. Dabei sind die Wünsche der Beamten nach Möglichkeit zu berücksichtigen. Vertretungskosten sind möglichst zu vermeiden.

§ 2

Wartezeit

Der Beamte hat erst sechs Monate nach Eintritt in den öffentlichen Dienst Anspruch auf Erholungsurlaub (Wartezeit). Für Beamte bis zu einem Lebensalter von 18 Jahren beträgt die Wartezeit drei Monate. Aus besonderen Gründen kann Erholungsurlaub vor Ablauf der Wartezeit gewährt werden.

§ 4

Urlaubsdauer

(1) Der Urlaub beträgt für Beamte, deren regelmäßige wöchentliche Arbeitszeit auf fünf Tage in der Kalenderwoche verteilt ist, für jedes Urlaubsjahr

in den Besoldungsgruppen	bis zum vollendeten 30. Lebensjahr	bis zum vollendeten 40. Lebensjahr	nach vollendetem 40. Lebensjahr
		Arbeitstage	
A 1 bis A 10	26	28	30
A 11 bis A 14, C 1, R 1	26	29	30
A 15, R 2, C 2 u. darüber	26	30	30

Arbeitstage sind alle Kalendertage, an denen der Beamte nach dem Dienstplan oder üblicherweise Dienst zu leisten hat. Arbeitstage, die aus besonderem Anlaß ganz oder teilweise dienstfrei sind und in die Zeit des Erholungsurlaubs fallen, gelten als volle Urlaubstage im Sinne dieser Verordnung.

(2) Ergeben sich wegen anderweitiger Verteilung der durchschnittlichen regelmäßigen wöchentlichen Arbeitszeit regelmäßig oder dienstplanmäßig im Durchschnitt des Urlaubsjahres mehr oder weniger als 5 Arbeitstage in der Kalenderwoche, erhöht oder vermindert sich der Urlaub im Verhältnis der Anzahl der zusätzlichen Arbeitstage oder der zusätzlichen freien Tage im Urlaubsjahr zu 250. Ergibt sich danach ein Bruchteil eines Tages, bleibt er unberücksichtigt.

(3) Für Beamte im Vorbereitungsdienst ist die Eingangsgruppe ihrer Laufbahn maßgebend.

(4) Erholungsurlaub und Zusatzurlaub (Gesamturlaub) dürfen im Urlaubsjahr zusammen 34 Arbeitstage nicht überschreiten; dies gilt nicht für den Zusatzurlaub nach den §§ 12, 12a und 12b.

§ 10

Widerruf und Verlegung

(1) Die Beurlaubung kann ausnahmsweise widerrufen werden, wenn bei Abwesenheit des Beamten die ordnungsmäßige Erledigung der Dienstgeschäfte nicht gewährleistet wäre. Mehraufwendungen, die dem Beamten durch einen nicht von ihm selbst verschuldeten Widerruf entstehen, sind ihm zu ersetzen.

(2) Wünscht der Beamte aus wichtigen Gründen seinen Urlaub hinauszuschieben oder abzubrechen, so ist dem Wunsch zu entsprechen, wenn dies mit den Erfordernissen des Dienstes vereinbar ist und die Arbeitskraft des Beamten dadurch nicht gefährdet wird.

§ 11

Erkrankung

(1) Wird ein Beamter während seines Urlaubs durch Krankheit dienstunfähig und zeigt er dies unverzüglich an, so wird ihm die Zeit der Dienstunfähigkeit nicht auf den Erholungsurlaub angerechnet. Der Beamte hat die Dienstunfähigkeit nachzuweisen;

dafür ist grundsätzlich ein ärtzliches, auf Verlangen ein amts- oder vertrauensärztliches Zeugnis beizubringen.

* *
*

13. Verordnung über den Urlaub der Beamten und Richter aus besonderen Anlässen

in der Fassung vom 1. Januar 1971 (GVBl. S. 245)

Auszug

§ 1

Anwendungsbereich

(1) Diese Verordnung gilt für den Urlaub der Landesbeamten aus anderen Anlässen als zur Erholung.

(2) Auf Hochschullehrer sowie wissenschaftliche und künstlerische Mitarbeiter (§ 3 des Hochschullehrergesetzes) findet diese Verordnung Anwendung, soweit die nach § 6 Abs. 2 und § 16 Abs. 3 des Hochschullehrergesetzes erlassene Rechtsverordnung nichts anderes bestimmt.

§ 2

Urlaub zur Wahrnehmung staatsbürgerlicher Pflichten und Rechte

Dem Beamten ist für die Wahrnehmung staatsbürgerlicher Pflichten und Rechte der erforderliche Urlaub unter Fortzahlung der Dienstbezüge zu gewähren.

§ 4

Urlaub für staatsbürgerliche, kirchliche, fachliche, gewerkschaftliche und sportliche Zwecke

(1) Dem Beamten ist aus folgenden Anlässen Urlaub unter Fortzahlung der Dienstbezüge zu gewähren, soweit die Ausübung der Tätigkeit außerhalb der Dienstzeit nicht möglich ist und zwingende dienstliche Belange nicht entgegenstehen:

1. für die Teilnahme an Tagungen, Lehrgängen und sonstigen Veranstaltungen, die staatsbürgerlichen Zwecken dienen und von staatlichen oder kommunalen Stellen oder von Organisationen oder Einrichtungen durchgeführt werden, deren Förderungswürdigkeit von dem fachlich zuständigen Senatsmitglied anerkannt worden ist,
2. auf Anforderung der Kirchenbehörden für die Teilnahme an Tagungen von öffentlich-rechtlichen Religionsgesellschaften sowie für die Teilnahme an Tagungen und Lehrgängen karitativer Verbände,
3. für die Teilnahme an Tagungen und sonstigen Veranstaltungen, sowie sie von Nutzen für die dienstliche Tätigkeit des Beamten sind,
4. für die Teilnahme an Tagungen und Lehrgängen der Gewerkschaften oder Berufsverbänden sowie der Berufskammern,
5. für die Teilnahme an Sportveranstaltungen, die im vom Senator für Jugend und Sport anerkannten besonderen Interesse des Landes Berlin liegen,
6. für die Teilnahme an Tagungen der Olympischen Komitees sowie für die Teilnahme an Tagungen, Mitgliederversammlungen und Vorstandssitzungen nationaler und internationaler Dachorganisationen von Sportverbänden, wenn der Beamte diesen Gremien angehört,
7. zur Ablegung von Prüfungen im Rahmen einer Fortbildung.

(2) Eine Beurlaubung zu Lehrgängen und sonstigen Veranstaltungen ist nicht zulässig, wenn diese ganz oder überwiegend der allgemeinen Bildung dienen. In den Fällen des Absatzes 1 Nr. 2 gilt für die Teilnahme am Deutschen Evangelischen Kirchentag und am Deutschen Katholikentag die bestätigte Anmeldung als Anforderung. In den Fällen des Absatzes 1 Nr. 4 darf der Urlaub nur gewährt werden, wenn der Beamte Mitglied der Organisation ist und

1. an der Tagung als Beauftragter seiner Organisation teilnimmt oder
2. für die Teilnahme an dem Lehrgang persönlich bestimmt worden ist.

§ 6

Dauer des Urlaubs

(1) Der Urlaub nach den §§ 4 und 5 darf, auch wenn er für mehrere der in diesen Vorschriften genannten Zwecke gewährt

wird, vierzehn Werktage im Kalenderjahr nicht übersteigen. Die oberste Dienstbehörde kann in besonderen Fällen Ausnahmen zulassen; sie kann ihre Befugnisse auf andere Behörden übertragen.

(2) In einem Kalenderjahr nicht in Anspruch genommener Urlaub kann nicht in den folgenden Kalenderjahren gewährt werden.

§ 7

Urlaub aus persönlichen Anlässen

(1) Dem Beamten ist aus wichtigen persönlichen Gründen, insbesondere bei Eheschließung, schwerer Erkrankung eines nahen Angehörigen, Todesfall und Wohnungswechsel Urlaub unter Fortzahlung der Dienstbezüge und unter Beschränkung auf das notwendige Maß zu gewähren. Das Nähere regelt der Senator für Inneres durch Verwaltungsvorschriften.

(2) ...

§ 10

Urlaub aus sonstigen Anlässen

(1) Dem Beamten kann über die §§ 2 bis 9 hinaus Urlaub unter Wegfall der Dienstbezüge bis zur Dauer von sechs Monaten gewährt werden, wenn ein wichtiger Grund vorliegt und dienstliche Gründe nicht entgegenstehen. Urlaub von längerer Dauer bedarf der Zustimmung der obersten Dienstbehörde.

(2) Besteht in den Fällen des Absatzes 1 ein überwiegendes dienstliches Interesse, kann dem Beamten Urlaub unter Fortzahlung der Dienstbezüge bis zur Dauer von sechs Monaten gewährt werden; jedoch sind die Dienstbezüge nach Ablauf von zwei Monaten um 25 v. H. und bei Ledigen (§ 16 Abs. 1 des Landesbesoldungsgesetzes) um 50 v. H. zu kürzen. Die oberste Dienstbehörde kann Ausnahmen zulassen.

(3) ...

§ 11

Widerruf

(1) Die Beurlaubung kann, außer in den Fällen des § 2, des § 7 Abs. 1 und des § 8, widerrufen werden, wenn bei Abwesenheit

des Beamten die ordnungsmäßige Erledigung der Dienstgeschäfte nicht gewährleistet wäre.

(2) Die Beurlaubung ist zu widerrufen, wenn der Beamte den Urlaub zu einem anderen als dem bewilligten Zweck verwendet. In diesem Falle ist ein Urlaub unter Fortzahlung der Dienstbezüge auf den jährlichen Erholungsurlaub anzurechnen.

* *
*

14. Ausführungsvorschriften über den Urlaub der Beamten und Richter aus besonderen Anlässen

Vom 4. Juli 1980 (DBl. I S. 131)

Auf Grund des § 7 Abs. 1 Satz 2 der Verordnung über den Urlaub der Beamten und Richter aus besonderen Anlässen in der Fassung vom 1. Januar 1971 (GVBl. S. 245) wird bestimmt:

§ 1

(1) Der Beamte erhält vorbehaltlich der Ausnahmen im Absatz 2 Urlaub unter Fortzahlung der Besoldung aus folgenden besonderen Anlässen und im nachstehend geregelten Ausmaß:

1. beim Umzug des Beamten mit eigenem Hausstand	**2 Arbeitstage**
2. beim Umzug des Beamten mit eigenem Hausstand anläßlich der Versetzung oder Abordnung an einen anderen Ort aus dienstlichen Gründen	**3 Arbeitstage**
3. beim 25-, 40- und 50jährigen Dienstjubiläum des Beamten	**1 Arbeitstag**
5. bei der Niederkunft der mit dem Beamten in häuslicher Gemeinschaft lebenden Ehefrau	**2 Arbeitstage**
6. beim Tode des Ehegatten	**4 Arbeitstage**
7. beim Tode von Eltern, Großeltern, Schwiegereltern, Stiefeltern, Kindern oder Geschwistern, die mit dem Beamten in demselben Haushalt gelebt haben,	**2 Arbeitstage**
8. bei der Beisetzung einer in Nummer 7 genannten Person, die nicht mit dem Beamten in demselben Haushalt gelebt hat,	**1 Arbeitstag**

9. bei der Einsegung, bei der Erstkommunion, bei einer entsprechenden religiösen oder weltanschaulichen Feier und bei der Eheschließung eines Kindes des Beamten	1 Arbeitstag
10. bei der silbernen Hochzeit des Beamten	1 Arbeitstag
11. bei schwerer Erkrankung a) des Ehegatten, b) eines Kindes, das das 14. Lebensjahr noch nicht vollendet hat, c) der im Haushalt des Beamten lebenden Eltern oder Stiefeltern des Beamten, wenn dieser die nach ärztlicher Bescheinigung unerläßliche Pflege des Erkrankten deshalb selbst übernehmen muß, weil eine andere Person für diesen Zweck nicht sofort zur Verfügung steht,	bis zu 6 Kalendertagen im Kalenderjahr,
12. soweit kein Anspruch nach Nummer 11 besteht oder im laufenden Kalenderjahr eine Dienstbefreiung nach Nummer 11 nicht bereits in Anspruch genommen worden ist, bei schwerer Erkrankung des Ehegatten oder einer sonstigen in seinem Haushalt lebenden Person, wenn der Beamte aus diesem Grunde die Betreuung seiner Kinder, die das achte Lebensjahr noch nicht vollendet haben oder wegen körperlicher, geistiger oder seelischer Behinderung dauernd pflegebedürftig sind, übernehmen muß, weil eine andere Person für diesen Zweck nicht sofort zur Verfügung steht,	bis zu 6 Kalendertagen im Kalenderjahr.

(2) Fällt in den Fällen des Absatzes 1 Nrn. 8 bis 10 der Anlaß der Beurlaubung auf einen dienstfreien Tag, entfällt der Anspruch auf Beurlaubung. Fällt in den Fällen des Absatzes 1 Nrn. 4 bis 7 der Anlaß der Beurlaubung auf einen dienstfreien Tag oder ist der dem Anlaß der Beurlaubung folgende Tag — im Falle des Absatzes 1 Nr. 6 einer der drei folgenden Tage — dienstfrei, vermindert sich der Anspruch auf Beurlaubung um einen Arbeitstag. In den Fällen des Absatzes 1 Nrn. 11 und 12 vermindert sich der Anspruch auf Beurlaubung um jeden in den Anspruchszeitraum fallenden dienstfreien Tag.

§ 2

(1) Dem Beamten kann in sonstigen dringenden Fällen Dienstbefreiung unter Fortzahlung der Besoldung bis zu drei Arbeitstagen gewährt werden. § 1 Abs. 2 gilt entsprechend.

(2) In begründeten Fällen kann kurzfristige Dienstbefreiung unter Wegfall der Besoldung gewährt werden, wenn die dienstlichen Verhältnisse es gestatten.

§ 3

Diese Verwaltungsvorschriften treten am 1. August 1980 in Kraft. Gleichzeitig treten die Ausführungsvorschriften über den Urlaub der Beamten und Richter aus besonderen Anlässen vom 8. Dezember 1966 (DBl. I/1966 Nr. 100) außer Kraft.

* *
*

15. Verordnung über den Mutterschutz für Beamtinnen (Mutterschutzverordnung)

in der Fassung vom 3. Februar 1981
(GVBl. S. 290)
zuletzt geändert durch VO vom 23. Dezember 1983 (GVBl. S. 1737)

Auszug

§ 1

(1) Eine Beamtin darf während ihrer Schwangerschaft nicht beschäftigt werden, soweit nach ärztlichem Zeugnis Leben oder Gesundheit von Mutter oder Kind bei Fortdauer der Dienstleistung gefährdet ist.

(2) In den letzten sechs Wochen vor der Entbindung darf die Beamtin nicht beschäftigt werden, es sei denn, daß sie sich zur Dienstleistung ausdrücklich bereit erklärt; die Erklärung kann jederzeit widerrufen werden.

§ 3

(1) In den ersten acht Wochen nach der Entbindung ist eine Beamtin nicht zur Dienstleistung heranzuziehen; diese Frist verlängert sich bei Früh- oder Mehrlingsgeburten auf zwölf Wochen.

(2) Eine Beamtin, die in den ersten Monaten nach der Entbindung nach ärztlichem Zeugnis nicht voll dienstfähig ist, darf nicht zu einem ihre Leistungsfähigkeit übersteigenden Dienst herangezogen werden.

(3) Solange eine Beamtin stillt, darf sie nicht zu den in § 2 Abs. 1 Satz 1 und 2 Nr. 1, 3 bis 5 und 7 bis 10 genannten Arbeiten herangezogen werden.

§ 4

Durch die Beschäftigungsverbote der §§ 1, 2 und 3 wird die Zahl der Dienst- und Anwärterbezüge nicht berührt. Das gleiche gilt für die Dienstversäumnis während der Stillzeit (§ 8).

§ 5

(1) Einer Beamtin ist im Anschluß an die Schutzfrist des § 3 Abs. 1 auf Antrag Mutterschaftsurlaub bis zu dem Tag zu gewähren, an dem das Kind den sechsten Lebensmonat vollendet.

Voraussetzung dafür ist, daß in den letzten zwölf Monaten vor der Entbindung für mindestens neun Monate, bei Frühgeburten für mindestens sieben Monate, ein Beamten-, Arbeits- oder Ausbildungsverhältnis oder ein Anspruch auf Arbeitslosengeld, Arbeitslosenhilfe oder Unterhaltsgeld nach dem Arbeitsförderungsgesetz bestanden hat oder unverschuldete Wartezeiten zwischen der Beendigung des Vorbereitungsdienstes und der Ernennung zur Beamtin auf Probe vorgelegen haben.

(2) Die Beamtin muß den Mutterschaftsurlaub spätestens vier Wochen vor Ablauf der Schutzfrist des § 3 Abs. 1 beantragen.

(3) Kann die Beamtin aus einem von ihr nicht zu vertretenden Grund den Mutterschaftsurlaub nicht rechtzeitig beantragen oder antreten, so kann sie dies innerhalb einer Woche nach Wegfall des Grundes nachholen.

(4) Stirbt das Kind während des Mutterschaftsurlaubs, so endet dieser abweichend von Absatz 1 drei Wochen nach dem Tod des Kindes, spätestens an dem Tag, an dem das Kind den sechsten Lebensmonat vollendet hätte. Hat die Dienstbehörde für die Zeit des Mutterschaftsurlaubs eine Ersatzkraft eingestellt und ist das Beschäftigungsverhältnis mit dieser Ersatzkraft über die drei Wochen des Satzes 1 hinaus vereinbart, endet der Mutterschaftsurlaub mit der Auflösung dieses Beschäftigungsverhältnisses, spätestens an dem Tag, an dem das Kind den sechsten Lebensmonat vollendet hätte. Die Sätze 1 und 2 gelten entsprechend, wenn das Kind während der in Absatz 2 genannten Frist von vier Wochen stirbt.

(5) Mit Zustimmung der Dienstbehörde kann der Mutterschaftsurlaub vorzeitig beendet werden.

(6) Während des Mutterschaftsurlaubs darf die Beamtin keine Erwerbstätigkeit leisten.

(7) Die Beamtin soll der Dienstbehörde spätestens vier Wochen nach Beginn des Mutterschaftsurlaubs mitteilen, ob sie beabsichtigt, das Beamtenverhältnis nach Beendigung des Mutterschaftsurlaubs fortzusetzen.

(8) Der Erholungsurlaub wird für jeden vollen Kalendermonat, für den die Beamtin Mutterschaftsurlaub nimmt, um ein Zwölftel gekürzt.

(9) Für die Zeit des Mutterschaftsurlaubs werden die um die gesetzlichen Abzüge verminderten Dienst- und Anwärterbezüge bis zu einem Höchstbetrag von monatlich fünfhundertzehn Deutsche Mark als Mutterschaftsgeld weitergewährt.

(10) Der Beamtin werden für die Zeit des Mutterschaftsurlaubs die Beiträge für ihre Krankenversicherung bis zu monatlich sechzig Deutsche Mark erstattet, wenn ihre Dienst- oder Anwärterbezüge (ohne die mit Rücksicht auf den Familienstand gewährten Zuschläge und ohne Aufwandsentschädigung) vor Beginn des Mutterschaftsurlaubs die Versicherungspflichtgrenze in der gesetzlichen Krankenversicherung nicht überschritten haben.

§ 7

(1) Sobald einer schwangeren Beamtin ihr Zustand bekannt ist, soll sie ihn der Dienstbehörde mitteilen und dabei den mutmaßlichen Tag der Entbindung angeben. Auf Verlangen der Dienst-

behörde soll sie das Zeugnis eines Arztes oder einer Hebamme vorlegen.

(2) Für die Berechnung des in § 1 Abs. 2 bezeichneten Zeitraums vor der Entbindung ist auf Verlangen der Dienstbehörde das Zeugnis eines Arztes oder einer Hebamme vorzulegen; das Zeugnis soll den mutmaßlichen Tag der Entbindung angeben. Irrt sich der Arzt oder die Hebamme über den Zeitpunkt der Entbindung, so verkürzt oder verlängert sich diese Frist entsprechend.

(3) Die Kosten für die Zeugnisse nach Absatz 1 und 2 trägt die Dienstbehörde.

§ 11 a

(1) Endet ein Beamtenverhältnis auf Widerruf oder auf Zeit, das zu Beginn der Schutzfrist des § 1 Abs. 2 bestanden hat, wegen Ablegung der Prüfung kraft Gesetzes, Rechtsverordnung oder allgemeiner Verwaltungsvorschrift oder wegen Zeitablaufs während der Schutzfristen (§ 1 Abs. 2, § 3 Abs. 1) oder während der Zeit, für die die frühere Beamtin bei Fortbestehen des Beamtenverhältnisses Mutterschaftsurlaub hätte beanspruchen können, so erhält die frühere Beamtin auf Antrag ein besonderes Mutterschaftsgeld für den Zeitraum, für den ihr bei Fortbestehen des Beamtenverhältnisses Dienst- oder Anwärterbezüge nach § 4 oder § 5 Abs. 9 zugestanden hätten. Das besondere Mutterschaftsgeld beträgt monatlich fünfhundertzehn Deutsche Mark, jedoch nicht mehr als die vor Beendigung des Beamtenverhältnisses zustehenden Dienst- oder Anwärterbezüge.

(2) Das besondere Mutterschaftsgeld nach Absatz 1 steht nicht zu, wenn und soweit für denselben Zeitraum Dienstbezüge, Anwärterbezüge, Arbeitseinkommen oder Mutterschaftsgeld gezahlt werden.

(3) Der früheren Beamtin werden für die Zeit, für die sie bei Fortbestehen des Beamtenverhältnisses Mutterschaftsurlaub hätte beanspruchen können, auf Antrag die Beiträge für ihre Krankenversicherung bis zu monatlich 82,50 Deutsche Mark erstattet, wenn ihre Dienst- oder Anwärterbezüge (ohne die mit Rücksicht auf den Familienstand gewährten Zuschläge und ohne Aufwandsentschädigung) vor Beginn des Mutterschaftsurlaubs die Versicherungspflichtgrenze in der gesetzlichen Krankenversicherung nicht überschritten haben. Dies gilt nicht, wenn der früheren Beamtin nach

Absatz 2 kein besonderes Mutterschaftsgeld zusteht oder wenn sie selbst oder ein anderer Beihilfeberechtigter für sie einen Anspruch auf Beihilfe hat.

* *
*

16. Verordnung über die Nebentätigkeit der Beamten

in der Fassung vom 2. Oktober 1978
(GVBl. S. 2002)

Auszug

§ 1

Nebentätigkeit

(1) Nebentätigkeit eines Beamten ist die Ausübung eines Nebenamtes oder einer Nebenbeschäftigung.

(2) Nebenamt ist ein nicht zu einem Hauptamt gehörender Kreis von Aufgaben, der auf Grund eines öffentlich-rechtlichen Dienst- oder Amtsverhältnisses wahrgenommen wird.

(3) Nebenbeschäftigung ist jede sonstige, nicht zu einem Hauptamt gehörende Tätigkeit innerhalb oder außerhalb des öffentlichen Dienstes.

(4) Als Nebentätigkeit gelten nicht Tätigkeiten

1. als Mitglied von Vertretungskörperschaften und deren Ausschüssen,
2. als ehrenamtliches Mitglied eines Bundes- oder Landesausschusses, wenn der Beamte auf Vorschlag des Bundesrates oder des Senats von Berlin zum Mitglied berufen worden ist, und als ehrenamtliches Mitglied von Organen der Sozialversicherung und ihrer Verbände sowie der Bundesanstalt für Arbeit,
3. als ehrenamtlicher Richter.

§ 4

Vergütung

(1) Vergütung für eine Nebentätigkeit ist jede Gegenleistung in Geld oder geldwerten Vorteilen, auch wenn kein Rechtsanspruch auf sie besteht.

(2) Als Vergütung im Sinne des Absatzes 1 gelten nicht

1. der Ersatz von Fahrkosten sowie Tage- und Übernachtungsgelder, soweit sie die nach vergleichbaren Reisekostenvorschriften für den Beamten geltenden Sätze, bei Vereinigungen, Einrichtungen und Unternehmen, die nicht die Reisekostenvorschriften für Beamte anwenden, insgesamt 60,— Deutsche Mark je Reisetag, nicht übersteigen,
2. der Ersatz sonstiger barer Auslagen, wenn keine Pauschalierung vorgenommen wird.

(3) Pauschalierte Aufwandsentschädigungen sind in vollem Umfange, Tage- und Übernachtungsgelder insoweit, als sie die Beträge nach Abs. 2 Nr. 1 übersteigen, als Vergütung anzusehen.

§ 5

Allgemeine Erteilung, Versagung, Widerruf der Genehmigung

(1) Die zur Übernahme einer oder mehrerer Nebenbeschäftigungen gegen Vergütung erforderliche Genehmigung gilt allgemein als erteilt, wenn

1. die Nebenbeschäftigungen nur gelegentlich und außerhalb der Dienstzeit ausgeübt werden und einen geringen Umfang haben,
2. kein gesetzlicher Versagungsgrund vorliegt und
3. die Vergütung insgesamt 100,— DM im Monat nicht übersteigt.

Eine als genehmigt geltende Nebenbeschäftigung ist anzuzeigen. Sie ist zu untersagen, wenn sich infolge ihrer Ausübung eine Beeinträchtigung der dienstlichen Leistungen, der Unparteilichkeit oder der Unbefangenheit des Beamten oder anderer öffentlicher Interessen ergibt.

(2) Die Genehmigung für eine Nebentätigkeit ist zu versagen, wenn ein gesetzlicher Versagungsgrund vorliegt. Dies gilt insbesondere, wenn die Nebentätigkeit

1. mit dem Ansehen der Beamtenschaft oder anderen öffentlichen Interessen nicht vereinbar ist oder
2. die Arbeitskraft des Beamten so stark in Anspruch nimmt, daß die ordnungsgemäße Erfüllung seiner dienstlichen Pflichten beeinflußt wird, oder
3. den Beamten in einen Widerstreit mit seinen dienstlichen Pflichten, insbesondere in eine Abhängigkeit von Dritten bringen kann oder

4. zu einer wesentlichen Einschränkung der künftigen Verwendbarkeit des Beamten führen kann.
Die in Nummer 2 genannte Voraussetzung gilt als erfüllt, wenn die zeitliche Beanspruchung durch eine oder mehrere Nebentätigkeiten in der Regel ein Viertel der allgemein festgesetzten regelmäßigen wöchentlichen Arbeitszeit, bei Lehrern ein Viertel der regelmäßigen Pflichtstunden, überschreitet, es sei denn, es handelt sich um ärztliche Nebentätigkeiten, die im zwingenden öffentlichen Interesse liegen.

(3) Der Beamte ist verpflichtet, die für die Entscheidung der Dienstbehörde erforderlichen Nachweise zu führen und wesentliche nachträgliche Änderungen der in seinem Antrag auf Genehmigung der Nebentätigkeit anzugebenden Tatsachen über Art und Umfang unverzüglich anzuzeigen.

(4) Wird eine Genehmigung widerrufen oder eine als genehmigt geltende Nebenbeschäftigung untersagt, so soll dem Beamten eine angemessene Frist zur Abwicklung der Nebentätigkeit eingeräumt werden, soweit die dienstlichen Interessen dies gestatten.

(5) Sämtliche die Nebentätigkeit eines Beamten betreffenden Mitteilungen, Anträge und Entscheidungen bedürfen der Schriftform.

* *
*

17. Bundesbesoldungsgesetz

in der Fassung der Bekanntmachung
vom 13. November 1980 (BGBl. I S. 2081),
zuletzt geändert durch Gesetz vom 20. Dezember 1984 (BGBl. I S. 1710)

Auszug

§ 1

Geltungsbereich

(1) Dieses Gesetz regelt die Besoldung der
1. Bundesbeamten, der Beamten der Länder, der Gemeinde, der Gemeindeverbände sowie der sonstigen der Aufsicht eines Landes unterstehenden Körperschaften, Anstalten und Stiftungen

des öffentlichen Rechts; ausgenommen sind die Ehrenbeamten und die Beamten auf Widerruf, die nebenbei verwendet werden,
2. Richter des Bundes und der Länder, ausgenommen sind die ehrenamtlichen Richter,
3. Berufssoldaten und Soldaten auf Zeit.

(2) Zur Besoldung gehören folgende Dienstbezüge:
1. Grundgehalt,
2. Zuschüsse zum Grundgehalt für Professoren an Hochschulen,
3. Ortszuschlag,
4. Zulagen,
5. Vergütungen,
6. Auslandsdienstbezüge.

(3) Zur Besoldung gehören ferner folgende sonstige Bezüge:
1. Anwärterbezüge,
2. jährliche Sonderzuwendungen,
3. vermögenswirksame Leistungen,
4. jährliches Urlaubsgeld.

(4) Die Länder können besoldungsrechtliche Vorschriften im Sinne der Absätze 1 bis 3 nur erlassen, soweit dies bundesgesetzlich ausdrücklich geregelt ist.

(5) Dieses Gesetz gilt nicht für die öffentlich-rechtlichen Religionsgesellschaften und ihre Verbände.

§ 9

Verlust der Besoldung bei schuldhaftem Fernbleiben vom Dienst

Bleibt der Beamte, Richter oder Soldat ohne Genehmigung schuldhaft dem Dienst fern, so verliert er für die Zeit des Fernbleibens seine Bezüge. Dies gilt auch bei einem Fernbleiben vom Dienst für Teile eines Tages. Der Verlust der Bezüge ist festzustellen und dem Beamten, Richter oder Soldaten mitzuteilen.

§ 12

Rückforderung von Bezügen

(1) Wird ein Beamter, Richter oder Soldat durch eine gesetzliche Änderung seiner Bezüge einschließlich der Einreihung seines Amtes in die Besoldungsgruppen der Besoldungsordnungen mit rück-

wirkender Kraft schlechter gestellt, so sind die Unterschiedsbeträge nicht zu erstatten.

(2) Im übrigen regelt sich die Rückforderung zuviel gezahlter Bezüge nach den Vorschriften des Bürgerlichen Gesetzbuchs über die Herausgabe einer ungerechtfertigten Bereicherung, soweit gesetzlich nichts anderes bestimmt ist. Der Kenntnis des Mangels des rechtlichen Grundes der Zahlung steht es gleich, wenn der Mangel so offensichtlich war, daß der Empfänger ihn hätte erkennen müssen. Von der Rückforderung kann aus Billigkeitsgründen mit Zustimmung der obersten Dienstbehörde oder der von ihr bestimmten Stelle ganz oder teilweise abgesehen werden.

§ 59

Anwärterbezüge

(1) Beamte auf Widerruf im Vorbereitungsdienst (Anwärter) erhalten Anwärterbezüge.

(2) Zu den Anwärterbezügen gehören der Anwärtergrundbetrag, der Anwärterverheiratetenzuschlag und die Anwärtersonderzuschläge. Daneben werden die jährliche Sonderzuwendung, die vermögenswirksamen Leistungen und das jährliche Urlaubsgeld gewährt. Zulagen und Vergütungen werden nur gewährt, wenn dies bundesgesetzlich besonders bestimmt ist.

(3) Anwärter mit dienstlichem Wohnsitz im Ausland erhalten zusätzlich Bezüge entsprechend den Auslandsdienstbezügen. Der Berechnung des Mietzuschusses sind der Anwärtergrundbetrag, der Anwärterverheiratetenzuschlag und der Anwärtersonderzuschlag zugrunde zu legen.

(4) Absatz 3 gilt nicht für Anwärter, die bei einer von ihnen selbst gewählten Stelle im Ausland ausgebildet werden, § 7 gilt mit der Maßgabe, daß mindestens die Bezüge nach Absatz 2 verbleiben.

(5) Für Anwärter, die im Rahmen ihres Vorbereitungsdienstes ein Studium ableisten, kann die Gewährung der Anwärterbezüge von der Erfüllung von Auflagen abhängig gemacht werden.

§ 66

Kürzung der Anwärterbezüge

(1) Die oberste Dienstbehörde oder die von ihr bestimmte Stelle kann den Anwärtergrundbetrag bis auf dreißig vom Hundert des

Grundgehaltes, das einem Beamten der entsprechenden Laufbahn in der ersten Dienstaltersstufe zusteht, herabsetzen, wenn der Anwärter die vorgeschriebene Laufbahnprüfung nicht bestanden hat oder sich die Ausbildung aus einem vom Anwärter zu vertretenden Grunde verzögert.

(2) Von der Kürzung ist abzusehen

1. bei Verlängerung des Vorbereitungsdienstes infolge genehmigten Fernbleibens oder Rücktritts von der Prüfung,

2. in besonderen Härtefällen.

(3) Wird eine Zwischenprüfung nicht bestanden oder ein sonstiger Leistungsnachweis nicht erbracht, so ist die Kürzung auf den sich daraus ergebenden Zeitraum der Verlängerung des Vorbereitungsdienstes zu beschränken.

* *
*

Allgemeine Verwaltungsvorschrift zum Bundesbesoldungsgesetz

(BBesGVwV)
Vom 29. Mai 1980

(ABl. S. 1109)

Auszug

66. **Zu § 66**

66.1 **Zu Absatz 1**

66.1.1 **Auf die mögliche Kürzung der Anwärterbezüge sind die Anwärter spätestens bei Beginn des Vorbereitungsdiensts hinzuweisen.**

66.1.2 **Sofern nicht nach § 66 Abs. 2 von einer Kürzung abzusehen ist, soll der Anwärtergrundbetrag in der Regel gekürzt werden um**

66.1.2.1 **15 v. H., wenn der Anwärter**
a) die vorgeschriebene Laufbahnprüfung oder eine Zwischenprüfung nicht bestanden hat,

b) ohne Genehmigung einer solchen Prüfung ferngeblieben oder von dieser zurückgetreten ist oder
c) aus Gründen, die er zu vertreten hat
– das Ziel eines Ausbildungsabschnitts nicht erreicht hat,
– einen Ausbildungsabschnitt unterbrochen hat oder
– nicht zur Laufbahnprüfung zugelassen worden ist,

66.1.2.2 30 v. H., wenn der Anwärter wegen eines Täuschungsversuches oder eines Ordnungsverstoßes von der Laufbahnprüfung ausgeschlossen worden ist.

66.1.3 Eine Kürzung kommt nur in Betracht, wenn sich wegen der in den Nummern 66.1.2.1 und 66.1.2.2 genannten Tatbestände der Vorbereitungsdienst verlängert.

66.1.4 Nicht von dem Anwärter zu vertreten im Sinne von Nummer 66.1.2.1 sind insbesondere
– Krankheit,
– Zeiten eines Beschäftigungsverbots nach den §§ 1 und 3 Abs. 1 sowie Zeiten eines Mutterschaftsurlaubs nach der Verordnung über den Mutterschutz für Beamtinnen oder entsprechender landesrechtlicher Regelungen,
– Ableistung des Grundwehr- oder Zivildienstes,
– Freistellung für bestimmte staatsbürgerliche Aufgaben,
– Sonderurlaub aus zwingenden Gründen.

66.1.5 Der Zeitraum der Kürzung der Anwärterbezüge beginnt mit dem Ersten des Monats, der auf den Monat folgt, in den das für die Kürzung maßgebende Ereignis fällt. Er darf nicht länger sein als der Zeitraum, um den sich der Vorbereitungsdienst aus den in den Nummern 66.1.2.1 und 66.1.2.2 angegebenen Gründen verlängert.

66.1.6 Von einer Kürzung ist abzusehen, wenn und soweit die herabgesetzten Anwärterbezüge hinter dem Betrag nach § 2 Abs. 2 Satz 2 des Bundeskindergeldgesetzes in der jeweiligen Fassung zurückbleiben würden. Der Anwärterverheiratetenzuschlag bleibt unberührt.

66.2 Zu Absatz 2

66.2.1 Über die Anerkennung besonderer Härtefälle, in denen von einer Kürzung abzusehen ist, entscheidet im Rahmen

des pflichtgemäßen Ermessens (§ 40 VwVfG oder entsprechende landesrechtliche Regelungen) die oberste Dienstbehörde oder die von ihr bestimmte Stelle.

66.3 **Zu Absatz 3**

Nummer 66.1.6 gilt entsprechend.

* *
*

18. Reichsversicherungsordnung

Vom 19. Juli 1911 (RGBl. S. 509)
In der Fassung der Bekanntmachung
vom 15. Dezember 1924 (RGBl. I S. 779),
zuletzt geändert durch das Gesetz vom 27. Juli 1984
(BGBl. I S. 1029)

Auszug

§ 169

Versicherungsfreiheit bei Gewährleistung von Versorgungsbezügen

(1) Versicherungsfrei sind die in Betrieben oder im Dienste des Reichs, eines Landes, eines sontigen Gemeindeverbandes, einer Gemeinde oder eines Trägers der Reichsversicherung tätigen Beamten und sonstigen Beschäftigten, wenn ihnen Anwartschaft auf Ruhegehalt und Hinterbliebenenversorgung gewährleistet ist. Das gleiche gilt für die Geistlichen der als öffentlich-rechtliche Körperschaften anerkannten Religionsgesellschaften.

(2) Ob eine Anwartschaft als gewährleistet anzusehen ist, entscheidet für die Beamten und sonstigen Beschäftigten in Betrieben oder im Dienste des Reichs oder eines vom Reich beaufsichtigten Trägers der Reichsversicherung die zuständige oberste Reichsbehörde. Im übrigen entscheidet die oberste Verwaltungsbehörde desjenigen Landes, in dessen Betrieben oder Diensten die Beschäftigung stattfindet oder in dessen Gebiet der Gemeindeverband oder die Gemeinde liegt oder der Träger der Reichsversicherung seinen

Sitz hat. In den Fällen des Absatzes 1 Satz 2 entscheidet sie oberste Verwaltungsbehörde desjenigen Landes, in dessen Gebiet die Körperschaft ihren Sitz hat.

(3) Die Gewährleistung der Anwartschaften begründet die Versicherungsfreiheit von dem Zeitpunkt ab, an dem sie tatsächlich verliehen werden. Sie hat keine rückwirkende Kraft.

§ 172

Versicherungsfreiheit bei Berufsausbildung; Soldaten; Privatschullehrer; Krankenschwestern

(1) Versicherungsfrei sind

1. Beamte des Reichs, der Länder, der sonstigen Gemeindeverbände, der Gemeinden und der Träger der Reichsversicherung, Geistliche der als öffentlich-rechtliche Körperschaften anerkannten Religionsgesellschaften, solange sie lediglich für ihren Beruf ausgebildet oder vorläufig beschäftigt werden,
2. Soldaten, die eine der in § 165 bezeichneten Tätigkeiten im Dienste oder während der Vorbereitung zu einer bürgerlichen Beschäftigung ausüben, auf die der § 169 anzuwenden ist,
3. Lehrer, die an privaten genehmigten Ersatzschulen hauptamtlich beschäftigt sind, wenn ihnen nach beamtenrechtlichen Vorschriften oder Grundsätzen Anwartschaft auf Ruhegehalt und Hinterbliebenenversorgung gewährleistet ist; ob eine Anwartschaft als gewährleistet anzusehen ist, entscheidet die oberste Verwaltungsbehörde desjenigen Landes, in dessen Gebiet der Träger der Schule seinen Sitz hat; § 169 Abs. 3 gilt,
4. Verwaltungslehrlinge,
5. Personen, die während der Dauer ihres Studiums als ordentliche Studierende einer Hochschule oder einer sonstigen der wissenschaftlichen oder fachlichen Ausbildung dienenden Schule gegen Entgelt beschäftigt sind,
6. Mitglieder geistlicher Genossenschaften, Diakonissen, Schwestern vom Deutschen Roten Kreuz, Schulschwestern und ähnliche Personen, wenn sie sich aus überwiegend religiösen oder sittlichen Beweggründen mit Krankenpflege, Unterricht oder anderen gemeinnützigen Tätigkeiten beschäftigen und nicht mehr als freien Unterhalt oder einen geringen Entgelt beziehen, der nur zur Beschaffung der unmittelbaren Lebensbedürfnisse an Wohnung, Verpflegung, Kleidung und dergleichen ausreicht.

(2) Ob die Voraussetzungen von Nummern 1, 2 vorliegen, entscheiden die nach § 169 Abs. 2 zuständigen Stellen.

§ 1229

Versicherungsfreie Personen

(1) Versicherungsfrei sind

1. Personen, die ein Altersruhegeld aus der Rentenversicherung der Arbeiter, der Rentenversicherung der Angestellten oder der knappschaftlichen Rentenversicherung beziehen, vom Rentenbeginn an,
2. Beamte des Bundes, der Länder, der Gemeindeverbände, der Gemeinden, der Träger der Sozialversicherung, der Bundesanstalt für Arbeit, der Bank deutscher Länder, der Berliner Zentralbank, der Landeszentralbanken und der als öffentlich-rechtliche Körperschaften anerkannten Religionsgesellschaften, solange sie lediglich für ihren Beruf ausgebildet werden,
3. Beamte und sonstige Beschäftigte der in Nummer 2 genannten Körperschaften, wenn ihnen Anwartschaft auf lebenslängliche Versorgung und auf Hinterbliebenenversorgung nach beamtenrechtlichen Vorschriften oder Grundsätzen oder entsprechenden kirchenrechtlichen Regelungen gewährleistet ist,
4. Polizeivollzugsbeamte auf Widerruf,
5. Soldaten auf Zeit und Berufssoldaten der Bundeswehr,
6. Personen im Sinne des § 1230 Abs. 1, deren Versorgung mindestens 65 vom Hundert der ruhegehaltfähigen Dienstbezüge beträgt.

(2) Ob und seit wann Anwartschaft auf lebenslängliche Versorgung und Hinterbliebenenversorgung im Sinne des Absatzes 1 Nr. 3 gewährleistet ist, entscheidet für die beim Bund oder bei einer der Aufsicht des Bundes unterstehenden Körperschaft Beschäftigten der zuständige Bundesminister, für die bei sonstigen Körperschaften Beschäftigten die oberste Verwaltungsbehörde des Landes, in dessen Betrieben oder Dienst die Beschäftigung stattfindet oder in dessen Gebiet die Körperschaft ihren Sitz hat.

* *
*

19. Anordnung über Versicherungsfreiheit in der Sozialversicherung und Aufschub der Nachentrichtung von Beiträgen zur Rentenversicherung

Vom 28. September 1982
(ABl. S. 1365)

I. Allgemeines

1. Über die Frage, ob und seit wann Anwartschaft auf lebenslängliche Versorgung und Hinterbliebenenversorgung nach beamtenrechtlichen Vorschriften oder Grundsätzen gewährleistet ist (§§ 169 Abs. 1, 1229 Abs. 1 Nr. 3 RVO und § 6 Abs. 1 Nr. 3 AVG) und ob Beamte lediglich für ihren Beruf ausgebildet oder vorläufig beschäftigt werden (§ 172 Abs. 1 Nr. 1 RVO), entscheidet die oberste Verwaltungsbehörde (§§ 169 Abs. 2, 172 Abs. 2, 1229 Abs. 2 RVO und § 6 Abs. 2 AVG). Die oberste Verwaltungsbehörde entscheidet ferner nach § 1403 Abs. 3 RVO und § 125 Abs. 3 AVG darüber, ob die Nachentrichtung der Beiträge aufgeschoben wird.

2. Im Bereich der Berliner Landesverwaltung sind oberste Verwaltungsbehörden der Präsident des Abgeordnetenhauses von Berlin, der Präsident des Rechnungshofes von Berlin, der Berliner Datenschutzbeauftragte und die Mitglieder des Senats, jeweils für ihren Geschäftsbereich.

II. Versicherungsfreiheit

Allgemeine Gewährleistungsentscheidung

Hinsichtlich der Versicherungsfreiheit in der Kranken- und Rentenversicherung der Arbeiter und der Angestellten wird auf Grund des § 169 Abs. 2 RVO, des § 172 Abs. 2 RVO, des § 1229 Abs. 2 RVO und des § 6 Abs. 2 AVG zugleich im Namen des Präsidenten des Abgeordnetenhauses von Berlin, des Präsidenten des Rechnungshofes von Berlin, des Berliner Datenschutzbeauftragten und der Mitglieder des Senats hiermit allgemein entschieden:

1. Eine Anwartschaft auf lebenslängliche Versorgung und Hinterbliebenenversorgung nach beamtenrechtlichen Vorschriften im Sinne von § 169 Abs. 1 RVO, § 1229 Abs. 1 Nr. 3 RVO und § 6 Abs. 1 Nr. 3 AVG ist gewährleistet

   a) bei den Beamten des Landes Berlin (§ 2 Abs. 2 Satz 1 LBG) auf Lebenszeit, auf Zeit und auf Probe,

b) bei den Richtern des Landes Berlin auf Lebenszeit, auf Zeit, kraft Auftrages und auf Probe,

c) bei den im Dienst des Landes Berlin im Angestelltenverhältnis Beschäftigten, wenn ihre Berufung in das Beamtenverhältnis als Regierungsrat z. A. usw. beabsichtigt und in absehbarer Zeit zu erwarten ist,

d) bei den im Dienst des Landes Berlin nach Bestehen der Zweiten Staatsprüfung im Angestelltenverhältnis beschäftigten Lehrkräften, wenn ihre Berufung in das Beamtenverhältnis als Beamter auf Lebenszeit oder auf Probe beabsichtigt und in absehbarer Zeit zu erwarten ist,

nur hinsichtlich der Rentenversicherung,

e) bei den Bürolehrlingen des Landes Berlin, die für die Laufbahn des mittleren nichttechnischen Dienstes eingestellt worden sind.

Hinsichtlich der Krankenversicherung liegen bei den unter Buchstabe e genannten Bürolehrlingen die Voraussetzungen des § 172 Abs. 1 Nr. 4 RVO vor.

2. Bei den Beamten des Landes Berlin auf Widerruf, die Beamte im Vorbereitungsdienst sind oder einen Ausbildungsdienst oder eine Grundausbildung ableisten (§ 7 Abs. 1 Nr. 4 Buchstabe a LBG), liegen die Voraussetzungen der §§ 172 Abs. 1 Nr. 1, 1229 Abs. 1 Nr. 2 RVO und des § 6 Abs. 1 Nr. 2 AVG vor.

Die Entscheidungen der vorstehenden Nummern 1 und 2 gelten nicht für die mittelbaren Landesbeamten (§ 2 Abs. 2 Satz 2 LBG) und die sonstigen Beschäftigten im Dienst einer landesunmittelbaren Körperschaft, Anstalt oder Stiftung des öffentlichen Rechts. Die für diese Personengruppe bisher ergangenen Entscheidungen bleiben unberührt.

III. Aufschub der Nachentrichtung der Beiträge

Auf Grund des § 1403 Abs. 3 RVO und des § 125 Abs. 3 AVG wird zugleich im Namen des Präsidenten des Abgeordnetenhauses von Berlin, des Präsidenten des Rechnungshofes von Berlin, des Berliner Datenschutzbeauftragten und der Mitglieder des Senats hiermit allgemein entschieden:

Die Nachentrichtung der Beiträge wird aufgeschoben,

1. wenn ein Bediensteter aus einer nach § 1229 Abs. 1 Nr. 2 und 3 oder nach § 1231 Abs. 1 RVO bzw. § 6 Abs. 1 Nr. 2 und 3 oder nach § 8 Abs. 1 AVG versicherungsfreien Beschäftigung in eine ebensolche beim Bund, einem Land, einer Gemeinde, einem Gemeindeverband

oder einer anderen Körperschaft, Anstalt oder Stiftung des öffentlichen Rechts übertritt (§ 1403 Abs. 1 Buchstabe a RVO, § 125 Abs. 1 Buchstabe a AVG).

2. wenn dem aus einer versicherungsfreien Beschäftigung ausgeschiedenen Bediensteten oder seinen Hinterbliebenen

a) ein Unterhaltsbeitrag auf Zeit gewährt wird (§ 1403 Abs. 1 Buchstabe c Doppelbuchstabe aa RVO, § 125 Abs. 1 Buchstabe c Doppelbuchstabe aa AVG)

oder

b) lebenslängliche Versorgung nach beamtenrechtlichen Vorschriften oder Grundsätzen zugesichert bleibt (§ 1403 Abs. 1 Buchstabe c Doppelbuchstabe bb RVO, § 125 Abs. 1 Buchstabe c Doppelbuchstabe bb AVG),

3. wenn der aus einer versicherungsfreien Beschäftigung ausscheidende Bedienstete

a) nicht unmittelbar, aber spätestens ein Jahr nach dem Ausscheiden in eine ebensolche bei einer der unter 1. genannten Stellen übertritt (§ 1403 Abs. 1 Buchstabe d Doppelbuchstabe aa RVO, § 125 Abs. 1 Buchstabe d Doppelbuchstabe aa AVG) oder

b) (unmittelbar) zu einer probeweisen Beschäftigung bei einer der unter 1. genannten Stellen übertritt, die spätestens zwei Jahre nach dem Ausscheiden in eine versicherungsfreie Beschäftigung übergeht (§ 1403 Abs. 1 Buchstabe d Doppelbuchstabe bb RVO, § 125 Abs. 1 Buchstabe d Doppelbuchstabe bb AVG).

Die Entscheidungen der vorstehenden Nummern 1 bis 3 gelten für alle Landesbeamten (§ 2 Abs. 2 Satz 1 und 2 LBG) und sonstigen Beschäftigten im Dienst des Landes Berlin oder einer landesunmittelbaren Körperschaft, Anstalt oder Stiftung des öffentlichen Rechts.

IV. Inkrafttreten, Übergangsregelung

1. Diese Anordnung tritt am 1. Januar 1983 an die Stelle der Anordnung vom 18. Dezember 1964 (ABl. 1965 S. 54).

2. Die Gewährleistungsentscheidung gemäß Abschnitt II der Anordnung vom 18. Dezember 1964 bleibt, soweit sie nicht mehr aufgeführte Bedienstete mit Dienst- oder Beschäftigungsverhältnissen betrifft, die am Tage vor Inkrafttreten dieser Anordnung bestanden haben, für die Dauer des Fortbestehens dieser Dienst- oder Beschäftigungsverhältnisse aufrechterhalten; das gilt jedoch nicht für die in Abschnitt II Nr. 1 Buchstabe f genannten Lehrkräfte.

20. Zulassung von Hilfsmitteln für die erste juristische Staatsprüfung

Bekanntmachung vom 14. März 1985 – JPA 2230.4 –, ABl. S. 810

I.

Für den schriftlichen Teil der ersten juristischen Staatsprüfung werden gemäß § 8 Abs. 4 JAO* folgende Textsammlungen als Hilfsmittel zugelassen, die der Prüfling benutzen darf:

A. Für alle Aufsichtsarbeiten nach § 8 Abs. 2 und 3 JAO:
- Schönfelder, Deutsche Gesetze.

B. Für die Aufsichtsarbeiten in den Pflichtfächern (§ 8 Abs. 2 JAO) außerdem:
1. im Bürgerlichen Recht (§ 5 Nrn. 3 bis 5 JAO):
- Arbeitsgesetze, Beck-Texte im dtv
2. im öffentlichen Recht (§ 5 Nrn. 7 bis 9 JAO):
- Sartorius Band I, Verfassungs- und Verwaltungsgesetze der Bundesrepublik Deutschland
- Kreutzer/Srocke, Die Gesetze über die Berliner Verwaltung.

C. Für die Aufsichtsarbeiten nach § 8 Abs. 3 JAO in den Wahlfachgruppen zusätzlich zu der unter A genannten Textsammlung:
1. Wahlfachgruppe nach § 6 Abs. 1 Nr. 1 JAO:
- Sartorius Band I, Verfassungs- und Verwaltungsgesetze der Bundesrepublik Deutschland
2. Wahlfachgruppe nach § 6 Abs. 1 Nr. 2 JAO:
- Sartorius Band I, Verfassungs- und Verwaltungsgesetze der Bundesrepublik Deutschland
- Dürig/Rudolf, Texte zur deutschen Verfassungsgeschichte
3. Wahlfachgruppe nach § 6 Abs. 1 Nr. 4 JAO:
- Steuergesetze Band I, Textsammlung, Verlag C. H. Beck
4. Wahlfachgruppe nach § 6 Abs. 1 Nr. 6 JAO:
- Arbeitsgesetze, Beck-Texte im dtv
5. Wahlfachgruppe nach § 6 Abs. 1 Nr. 7 JAO:

---

* die zitierten Vorschriften sind solche der **JAO vom 26. November 1984** (GVBl. S. 1688).

– Jayme/Hausmann, Internationales Privat- und Verfahrensrecht, Beck'sche Textausgabe

6. Wahlfachgruppe nach § 6 Abs. 1 Nr. 8 JAO:

– Strafvollstreckung, Strafvollzug, Strafregister, Beck'sche Textausgabe

7. Wahlfachgruppe nach § 6 Abs. 1 Nr. 9 JAO:

– Sartorius Band I, Verfassungs- und Verwaltungsgesetze der Bundesrepublik Deutschland
– Kreutzer/Srocke, Die Gesetze über die Berliner Verwaltung

8. Wahlfachgruppe nach § 6 Abs. 1 Nr. 10 JAO:

– Aichberger, Sozialgesetzbuch/Reichsversicherungsordnung

9. Wahlfachgruppe nach § 6 Abs. 1 Nr. 11 JAO:

– Sartorius Band I, Verfassungs- und Verwaltungsgesetze der Bundesrepublik Deutschland
– Sartorius Band II, Internationale Verträge – Europarecht
– Berber/Randelzhofer, Völkerrechtliche Verträge, Beck-Texte im dtv

II.

1. Die nach Abschnitt I zugelassenen Hilfsmittel sind von den Prüflingen mitzubringen (§ 8 Abs. 4 JAO).

2. Eine Beschränkung der zugelassenen Hilfsmittel im Einzelfall bleibt vorbehalten.

3. Die Textsammlungen müssen auf dem neuesten Stand sein, wenn nicht im Hinblick auf Ergänzungslieferungen oder Neuauflagen der letzten Zeit vor den Klausurterminen im Ladungsschreiben etwas anderes bestimmt ist.

4. Soweit in den für eine Aufsichtsarbeit zugelassenen Hilfsmitteln etwa benötigte Gesetze, Verordnungen usw. nicht abgedruckt sind, werden sie vom Justizprüfungsamt zur Verfügung gestellt.

III.

1. Die Prüflinge dürfen nur je ein Exemplar des zugelassenen Hilfsmittels mitbringen; die in Abschnitt I B und C für einzelne Aufsichtsarbeiten genannten Hilfsmittel sind für die Bearbeitung von anderen Aufsichtsarbeiten nicht zugelassen.

2. Die zugelassenen Hilfsmittel müssen frei von Eintragungen jeder Art (Randbemerkungen, Verweisungen, Textänderungen oder ähnlichem) sowie von Einlagen sein.

3. Ein Verstoß gegen die Nummern 1 und 2 sowie die Benutzung anderer nicht zugelassener Hilfsmittel gilt als Täuschungsversuch (§ 19 Abs. 2 S. 3, 4 JAO). Nach § 19 Abs. 2 S. 1, 2 JAO kann er dazu führen, daß die Prüfung für nicht bestanden erklärt oder die betreffende Aufsichtsarbeit mit „ungenügend" bewertet wird.

4. Die Einhaltung dieser Bestimmung wird von den Aufsichtsführenden überwacht.

IV.

Diese Regelung gilt für Prüfungen von Kandidaten, die nach dem 30. September 1986 zur ersten juristischen Staatsprüfung oder nach dem 30. September 1988 zur Wiederholung der ersten juristischen Staatsprüfung zugelassen werden. Für die übrigen Kandidaten verbleibt es bei der Bekanntmachung über die Zulassung von Hilfsmitteln für die erste juristische Staatsprüfung vom 3. 11. 1982 — JPA — 3 —, Amtsblatt für Berlin vom 19. 11. 1982 S. 1547.

21. Zulassung von Hilfsmitteln für die zweite juristische Staatsprüfung

Bekanntmachung vom 14. März 1985 – JPA 2240.6 –, ABl. S. 811

I.

Für den schriftlichen Teil der zweiten juristischen Staatsprüfung werden gemäß §§ 8 Abs. 4, 36 Abs. 1 Satz 1 JAO* folgende Textsammlungen, Erläuterungsbücher und Kommentare als Hilfsmittel zugelassen, die der Prüfling benutzen darf:

A. Für alle Aufsichtsarbeiten nach § 36 JAO:
Schönfelder, Deutsche Gesetze (Textsammlung).

B. Für die Aufsichtsarbeiten nach § 36 Abs. 1 JAO außerdem
1. auf dem Gebiet der Zivilrechtspflege
– Palandt, Bürgerliches Gesetzbuch (Kurzkommentar),
– Thomas/Putzo, Zivilprozeßordnung (Erläuterungsbuch),
2. auf dem Gebiet der Strafrechtspflege
– Dreher/Tröndle, Strafgesetzbuch (Kurzkommentar),
– Kleinknecht/Meyer, Strafprozeßordnung (Kurzkommentar),
3. auf dem Gebiet der Verwaltung
– Sartorius Band I, Verfassungs- und Verwaltungsgesetze der Bundesrepublik Deutschland (Textsammlung),
– Kreutzer/Srocke, Die Gesetze über die Berliner Verwaltung (Textsammlung),
– Kopp, Verwaltungsgerichtsordnung (Erläuterungsbuch),
– Kopp, Verwaltungsverfahrensgesetz (Erläuterungsbuch).

C. Für die Aufsichtsarbeiten nach § 36 Abs. 2 JAO in den Schwerpunktbereichen nach § 8 Abs. 3 JAG zusätzlich zu der unter A genannten Textsammlung:
1. im Schwerpunktbereich Justiz
a) in der Untergruppe *Zivilrechtspflege* unter Berücksichtigung der Freiwilligen Gerichtsbarkeit

---

* die zitierten Vorschriften sind solche der **JAO vom 26. November 1984** (GVBl. S. 1688) bzw. des JAG i. d. F. vom 26. November 1984 (GVBl. S. 1684).

- Palandt, Bürgerliches Gesetzbuch (Kurzkommentar),
- Thomas/Putzo, Zivilprozeßordnung (Erläuterungsbuch),
- Bumiller/Winkler, Freiwillige Gerichtsbarkeit (Kurzkommentar),
- Horber, Grundbuchordnung (Kurzkommentar),

b) in der Untergruppe *Strafrechtspflege* unter besonderer Berücksichtigung des Strafprozeßrechts

- Dreher/Tröndle, Strafgesetzbuch (Kurzkommentar),
- Kleinknecht/Meyer, Strafprozeßordnung (Kurzkommentar),

2. *im Schwerpunktbereich Staat und Verwaltung*

a) in der Untergruppe *Staatsrecht, Allgemeines und Besonderes Verwaltungsrecht* einschließlich des Verfahrensrechts und des Prozeßrechts

- Sartorius Band I, Verfassungs- und Verwaltungsgesetze der Bundesrepublik Deutschland (Textsammlung),
- Kreutzer/Srocke, Die Gesetze über die Berliner Verwaltung (Textsammlung),
- Kopp, Verwaltungsgerichtsordnung (Erläuterungsbuch),
- Kopp, Verwaltungsverfahrensgesetz (Erläuterungsbuch),

b) in der Untergruppe *Steuerrecht* einschließlich des Verfahrensrechts und des Prozeßrechts

- Steuergesetze Band I, Beck'sche Textsammlung,
- Steuerrichtlinien, Beck'sche Textsammlung,
- Klein/Orlopp, Abgabenordnung (Erläuterungsbuch),

3. *im Schwerpunktbereich Wirtschaft* — Palandt, Bürgerliches Gesetzbuch (Kurzkommentar),

- Thomas/Putzo, Zivilprozeßordnung (Erläuterungsbuch),
- Baumbach/Duden/Hopt, Handelsgesetzbuch (Kurzkommentar),
- Roth, GmbH-Gesetz (Kurzkommentar),

4. *im Schwerpunktbereich Arbeit und soziale Sicherung*

a) in der Untergruppe individuelles und kollektives *Arbeitsrecht*, arbeitsgerichtliches Verfahren

- Arbeitsgesetze, Beck-Texte im dtv,
- Palandt, Bürgerliches Gesetzbuch (Kurzkommentar),
- Thomas/Putzo, Zivilprozeßordnung (Erläuterungsbuch),

b) in der Untergruppe *Recht der sozialen Sicherung* einschließlich der entsprechenden Verfahrensrechte und Prozeßrechte

- Aichberger, Sozialgesetzbuch/Reichsversicherungsordnung (Textsammlung),
- Sartorius Band I, Verfassungs- und Verwaltungsgesetze der Bundesrepublik Deutschland (Textsammlung),
- Kopp, Verwaltungsgerichtsordnung (Erläuterungsbuch),
- Meyer-Ladewig, Sozialgerichtsgesetz (Erläuterungsbuch),
- Schroeder/Printzen, SGB X (Erläuterungsbuch).

II.

1. Die nach Abschnitt I zugelassenen Hilfsmittel sind von den Prüflingen mitzubringen (§§ 8 Abs. 4, 36 Abs. 4 S. 1 JAO).

2. Eine Beschränkung der zugelassenen Hilfsmittel im Einzelfall bleibt vorbehalten.

3. Die Textsammlungen müssen auf dem neuesten Stand sein, wenn nicht im Hinblick auf Ergänzungslieferungen oder Neuauflagen der letzten Zeit vor den Klausurterminen im Ladungsschreiben etwas anderes bestimmt ist.

4. Soweit in den für eine Aufsichtsarbeit zugelassenen Hilfsmitteln etwa benötigte Gesetze, Verordnungen usw. nicht abgedruckt sind, werden sie vom Justizprüfungsamt zur Verfügung gestellt.

III.

1. Die Prüflinge dürfen nur je ein Exemplar des zugelassenen Hilfsmittels mitbringen; die in Abschnitt I B und C für einzelne Aufsichtsarbeiten genannten Hilfsmittel sind für die Bearbeitung von anderen Aufsichtsarbeiten nicht zugelassen.

2. Die zugelassenen Hilfsmittel müssen frei von Eintragungen jeder Art (Randbemerkungen, Verweisungen, Textänderungen oder ähnlichem) sowie von Einlagen sein.

3. Ein Verstoß gegen die Nummern 1 und 2 sowie die Benutzung anderer nicht zugelassener Hilfsmittel gilt als Täuschungsversuch (§ 19 Abs. 2 S. 3, 4 JAO). Nach § 19 Abs. 2 S. 1, 2 JAO kann er dazu führen, daß die Prüfung für nicht bestanden erklärt oder die betreffende Aufsichtsarbeit mit „ungenügend" bewertet wird.

4. Die Einhaltung dieser Bestimmungen wird von den Aufsichtsführenden überwacht.

IV.

Diese Regelung gilt für Referendare, die ab 1. Mai 1985 in den juristischen Vorbereitungsdienst eintreten. Für die anderen Referendare verbleibt es bei der Bekanntmachung über die Zulassung von Hilfsmitteln für die zweite juristische Staatsprüfung vom 3. 11. 1982 — JPA — 3 —, Amtsblatt für Berlin vom 19. 11. 1982 S. 1547.

22. Antrag auf Zulassung zur ersten juristischen Staatsprüfung

Name (bei Abweichung auch Geburtsname) ____________________

Straße ____________________

Vornamen (Rufnamen unterstreichen) ____________________

Ort, Postleitzahl u. Zustellpostamt ____________________, den ____________ Datum

____________ Telefon

geb. am: ____________________

in: ____________________

Staatsangehörigkeit ____________________

> Bitte in Maschinenschrift oder mit Druckbuchstaben ausfüllen und die Hinweise (s. Anlage) beachten.
> Änderungen d. Personalangaben (Name, Anschrift, Fernruf) bitte sofort schriftlich mitteilen.
> *Der Personalausweis ist bei Antragstellung mitzubringen.*

An das
Justizprüfungsamt Berlin
Bayreuther Straße 41

1000 Berlin 30

I. Ich beantrage die Zulassung zur ersten juristischen Staatsprüfung.

II. Zulassungsvoraussetzungen:

1. Ich habe das rechtswissenschaftliche Studium im WS/SS ☐

   begonnen und insgesamt (durch Eintragung im Studienbuch nachgewiesene)
   ☐ Semester Rechtswissenschaft studiert (ohne Urlaubssem.)
   davon ☐ Fachsemester an Universitäten der Bundesrepublik Deutschland einschl. Berlin (West)
   und ☐ Fachsemester an ausländischen Universitäten

2. An folgenden Universitätsveranstaltungen habe ich mit Erfolg teilgenommen:

   a) *Im Bürgerlichen Recht*
   Übung für Anfänger — im WS/SS ____________
   Aufsichtsarbeit unter Prüfungsbedingungen (Studienbegl. Leistungskontrolle);
   erstmals — im WS/SS ____________
   wiederholt — im WS/SS ____________
   Übung für Fortgeschrittene — im WS/SS ____________

   b) *Im Strafrecht*
   Übung für Anfänger — im WS/SS ____________
   Aufsichtsarbeit unter Prüfungsbedingungen (Studienbegl. Leistungskontrolle):
   erstmals — im WS/SS ____________
   wiederholt — im WS/SS ____________
   Übung für Fortgeschrittene — im WS/SS ____________

   c) *Im öffentlichen Recht*
   Übung für Anfänger — im WS/SS ____________
   Aufsichtsarbeit unter Prüfungsbedingungen (Studienbegl. Leistungskontrolle):
   erstmals — im WS/SS ____________
   wiederholt — im WS/SS ____________
   Übung für Fortgeschrittene — im WS/SS ____________

d) Übung in einem anderen Prüfungsfach oder Seminar in einem der Prüfungsfächer.

____

bei Prof. Dr. ____________________ im WS/SS __________

e) Seminar oder an einer in gleicher Weise durch aktive Mitarbeit der Teilnehmer gekennzeichneten Lehrveranstaltung, in der die außerrechtlichen Bezüge des Rechts, seine Geschichte oder die Methodik seiner Anwendung an Einzelthemen vertieft behandelt werden.

____

bei Prof. Dr. ____________________ im WS/SS __________

3. Ich habe mein insgesamt dreimonatiges Ferienpraktikum

a) vom ____________________ bis ____________________
bei ____
b) vom ____________________ bis ____________________
bei ____
c) vom ____________________ bis ____________________
bei ____

abgeleistet.

4. Als Anlagen füge ich bei:
a) das/die Studienbuch -bücher ☐ Anzahl
b) ______ Bescheinigungen über die Teilnahme an den unter 2. und 3. genannten Veranstaltungen
c) ______ Bescheinigungen über die Teilnahme an weiteren Veranstaltungen
d) einen handschriftlichen Lebenslauf
e) ______ sonstige Schriftstücke

III. Ich bestimme die Wahlfachgruppe nach § 6 Abs. 1 Nr. ☐ JAO.

IV. Wünsche zur Hausarbeit:
1. Das Schwergewicht der Hausarbeit soll in dem Prüfungsfach gemäß § 5 Nr. ☐ JAO / § 6 Abs. 1 Nr. ☐ JAO entnommen werden. (Nichtzutreffendes bitte streichen). Ist aus der von mir gewählten Wahlfachgruppe zur Zeit keine geeignete Aufgabe vorhanden, bitte ich, mir eine Aufgabe aus dem Pflichtfach gemäß § 5 Nr. ☐ zu geben.
2. Die Aufgabe für die Hausarbeit möchte ich vor/ nach der Anfertigung der Aufsichtsarbeiten erhalten.

V. Ich versichere, daß
- alle vorstehenden Angaben zutreffend sind
- ich mich keinen weiteren studienbegl. Leistungskontrollen als den hier angegebenen unterzogen habe und
- bisher bei keinem anderen Prüfungsamt um Zulassung zur 1. juristischen Staatsprüfung nachgesucht worden. Auf die Folgen des § 48 VwVfG bin ich hingewiesen worden.

VI. Sonstiges:

____
____
____
____

____
Unterschrift

Der Präsident
des
Justizprüfungsamtes Berlin

Merkblatt

zum Antrag auf Zulassung zur ersten juristischen Staatsprüfung.

zu II.1. Auf den auszugsweisen Abdruck des Gesetzes über die juristische Ausbildung (JAG) und die Ausbildungs- und Prüfungsordnung für Juristen (JAO) wird verwiesen. Auf Befreiungen von einzelnen Zulassungsvoraussetzungen, die das Justizprüfungsamt erteilt hat, ist unter VI. (Sonstiges) hinzuweisen. Die Bescheide sind beizufügen.

zu II.2. Siehe § 1 Abs. 1 Nr. 1 bis 4 JAG und §§ 1 bis 4 JAO.

d) Bitte Prüfungsfach genau angeben. Für die weitere Übung kommen als Prüfungsfächer alle Pflichtfächer und die Fächer der Wahlfachgruppen in Betracht, mit Ausnahme derjenigen Pflichtfächer, in denen die übungen für Fortgeschrittene absolviert sind. Wird anstelle der weiteren Übung an einem Seminar teilgenommen, kann es sich ausnahmslos auf alle Prüfungsfächer erstrecken.

e) Bitte Gegenstand der Veranstaltung genau angeben.

zu II.3. Siehe § 1 Abs. 1 Nr. 7 und Abs. 4 JAG.
Die Zeiträume und die Ausbildungsstätten sind genau anzugeben.

zu II.4.

a) Hat der Bewerber an mehreren Universitäten studiert, so sind alle Studienbücher beizufügen.

b) Die Zahl der jeweiligen Anlagen ist zu nennen.

c) Siehe § 4 Abs. 2 Satz 4 JAO.

d) Der **handschriftliche** Lebenslauf soll Angaben über Geburtstag und -ort, Familienstand, ggf. Beruf des Ehepartners, Name und Berufe des Vaters und der Mutter, Schulbesuch, *Abiturnote*, Studiengang, einschl. des Studiums anderer Fächer unter Angabe der Studienorte und -zeiten, evtl. schwere Erkrankungen enthalten. Darüber hinaus können weitere Angaben aufgenommen werden, z. B. Zahl der Geschwister, besondere Interessengebiete.

zu III. Die aus § 6 Abs. 1 JAO ersichtliche Nummer der Wahlfachgruppe ist anzugeben.

zu IV.1. Siehe § 11 Abs. 3 JAO und hinsichtlich der Pflicht- und Wahlfächer §§ 5, 6 JAO. Das gewählte Fach ist jeweils nach Paragraph und Nummer einzutragen. Wenn ein Wahlfach benannt wird, ist zusätzlich ein Pflichtfach anzugeben, aus dem die Hausarbeit entnommen werden soll, wenn aus dem gewünschten Wahlfach keine geeignete Aufgabe vorhanden ist. Weitere Zusätze sind nicht zulässig.
Einen Anspruch darauf, daß die Aufgabe entsprechend diesen Wünschen zugeteilt wird, besteht jedoch nicht.

zu IV.2. Wünscht der Bewerber die Hausaufgabe *vor* den Klausuren anzufertigen, kann eine Kalenderwoche, in der der Ausgabetermin liegen soll, unter VI. (Sonstiges) angegeben werden, wobei der frühestmögliche Termin vom Justizprüfungsamt für jede Kampagne gesondert bekanntgemacht wird. Er ist so zu wählen, daß die Hausarbeit vor Beginn der Klausuren abgeliefert werden kann. Für die Anfertigung der Hausarbeit *nach* den Klausuren bietet das Justizprüfungsamt bei Abgabe des Zulassungsantrages zwei oder drei — jeweils eine Woche auseinanderliegende — Termine an, zu denen besonders geladen wird. Nach Zugang der Ladung kann der Termin nur noch aus wichtigem Grund, der glaubhaft zu machen ist, geändert werden.

zu V. Siehe § 4 Abs. 4 JAO.
Eine rechtswidrige Zulassung zur ersten juristischen Staatsprüfung kann nach Maßgabe des § 48 VwVfG zurückgenommen werden. Dabei kann sich der Kandidat nicht auf Vertrauensschutz berufen, wenn er

1. den Verwaltungsakt durch arglistige Täuschung, Drohung oder Bestechung erwirkt hat;
2. den Verwaltungsakt durch Angaben erwirkt hat, die in wesentlicher Beziehung unrichtig oder unvollständig waren;
3. Die Rechtswidrigkeit des Verwaltungsaktes kannte oder infolge grober Fahrlässigkeit nicht kannte (§ 48 Abs. 3 Satz 2 i. V. m. Abs. 2 Satz 3 VwVfG).

Bei Wiederholungsprüfungen ist das Justizprüfungsamt des ersten Versuches unter VI. (Sonstiges) anzugeben.

23. Hinweise für die Bearbeitung der häuslichen Arbeit in der ersten juristischen Staatsprüfung

---

Betr.: Bearbeitung der Hausarbeit in der ersten juristischen Staatsprüfung

Sehr geehrte(r) Rechtskandidat(in)!

Zur häuslichen Bearbeitung erhalten Sie die beiliegende Aufgabe.

Hierbei bitte ich folgendes zu beachten:
Eine Abschrift der Aufgabe, ein Literaturverzeichnis sowie eine Gliederung sind der Arbeit voranzustellen.

In dem *Literaturverzeichnis* ist die gesamte benutzte Literatur in alphabetischer Reihenfolge nach dem Namen der Verfasser — mit nachgestelltem Vornamen — anzugeben. Dem Namen des Verfassers folgt der vollständige Titel des Werkes, der Band, die Auflage, das Erscheinungsjahr, bei Zeitschriften außerdem die Seitenzahl. Die Bearbeiter von Erläuterungsbüchern sind nicht im Literaturverzeichnis, sondern bei den einzelnen Zitaten in der Arbeit zu nennen. Gerichtsentscheidungen sind nicht im Literaturverzeichnis aufzuführen.

Die Literaturnachweise sind nicht im Text der Arbeit, sondern als Fußnoten am Schluß der betreffenden Seite zu bringen. Es ist stets der Urheber einer zitierten Äußerung anzugeben; dabei braucht der Titel des Werkes nur schlagwortartig genannt zu werden. Die Angabe allein des Verfassernamens und der Seitenzahl genügt nicht. Bei Erläuterungsbüchern sind der Paragraph und die Anmerkung, bei anderen Werken die Seitenzahl oder das Kapitel, der Abschnitt usw. anzuführen, so daß das Zitat ohne weiteres gefunden werden kann. Die Abkürzung „a. a. O." darf nur verwendet werden, wenn die zitierte Schrift auf derselben oder der vorhergehenden Seite angeführt wird. Wörtliche Zitate sind nur zulässig, falls es auf den genauen Wortlaut der Stelle ankommt; sie sind durch Anführungszeichen oder Einrücken kenntlich zu machen. Es sind die gebräuchlichen Abkürzungen zu verwenden; ein besonderes Abkürzungsverzeichnis erübrigt sich.

Es ist unstatthaft, Schrifttum und Rechtsprechung zu zitieren, die Sie nicht eingesehen haben. Unveröffentlichte Gerichtsentscheidungen dürfen nicht herangezogen werden.

Die *Gliederung* soll in gedrängter Kürze den Aufbau der Arbeit erkennen lassen; sie darf keine gekürzte Inhaltsangabe sein. In der Gliederung sind die entsprechenden Seitenzahlen der Arbeit anzugeben. In der Arbeit selbst sind die Unterteilungen der Gliederung durch Wiederholung der Gliederungszeichen und durch Überschriften, die der Gliederung wörtlich entsprechen, kenntlich zu machen.

Bei *Verweisungen* auf eine andere Stelle der Arbeit ist die Seite zu vermerken, auf der die bezogene Stelle zu finden ist.
Die Reinschrift der Arbeit ist in *Schreibmaschinenschrift* auf undurchsichtigem Papier von Aktengröße (DIN A 4) zu erstellen und zu heften; die Seiten sind mit fortlaufenden Zahlen zu versehen. Die Arbeit muß frei von Schreib- und Zeichenfehlern sein. Sie darf nur von Ihnen persönlich oder nach Ihrem Diktat angefertigt werden.

Über die Länge der Arbeit lassen sich allgemeingültige Hinweise nicht geben. Der Wert der Arbeit steigt nicht ohne weiteres mit ihrem Umfang. Ausgetragene Streitfragen langatmig zu erörtern mindert meistens den Wert der Arbeit.

Auf einem besonderen Blatt, das nicht eingeheftet werden darf, haben Sie folgende Versicherung abzugeben und mit ihrem vollen Namen zu unterschreiben:

> „Ich versichere, daß ich die Arbeit ohne fremde Hilfe angefertigt und mich anderer als der von mir angegebenen Hilfsmittel nicht bedient habe.“

Das Verbot, fremde Hilfe in Anspruch zu nehmen, bezieht sich auch auf die Besprechung der Hausarbeit mit anderen Personen, insbesondere mit Vorbearbeitern der Aufgabe und Repetitoren. Es ist nicht gestattet, sich Literatur nachweisen oder beschaffen zu lassen.
Bei Benutzung unzulässiger Hilfsmittel oder sonstigen Täuschungsversuchen wird die Prüfung für nicht bestanden erklärt oder die Arbeit mit „ungenügend“ bewertet (§ 19 Abs. 2 JAO 1984).
Die Arbeit darf außer der Kennummer, die voranzustellen ist, keine Hinweise auf den Verfasser enthalten.

Sie können die Aufgabe *nur einmal binnen zwei Wochen* ohne Angabe von Gründen zurückgeben. Im übrigen ist die Arbeit *binnen sechs* Wochen mit einem Anschreiben abzuliefern. Die Fristen enden mit Ablauf des Wochentages, der nach seiner Benennung dem Wochentag entspricht, zu dem Sie zur Entgegennahme der Aufgabe geladen worden sind. Ist dieser Tag ein allgemeiner Feiertag im Sinne des Gesetzes über Sonn- und Feiertage vom 28. 10. 1954 (GVBl. S. 615) oder ein Sonnabend, so enden die Fristen mit dem Ablauf des nächsten Werktages. Die Arbeit muß *innerhalb* der Frist entweder bei der Geschäftsstelle des Justizprüfungsamtes (Zimmer 302, III. Stock) während der Geschäftszeiten abgegeben werden oder nachweisbar (Posteinlieferungsschein) bei einem Postamt aufgegeben sein. Wird die Ablieferungsfrist ohne genügende Entschuldigung versäumt, so gilt die Arbeit als mit „ungenügend" bewertet. Verspätet eingereichte Nachträge (Zusätze, Fehlerberichtigungen usw.) bleiben unberücksichtigt.

Die genannten Fristen können nicht verlängert werden, auch nicht im Krankheitsfalle. Sollten Sie durch Krankheit oder aus einem anderen wichtigen Grunde an der Ablieferung der Arbeit verhindert sein, so haben Sie dies zur Vermeidung von Nachteilen unverzüglich anzuzeigen und den Hinderungsgrund nachzuweisen. Im Falle Ihrer Erkrankung ist der Nachweis durch Beibringung eines Zeugnisses des für Ihren Wohnsitz zuständigen Amtsarztes zu führen, aus dem ersichtlich sein muß, daß und wie lange Sie erkrankt und prüfungsunfähig sind. Sie können jedoch stattdessen ein privatärztliches Zeugnis einreichen, *sofern dieses* eindeutige Angaben über die Art Ihrer Erkrankung enthält und außerdem angibt, daß und für welchen genauen Zeitraum Sie deshalb prüfungsunfähig sind. Ich behalte mir allerdings vor, von Ihnen die Beibringung ergänzender ärztlicher Auskünfte zu verlangen und/oder Ihre krankheitsbedingte Verhinderung durch einen Amtsarzt prüfen zu lassen. Kosten, die durch eine privat- und/oder amtsärztliche Untersuchung entstehen, gehen in jedem Fall zu Ihren Lasten.

Letzter Ablieferungstag:

24. Der Vorbereitungsdienst
Anregungen zur Gestaltung
Beispiele für Ausbildungspläne

Eine offizielle Ausbildungsberatung findet durch den Dienstherrn statt. Nach § 23 Abs. 7 JAO sorgt der Präsident des Kammergerichts dafür, daß der Referendar wegen des Ausbildungsplanes, insbesondere wegen der Wahl des Schwerpunktbereiches in geeigneter Weise über die Ausbildungsmöglichkeiten in den verschiedenen Gebieten informiert wird. Diese Beratung findet durch den zuständigen Dezernenten üblicherweise im ersten Monat des Vorbereitungsdienstes nach Durchführung des 14-tägigen Einführungslehrganges statt. Die folgende schriftliche „Ausbildungsberatung" kann die amtlichen Hinweise durch den PräsKG nicht ersetzen. Aus der Sicht eines ehemaligen Ausbildungsdezernenten möchte ich Anregungen und Erfahrungen weitergeben. Sie decken sich naturgemäß im wesentlichen mit dem, was ich im Rahmen von Ausbildungsberatungen nach § 23 Abs. 7 JAO vorgetragen habe.

Der Referendar muß sich schon relativ frühzeitig darüber klar werden, wie er seine Ausbildung gestalten will, welchen Schwerpunktbereich und welche Ausbildungsstationen er wählen möchte. Die Arbeitsgemeinschaften folgen dann von allein, da diese die Pflichtstationen begleiten und im Schwerpunktbereich der gewählten Untergruppe nach § 36 Abs. 2 Satz 3 JAO entsprechen (vgl. § 33 Abs. 1 JAO). Eine frühzeitige Entscheidung bedeutet: Regelmäßig nicht später als zwei Monate nach Beginn des Vorbereitungsdienstes — § 23 Abs. 1 JAO. Dieser Termin zwingt den Referendar dazu, sich erst einmal zu entscheiden, wie er die Ausbildung einrichten will. Der Gesetzgeber wußte aber auch, daß sich Entscheidungen zu Beginn der Ausbildung als unrichtig herausstellen können, weil der Referendar überwiegend noch keine rechte Vorstellung hat, in welche Richtungen seine Neigungen und Fähigkeiten gehen. Deswegen ist hier sogleich der § 23 Abs. 6 JAO hinzuzulesen. Merkt der Referendar also, daß er nicht das Richtige getroffen hat, kann er eine Änderung des Ausbildungsplanes beantragen. Die dort festgelegte Sechs-Wochenfrist vor Beginn der beabsichtigten Abweichung ist ganz sicher ausreichend, um den neuerlichen Wünschen des Referendars Rechnung zu tragen.

I. Schwerpunktbereich

Bevor der Referendar Überlegungen zur Wahl des Schwerpunktbereichs beginnt, sollte er § 8 Abs. 3 JAG, §§ 22 Abs. 1, 36 Abs. 2 JAO lesen.

Insbesondere § 36 Abs. 2 JAO beschreibt den prüfungsmäßigen Inhalt der vier Schwerpunktbereiche. In diesem Zusammenhang ist daran zu erinnern, daß sich die zweite juristische Staatsprüfung im wesentlichen auf die Pflichtfächer Zivilrecht, Strafrecht und öffentliches Recht erstreckt, während auf den Schwerpunktbereich nur zwei Klausuren und in der mündlichen Prüfung eine Stunde entfällt. Die Ausbildungsvorschriften 1984 betonen also eine allgemeine Ausbildung, die den jungen Juristen später befähigen soll (und nach meinem Dafürhalten in der Vergangenheit auch immer bei entsprechenden Leistungen befähigt hat), sich in sämtliche juristische Tätigkeiten in angemessener Zeit einzuarbeiten und in den verschiedensten Bereichen tätig zu sein. Auf einen kurzen Nenner gebracht, zeichnen im wesentlichen den guten Juristen allgemeine grundlegende Kenntnisse in den klassischen Rechtsgebieten und vor allem methodische Kenntnisse und Fähigkeiten aus. Spezialkenntnisse erhöhen naturgemäß die Berufschancen. Dabei muß man sich aber darüber im klaren sein (auch zukünftige Arbeitgeber), daß es schwierig, ja fast ausgeschlossen sein dürfte, sich in dem Vorbereitungsdienst so grundlegende Spezialkenntnisse anzueignen, daß der junge Jurist ohne Einarbeitung und Weiterbildung in der Lage ist, sofort an entsprechenden Arbeitsplätzen erfolgreich tätig zu sein.

Im Gegensatz zur Geltungszeit der JAO 1972 und 1982 braucht der Referendar angesichts der intensiven allgemeinen Ausbildung in den Pflichtstationen keine Angst mehr zu haben, daß er sich im Schwerpunktbereich zu sehr spezialisiert und sich damit die Gefahr erhöht, daß er mangels entsprechender Berufsplätze diese Kenntnisse nutzlos erworben hat.

Bevor noch einige Merkpunkte zur Wahl des Schwerpunktbereichs festgehalten werden, sollen die Bereiche zunächst vorgestellt werden:

1. Justiz:

Wie sich aus § 36 Abs. 2 Nr. 1 a und b JAO ergibt, umfaßt der Schwerpunktbereich Justiz die zwei umfangreichen klassischen Gebiete Zivil- und Strafrecht. Vorteil hier ist allerdings, daß der Referendar aufgrund seines Studiums und der Pflichtstationen im Vorbereitungsdienst schon umfangreiche Kenntnisse haben müßte, so daß es nur (noch) um ein tieferes Eindringen in diese Gebiete gehen kann. Bei einem vertrauten Gebiet dürfte das nicht allzu große Schwierigkeiten bereiten. Wie schon im bisherigen Schwerpunktgebiet der streitentscheidenden Zivilrechtspflege nach JAO 1972 und 1982 werden hier materielle Rechtsprobleme (z. B. moderne Rechtsentwicklungen im Schadensersatzrecht, in der Produzentenhaftung, Reiseveranstaltungsvertrag, Maklerrecht, Leasing und finanzierter Abzahlungskauf) im Vordergrund stehen. Daneben wird immer wieder Gelegenheit bestehen, bestimmte zivilprozessuale Probleme zu wiederholen oder sich mit diesen eingehender zu beschäftigen (z. B. Urkundenprozeß, Rechtsmittel- und Rechtsbehelfsverfahren, Arrest und einstweilige Verfügung, Zwangsvollstreckung). Zur Untergruppe 1a) gehört auch die Freiwillige Gerichtsbarkeit. Aus der Formulierung des Gesetzes ergibt sich, daß dieses Teilgebiet nicht überwiegt. Dennoch kann sich der Referendar nicht darauf verlassen, daß prüfungsmäßig ihm nur ausnahmsweise diesbezügliche Fragen gestellt werden dürften. Er muß sich schon Grundkenntnisse im entsprechenden materiellen Recht (Familien- und Erbrecht = Vormundschafts-, Familien-, Nachlaßrecht, Grundbuchrecht) und verfahrensrechtliche Kenntnisse (FGG) aneignen. Für die Untergruppe b gilt in etwa dasselbe: Hier werden bestimmte materiell-rechtliche Probleme im Vordergrund stehen. Besondere Berücksichtigung muß das Strafprozeßrecht erhalten; im modernen Strafprozeß spielt das Verfahren im Hinblick auf mögliche Rechtsmittel (Revisionsrügen) eine ganz erhebliche Rolle.

Der Schwerpunktbereich Justiz hat für einen großen Teil der juristischen Berufe eine grundlegende Bedeutung. Das gilt nicht nur für den Beruf des Richters oder Staatsanwalts. Man kann eigentlich sogar sagen, daß sich der Bereich Justiz gerade auf den Anwaltsberuf bezieht und insofern vielleicht eine bessere Bezeichnung hätte gefunden werden sollen. Der größte Teil der Rechtsanwälte kommt in einer sog. Allgemeinpraxis unter und muß sich mit den unterschiedlichsten Fällen aus den verschiedensten Rechtsgebieten befassen. In Deutschland gibt es nur wenige spezialisierte Großkanzleien. Überwiegend ist der Rechtsanwalt allein oder höchstens in einer kleineren Anwaltssozietät von bis zu fünf, ganz überwiegend unter 10 Anwälten tätig. Er muß daher den Mandanten nicht nur in einer Strafsache verteidigen, sondern auch in der Lage sein, diesen in einem familienrechtlichen Verfahren zu beraten. Ist er dazu nicht in der Lage, verliert er diesen Mandanten, was sich dann auch noch herumspricht. Eine Klientel findet sich nicht wegen des entsprechenden Berufsschildes an der Hauswand, sondern vornehmlich durch Weiterempfehlung. Man geht zu dem Anwalt (und man will zu dem bestimmten Anwalt persönlich), der in den verschiedensten Rechtsgebieten des täglichen Lebens beraten kann (und der Anwalt soll dann auch noch Spezialist in all diesen Gebieten sein!).

2. *Staat und Verwaltung*

Der Schwerpunktbereich Staat und Verwaltung hat ebenfalls zwei Untergruppen. Einen Vergleich im Umfang des Stoffes zu unternehmen, fällt schwierig. Zwar handelt es sich im Bereich des § 36 Abs. 2 Nr. 2 JAO insgesamt um das öffentliche Recht im Gegensatz zur Justiz mit Zivil- und Strafrecht. Wegen der Untergruppe b mit dem Steuerrecht dürfte jedoch auch dieser Bereich so angefüllt sein, daß jedenfalls eine Wahl nicht nach Kriterien des Stoffumfanges getroffen werden dürfte.

Der schwierige Teil dieses Schwerpunktbereichs dürfte beim Steuerrecht liegen. Ein Referendar ohne entsprechende Vorkenntnisse muß hier erst einmal grundlegend arbeiten, um mit denen mithalten zu können, die sich mit dem Gebiet schon im Studium beschäftigt haben. Kenntnisse aus dem Bereich insgesamt erleichtern einen Berufsweg im öffentlichen Dienst, aber auch im Anwaltsberuf mit dem Schwerpunkt im öffentlichen Recht. Im Steuerrecht haben Anwälte die Konkurrenz von Angehörigen steuerberatender Berufe mit oder ohne Hochschulstudium. Wegen der grundlegenden juristischen Kenntnisse vor allem prozessualer Art dürften jedoch Anwälte nicht chancenlos sein. Es bestehen sogar alle Voraussetzungen, daß ein Anwalt mit angemessenen steuerrechtlichen Kenntnissen sehr gute Berufschancen mit einem entsprechenden Einkommen haben könnte. Referendare mit entsprechenden Ambitionen sollten sich nicht abschrecken lassen und prüfungsmäßig immer vor Augen haben, daß es sich bei dem Schwerpunktbereich um den kleineren Teil des Prüfungsstoffes handelt und schon deswegen nicht Kenntnisse vorausgesetzt werden können, als habe sich der Referendar während des gesamten Vorbereitungsdienstes nur mit diesem Bereich beschäftigt.

3. Wirtschaft:

Der Schwerpunktbereich Wirtschaft ist nicht unterteilt, aber deswegen nicht weniger umfangreich als die anderen Bereiche. Hat sich der Referendar während des Studiums noch Grundkenntnisse im Handels- und Gesellschaftsrecht, vielleicht noch im Wertpapierrecht erworben, muß er jetzt unter Erweiterung seiner Kenntnisse in diesen Gebieten sich noch grundlegend mit den im modernen Wirtschaftsleben wichtigen Gebieten des Wettbewerbsrechts, Urheberrechts und Kartellrechts beschäftigen. Berufsmäßig bezieht sich der Schwerpunktbereich mehr auf den Jurist in der freien Wirtschaft und auf den Anwalt. Im Richterberuf werden die jungen Juristen zunächst sicher nicht in entsprechenden Spezialspruchkörpern beschäftigt. Insgesamt erscheint die Feststellung nicht unberechtigt, daß sich der Schwerpunktbereich Wirtschaft auf einen kleineren Teil von Juristen bezieht, von dem nicht nur grundlegende und ausreichende Kenntnisse im allgemeinen Zivilrecht, sondern darüber hinaus eine Leistungsbereitschaft und ein Leistungsvermögen für weitere, anspruchsvolle Gebiete erwartet wird. Damit soll nicht eine Art

Elitejurist beschrieben, sondern nur darauf hingewiesen werden, daß die Berufschancen, im Bereich Wirtschaft später tätig sein zu können, auf einen relativ kleinen Juristenkreis beschränkt sein dürften.

4. Arbeit und soziale Sicherung:

Der Schwerpunktbereich umfaßt zwei recht verschiedene Gebiete, nämlich das Arbeits- und Sozialrecht. Das Arbeitsrecht ist bekanntlich auch Zivilrecht, erfordert aber ganz erhebliche Kenntnisse im materiellen — und prozessualen Arbeitsrecht. Das Sozialrecht ist öffentliches Recht und umfaßt auf der einen Seite das Sozialversicherungsrecht (Kranken-, Unfall-, Rentenversicherung) und auf der anderen Seite das Sozialhilferecht. Die Berufschancen für diese Gebiete dürften relativ begrenzt sein. Arbeitsplätze gibt es bei den entsprechenden Versicherungsträgern und bei den Gerichten. Als Anwalt hat man die Konkurrenz von Verbandsvertretern und Rechtsbeiständen (vor allem Sozialversicherung) zu fürchten. Dennoch gilt auch hier das zum Steuerrecht Gesagte: Wegen der grundlegenden juristischen Kenntnisse vor allem prozessualer Art müßte ein Volljurist immer recht gute Chancen haben, zumal er als Anwalt in der Tätigkeit nicht nur auf das eine oder andere Rechtsgebiet beschränkt ist.

Bei der Wahl von Schwerpunktbereichen kann weder in bestimmter Richtung geraten oder abgeraten werden. Der Referendar sollte sich jedoch auch immer vor Augen halten, daß — das gilt jedenfalls für den überwiegenden Teil der Referendare — während des Vorbereitungsdienstes nicht feststeht, wo er einen Arbeitsplatz finden wird. Auch bei dem Volljuristen regeln Angebot und Nachfrage die Verteilung der Arbeitsplätze. Sicher, Ausnahmen bestätigen die Regel, ich meine aber, bei der Einrichtung des Vorbereitungsdienstes sollte man (zunächst) nicht allzu hochtrabende Pläne haben. Die meisten Volljuristen sind allgemein-juristisch tätig. Nur wenige haben die Chance, an herausgehobener Position in bestimmten Spezialgebieten (und womöglich noch im supranationalen Bereich) tätig zu sein (wobei dahinstehen mag, ob das überhaupt immer erstrebenswert sein muß).

Nicht nur während der Wahlstationen kann man im gewählten Schwerpunktbereich arbeiten, sondern man kann seine gesamte Ausbildung, also auch die Pflichtstationen, schon schwerpunktbereichsmäßig nutzen. Wie man das für die einzelnen Schwerpunktbereiche — auch unter Berücksichtigung der angebotenen Arbeitsgemeinschaften — ausrichten kann, wird noch zum Ende dieser Ausführungen eingehender dargestellt werden. Zunächst soll ein Blick auf die Stationsausbildung geworfen werden.

II. Stationsausbildung

1. Ordentliches Gericht in Zivilsachen:

Nach § 21 Abs. 2 Nr. 1 JAO beginnt der juristische Vorbereitungsdienst mit der Pflichtstation bei einem ordentlichen Gericht in Zivilsachen. Zunächst allerdings findet der 14-tägige Einführungslehrgang nach § 24 Abs. 4 JAO statt. An diesem nehmen die Referendare arbeitsgemeinschaftsmäßig eingeteilt teil, ohne bis dahin einer Ausbildungsstelle zugeteilt zu sein. Der Lehrgang findet im allgemeinen viermal wöchentlich mit jeweils zwei Doppelstunden (drei Zeitstunden mit einer halbstündigen Pause) statt, während in der übrigen verbleibenden Zeit der Referendar Gelegenheit hat, nachzuarbeiten und ggf. „Schulaufgaben" zu machen. Wegen der Kürze der zur Verfügung stehenden Zeit muß der Referendar allerdings schon am Tag der Vereidigung sich darüber schlüssig geworden sein, zu welchem Gericht in Zivilsachen er gehen möchte. Er kann einen Wunsch äußern, hat allerdings angesichts der zur Verfügung stehenden Ausbildungsplätze nicht die Gewähr, daß seinem Wunsch auch entsprochen werden kann. Es stellt sich nun die Frage, ob man zum Landgericht oder zum Amtsgericht in Zivilsachen gehen soll. Die Mundpropaganda besagt immer wieder, daß es eigentlich nur erstrebenswert sein kann, bei einem Amtsrichter in Zivilsachen ausgebildet zu werden. Die Argumente sind vielfältiger Natur: Man habe es nur mit einem Richter zu tun (in der Kammer mit drei Richtern); man sei näher am rechtsuchenden Publikum; da im allgemeinen mehr als ein Referendar einem Amtsrichter zugewiesen werde, sei man als Gruppe Auszubildender nicht so ganz verloren; man brauche überwiegend keine Voten zur Vorbereitung der Entscheidung zu schreiben, sondern werde mehr zur Fertigung von Urteilsentwürfen (prüfungsrelevant) herangezogen. Diese Argumente müssen sehr relativiert gesehen werden. Es kann ein großer Vorzug sein, gleich drei Richter als juristische Gesprächspartner zu haben, um die Ansichten abzuwägen (mancher Amtsrichter vermißt das kollegiale Gespräch bei bestehenden Zweifeln zur Rechtslage); beim Amtsgericht treten heutzutage überwiegend auch Rechtsanwälte auf, während auf der anderen Seite beim Landgericht weitgehend das persönliche Erscheinen der Parteien angeordnet wird; Voten enthalten überwiegend einen urteilsmäßigen Tatbestand und sind daher ebenso prüfungsgeeignet; wegen überwiegend fehlender Vergleichsbereitschaft der Parteien in der ersten Instanz fallen genügend Urteile für Urteilsentwürfe der Referendare an. Die Waage senkt sich so weder zu der einen noch zu der anderen Seite. Entscheidend dürfte es sein, wie die Ausbildung an dem einzelnen Ausbildungsplatz ist, insbesondere wie der Ausbilder geeignet und wie der Referendar leistungsbereit und leistungsfähig ist und letztlich, wie sich Ausbilder und Auszubildender menschlich verstehen. So kann die Ausbildung sowohl bei dem Amtsgericht als auch bei dem Landgericht gut oder nicht so gut sein. Es ist gefährlich, sich auf Mundpropaganda zu verlassen, da die Erfahrung einzelner Referendare für sie selbst zutreffen mag, dennoch nicht verallgemeinert werden darf.

Schwerpunktbereichsmäßig kann beim Amtsgericht in Zivilsachen nur auf dem Gebiet der Zivilrechtspflege (§ 36 Abs. 2 Nr. 1 a JAO), nicht auf dem Gebiet der Freiwilligen Gerichtsbarkeit gearbeitet werden. Beim Landgericht in Zivilsachen hingegen ist es auch möglich, neben der Zivilrechtspflege im Schwerpunktbereich Wirtschaft zu arbeiten. Hier sind die Kammern für Handelssachen zu nennen. Ferner gibt es zwei Kammern mit Sonderzuständigkeit u. a. für Streitigkeiten aus dem Recht des unlauteren Wettbewerbs, Urheber- und Verlagsrechts.

Da erfahrungsgemäß mehr Referendare zu einem Amtsgericht in Zivilsachen gehen wollen, müssen die zum jeweiligen Überweisungstermin zur Verfügung stehenden Ausbildungsplätze im Losverfahren verteilt werden. Es besteht keine Gewähr, daß den Wünschen auch immer entsprochen werden kann, da auf eine gleichmäßige Belastung von Land- und Amtsgerichten zu achten ist. Ferner sind Arbeitsgemeinschafts- und Sitzungstage der jeweiligen Abteilungen zu koordinieren.

Daneben gibt es noch die Möglichkeit, schon in der ersten Station zum Kammergericht in Zivilsachen zu gehen. Einen solchen Gedanken sollte man nicht sofort von sich weisen. Diese Ausbildungsplätze kommen zwar in erster Linie für die Ausbildung in einer Wahlstation mit Schwerpunktbereich Justiz oder Wirtschaft in Betracht. Die Ausbildung kann jedoch auch für Anfänger sehr effektiv sein, da weniger Referendare ausgebildet werden und die Ausbilder mehr Zeit haben, auf die einzelnen Fälle einzugehen und sie mit den Referendaren zu besprechen.

2. Gericht in Strafsachen und/oder Staatsanwaltschaft:

Schon im ersten Teil der Pflichtstation in Zivilsachen muß sich der Referendar darüber klar werden, wie er seine Ausbildung in Strafsachen einteilen will (§ 23 Abs. 1 JAO). Als Ausbildungsstellen stehen das Amtsgericht in Strafsachen (Einzelrichter und Schöffengericht), die kleine und große Strafkammer am Landgericht (§§ 74, 76 GVG) sowie die Staatsanwaltschaft bei dem Landgericht zur Verfügung. Hingegen werden bei der Amtsanwaltschaft (vgl. § 142 GVG) Ausbildungsplätze nicht zur Verfügung gestellt, da dort keine Volljuristen tätig sind, Amtsanwälte vielmehr eine besondere Laufbahn im Rahmen des gehobenen

Dienstes haben. Referendare werden allerdings zur Wahrnehmung der Aufgaben eines Amtsanwalts in Sitzungen des Amtsgerichts herangezogen (§ 142 Abs. 3 GVG).

Der Referendar hat sich zu entscheiden, ob er die gesamten sechs Monate der Pflichtstation an einem Ausbildungsplatz verbringen möchte, oder ob er die Station lieber teilt, um einen größeren Überblick zu erhalten. Für die Unterteilung der Station spricht die Möglichkeit, das Strafverfahren sowohl von der Anklage- als auch von der Entscheidungsseite kennenzulernen. Wählt man diesen Weg, sollte man mit der Ausbildung bei der Staatsanwaltschaft für drei Monate beginnen, da dies auch dem normalen Ablauf des Verfahrens entspricht. Die weiteren drei Monate der Station sollte man dann zum Amtsgericht in Strafsachen gehen. Grundsätzlich bietet sich zwar auch eine Strafkammer an. Da hier aber im allgemeinen umfangreichere, länger dauernde Sachen anstehen, könnte die Zeit von drei Monaten zu knapp werden, um ein größeres Spektrum von Strafrechtsfällen zu erhalten. Zum Landgericht in Strafsachen sollte man im Grundsatz nur dann gehen, wenn man die Station nicht aufteilen will, um dann in sechs Monaten Ausbildung genügend Zeit zu haben, sich mit den Fällen intensiv zu befassen.

Auf einen wichtigen Umstand ist noch hinzuweisen: Obwohl die Aufteilung der Strafrechtsstation im Interesse einer vielgestaltigen Ausbildung empfehlenswert sein dürfte, sollte der Referendar dann davon absehen, wenn infolge von Urlaubszeiten sich die Ausbildung in einer dreimonatigen Teilstation sehr verkürzt. Das kann vor allem während der großen Schulferien im Sommer der Fall sein, wenn z. B. der Referendar im Monat Juni Urlaub nimmt und zu erwarten ist, daß sein Ausbilder im Juli in Urlaub ist. Zeichnet sich eine solche Entwicklung ab, sollte der Referendar davon Abstand nehmen, nach einer nur auf dem Papier stehenden Ausbildungszeit von drei Monaten die Ausbildungsstelle zu wechseln. Die Ausbildung hat in einem derartigen Fall nur dann einen Sinn, wenn der Referendar die Gesamtpflichtzeit an diesem Ausbildungsplatz bleibt.

3. Verwaltungsbehörde:

Der Referendar muß sich zunächst die allgemeinen Möglichkeiten vor Augen führen, entweder für sechs Monate zu einer Behörde, oder für drei Monate zu einer Behörde und für drei Monate zu einem Gericht der Verwaltungs-, Sozial- oder Finanzgerichtsbarkeit oder für drei Monate zur Behörde und für drei Monate zur Hochschule für Verwaltungswissenschaften in Speyer zu gehen. Jedenfalls muß er aber für drei Monate zu einer Behörde gehen, so daß eine Aufteilung von drei

Monaten Verwaltungsgericht und drei Monaten Verwaltungshochschule in Speyer ausgeschlossen ist.

Die Ausbildungsmöglichkeiten bei einer Verwaltungsbehörde sind in Berlin wohl im Gegensatz zu den Möglichkeiten in anderen Bundesländern relativ begrenzt. Die Ausbildung findet bei Bundesbehörden mit einem begrenzten Ausbildungsplatzangebot, bei den Senatsverwaltungen und bei den Bezirksämtern statt. Bei den Bundesbehörden handelt es sich naturgemäß um Spezialbehörden, die (nur) für sehr gebrenzte Teilgebiete des öffentlichen Rechts zuständig sind. Wegen der Ressoreinteilung gilt das überwiegend auch für die Ausbildung in den Senatsverwaltungen. Bei den Bezirksämtern findet die Ausbildung überwiegend in den Rechtsämtern statt, weil hier Volljuristen zur Ausbildung zur Verfügung stehen. In den Rechtsämtern aber findet nicht die eigentliche Verwaltung statt. Diese stehen den einzelnen Abteilungen nur beratend zur Seite und führen im übrigen Rechtsstreitigkeiten für das Bezirksamt, die jedoch überwiegend zivil- und arbeitsrechtlicher Natur sind. Es fehlt demnach die Ausbildungsmöglichkeit bei einer klassischen Verwaltungsbehörde wie Landratsamt, Bürgermeisteramt, Kreisverwaltung und dergleichen. Gerade dort könnte unter Aufsicht eines Volljuristen als Beamten des höheren Dienstes eine Ausbildung in allen klassischen Verwaltungsrechtsgebieten wie Polizei-, Bau-, Gewerberecht und dergleichen stattfinden. Wegen der geschilderten Umstände ist in Berlin die Möglichkeit festgeschrieben, einen Teil der Pflichtstation bei einer Verwaltungsbehörde durch die genannte Ausbildung bei einem Verwaltungsgericht oder bei der Hochschule in Speyer zu ersetzen. Diese Unterteilung ist empfehlenswert, es sei denn, der Referendar hat an seinem bei einer Behörde gefundenen Ausbildungsplatz die Möglichkeit, im Sinne des klassischen Verwaltungshandelns tätig zu werden. Kommt er zu einem Bezirksamt und wird dort dem Rechtsamt zugeteilt, sollte er versuchen, in den einzelnen Verwaltungssparten (Bauamt, Gewerbeaufsicht, Sozialamt und dergleichen) zumindest hospitierend tätig zu werden.

Berliner Referendare haben die Möglichkeit, als Gastreferendar in ein anderes Bundesland zu gehen (vgl. § 25 JAO). Ein Gastreferendariat während der Verwaltungsbehördenstation kann nur empfohlen werden, zumal es für den jungen Berliner Juristen, der nur in Berlin studiert hat, eine gute Gelegenheit ist, sich gesichtskreiserweiternd umzusehen. Das gilt natürlich auch für die Ausbildung bei der Hochschule in Speyer. Hier kann gleichzeitig die Beschäftigung mit dem Schwerpunktbereich Staat und Verwaltung im Vordergrund stehen.

Die Ausbildungsstellen der allgemeinen Verwaltungsbehörde und des Verwaltungsgerichts sind auf den Schwerpunktbereich zur Untergruppe

2a ausgerichtet. Durch eine Station bei einem Finanzamt oder/und bei dem Finanzgericht kann diese Pflichtstation aber auch schon auf die Untergruppe 2b (Steuerrecht) ausgerichtet werden. Eine Station bei dem Sozialgericht oder bei dem Verwaltungsgericht – Sozialhilfekammer – bezieht sich auf den Schwerpunktbereich 4b (Recht der sozialen Sicherung). Der Referendar sollte allerdings darauf achten, daß er im Rahmen dieser Station nicht nur steuer- oder sozialrechtlich arbeitet, da sonst das wichtige allgemeine Verwaltungsrecht zu sehr vernachlässigt wird.

4. Rechtsanwalt:

Für die Zeit nach den ersten drei Pflichtstationen muß sich der Referendar entscheiden, für welche Zeitdauer er in die Pflichtstation bei einem Rechtsanwalt gehen will. Vorgeschrieben sind nur drei Monate (§ 8 Abs. 2 Satz 1 JAG), so daß der Referendar grundsätzlich noch drei Monate des Pflichtbereichs von 24 Monaten für die ersten drei Pflichtstationen verwenden kann. Das kann allerdings nicht empfohlen, davor muß sogar gewarnt werden. Eine ausreichende Ausbildung bei einem Rechtsanwalt kann nur in einem Zeitraum von wenigstens sechs Monaten erfolgen. Das gilt zum einen deswegen, weil wegen der angespannten anderweitigen Arbeitsplatzsituation viele examinierte Juristen Rechtsanwalt werden (müssen) und ausreichende Vorkenntnisse zum anwaltlichen Handeln haben sollten. Zum anderen ist ein derartiger Überblick auf anwaltlicher Sicht auch für alle anderen juristischen Berufstätigkeiten empfehlenswert, ja notwendig. Das gilt sowohl für den Justizjuristen als für den Verwaltungsbeamten oder Wirtschaftsjuristen. Im übrigen – und das ist wohl ein sehr gewichtiges Argument – kann der Referendar gerade in der Anwaltsstation relativ selbständig arbeiten, was er in den übrigen Stationen und überwiegend während der gesamten Ausbildung nicht konnte. Für viele Juristen ist nach einem langen Ausbildungsweg die Ausbildung beim Rechtsanwalt die erste Station seines Lebens, in der er (auch zur Selbstverwirklichung) eigenverantwortlich tätig sein kann. Voraussetzung ist allerdings, daß der Referendar tatsächlich arbeitet und sich ausbilden läßt, wenngleich auch nicht ganz verschwiegen sein soll, daß üblicherweise im letzten Stadium der Ausbildung etwas mehr Zeit sein könnte, sich auf die Examensklausuren im Pflichtbereich vorzubereiten oder zumindest das eigene Gewissen beruhigend zu wiederholen.

5. Wahlstationen:

Unabhängig davon, ob der Referendar schon in den Pflichtstationen überwiegend oder teilweise schwerpunktbereichsmäßig gearbeitet hat, muß er die Wahlstationen auf den gewählten Schwerpunktbereich ausrichten. Eine Ausnahme gilt für die Auslandsstation, bei der mindestens eine sachgerechte Ausbildung gewährleistet sein muß. Wählt der Referendar eine Auslandsstation, sollte er versuchen, seine Pflichtstation zumindest teilweise schwerpunktbereichsmäßig zu gestalten. Das wird für manche Gebiete des Schwerpunktbereichs kaum gehen (z. B. Freiwillige Gerichtsbarkeit, Arbeitsrecht), so daß zumindest derartige Teilgebiete von einer Wahlstation erfaßt werden sollten. Das wird möglich sein, da grundsätzlich wegen des Ausnahmecharakters im Rahmen des § 22 JAO die Auslandsstation nur für drei Monate zugelassen werden dürfte.

Zur Wahlstation muß sich der Referendar überlegen, ob er diese auf die nach § 36 Abs. 2 gewählte Untergruppe bezieht (für den Schwerpunktbereich Wirtschaft erübrigt sich das) oder ob er wegen der sich auch auf die gewählte Untergruppe beziehenden Arbeitsgemeinschaft sich lieber in Gebieten der anderen Untergruppe ausbilden lassen will. Möglich ist aber auch, zwei Drei-Monatsstationen zu absolvieren, die sich auf beide Untergruppen beziehen können (§ 22 Abs. 3 JAO). Hierbei hat der Referendar allerdings das Gebot von nicht mehr als sieben Ausbildungsstellen zu beachten (§ 23 Abs. 2 JAO). Hier einen Rat zu geben, erscheint fast ausgeschlossen. Denn die Ausbildung in einer Wahlstation kann ohnehin nur Teilaspekte eines Schwerpunktbereichs vermitteln. Im übrigen kommt es auf die Gestaltung des gesamten Ausbildungsganges an. Letztlich sind auch die Fähigkeiten und Vorstellungen des Referendars zu beachten. Der eine kann sich schnell auf neue Situationen einstellen und möchte sich in seiner Ausbildung einen möglichst großen Überblick verschaffen. Der andere braucht jeweils eine Einarbeitungszeit und ist besser beraten, längere Stationen zur intensiveren Bearbeitung der Fälle zu nutzen. Jedenfalls sollte der Referendar sich nicht dem Trugschluß hingeben, in der Ausbildung alle Teilgebiete des gewählten Schwerpunktbereichs intensiv und ausreichend bearbeiten zu können. Entscheidend dürfte es sein, inwieweit sich der Referendar einen relativ fundierten Überblick verschafft, um bei den entsprechenden Fragen zum richtigen Ansatzpunkt zu gelangen und die Probleme mit der richtigen Methode zu bearbeiten. So gesehen kann auch eine Auslandsstation, die sehr nützlich sein kann, gerechtfertigt sein, auch wenn in den Zeitraum eine Schwerpunktbereichsarbeit nicht möglich ist.

III. Arbeitsgemeinschaften

Jeder Referendar ist während seines Vorbereitungsdienstes ständig einer Arbeitsgemeinschaft zugewiesen. Entscheidet er sich auch für die Teilnahme an einer Anwalts-Arbeitsgemeinschaft nach § 33 Abs. 2 JAO, nimmt er in dieser Zeit sogar an zwei Arbeitsgemeinschaften teil.

Die Arbeitsgemeinschaften finden ganz überwiegend an einem Tag, und zwar meistens vormittags im Umfang von zwei Doppelstunden = drei Zeitstunden statt. Mindestens für die ersten drei Pflichtarbeitsgemeinschaften zu je sechs Monaten bleibt die einmal zusammengestellte Gruppe zusammen, es sei denn, der PräsKG ist aus außergewöhnlichen Gründen genötigt, die Gruppen anderweitig zusammenzusetzen. Das kommt jedoch erfahrungsgemäß höchst selten vor. Die Gruppenstärke ist etwas unterschiedlich und hängt u. a. davon ab, wieviel Referendare eines bestimmten Einstellungstermins in Gruppen eingeteilt werden müssen oder ob zu dem bestimmten Zeitpunkt genügend Arbeitsgemeinschaftsleiter zur Verfügung stehen. Man kann von einer Idealgruppenstärke von etwa 15 bis 20 Teilnehmern ausgehen. Eine kleinere Gruppe ist (zumal ständig einige Referendare im Urlaub sind) haushaltsmäßig nicht gerechtfertigt und dürfte im übrigen auch für die Teilnehmer nicht ganz unproblematisch sein. Eine größere Gruppe ist deswegen schwierig, weil der einzelne Teilnehmer nur ungenügend angesprochen werden kann.

Die Arbeitsgemeinschaften finden nicht unbedingt im Gebäude der jeweiligen Ausbildungsstelle statt, sondern sie sind auf Räume im gesamten Stadtgebiet verteilt. Wegen der schwierigen Raumsituation (die Räume in den Gerichtsgebäuden werden naturgemäß hauptsächlich für den Gerichtsbetrieb benötigt) kann es sein, daß ein Referendar mit der Ausbildungsstelle Amtsgericht Wedding zur Arbeitsgemeinschaft in das Amtsgericht Lichterfelde fahren muß. Die Regel ist das allerdings sicher nicht.

a) Die Pflichtarbeitsgemeinschaft im Zivilrecht begleitet die Stationsausbildung bei einem ordentlichen Gericht in Zivilsachen nach § 21 Abs. 2 Nr. 1 JAO. Der Referendar hat sich überwiegend mit dem Zivilprozeß zu beschäftigen. Daneben soll er lernen, wie man ein Votum, Urteil und einen Beschluß aufbaut.

b) Die Pflichtarbeitsgemeinschaft für Strafrechtspflege begleitet die entsprechende Stationsausbildung. Auch hier steht der Strafprozeß im Vordergrund.

c) Die Pflichtarbeitsgemeinschaft für Verwaltung begleitet die Ausbildung bei einer Verwaltungsbehörde. Neben der Beschäftigung mit dem Verwaltungsprozeß hat der Referendar hier auch zu lernen und zu üben, wie man einen Verwaltungsakt (und einen Widerspruchsbescheid) fertigt.

d) Im vierten Halbjahr des Vorbereitungsdienstes folgt eine „der Vertiefung der Pflichtgebiete und der Vorbereitung auf die schriftliche Prüfung dienende“ Arbeitsgemeinschaft. Hierbei handelt es sich um eine Art „Trimm-AG“. Es besteht die Möglichkeit, alle drei Pflichtgebiete mit Wiederholung zu vertiefen. Das kann nicht mit einem Arbeitsgemeinschaftsleiter durchgeführt werden, sondern die Zeit von sechs Monaten muß aufgeteilt werden, wobei für das Zivilrecht etwas mehr Zeit zur Verfügung stehen sollte, weil dieses Pflichtgebiet am Anfang des Vorbereitungsdienstes steht und sich hier erfahrungsgemäß am ehesten Lücken einstellen. In diese Zeit fällt auch die Pflichtausbildung bei einem Rechtsanwalt. Der PräsKG soll dazu nach § 33 Abs. 2 JAO eine sog. Anwalts-Arbeitsgemeinschaft einrichten. Der Referendar kann sich dazu zwar freiwillig melden. Die Erfahrung hat jedoch leider gezeigt, daß ein zu großer Teil der gemeldeten Referendare zu oft auf eine Teilnahme „verzichtet“ hat und dadurch anderen Referendaren ein Ausbildungsplatz weggenommen worden ist. Der Landesgesetzgeber hat daher bei erfolgter Anmeldung die Teilnahmepflicht festgesetzt.

e) Nach der schriftlichen Prüfung in den Pflichtgebieten folgt während der Wahlstation die Arbeitsgemeinschaft im Schwerpunktbereich. Der Gesetzgeber spricht in § 33 Abs. 1 JAO davon, daß sich diese Arbeitsgemeinschaft insbesondere auf die gewählte Untergruppe des Schwerpunktbereichs bezieht. Da die Untergruppen jedoch sehr unterschiedliche Teilgebiete ansprechen, wird sich die entsprechende Arbeitsgemeinschaft im wesentlichen nur auf die gewählte Untergruppe beziehen. Denn z. B. ein Arbeitsgemeinschaftsleiter für Zivilrecht dürfte im allgemeinen kaum in der Lage sein, mit den Referendaren der Arbeitsgemeinschaft auf dem Gebiet des Strafrechts und des Strafprozeßrechts zu arbeiten. Eher ist es noch möglich, daß der Steuerrechtler die Parallelen zur anderen Untergruppe des Schwerpunktbereichs Staat und Verwaltung zieht. Aber schon im Schwerpunktbereich Arbeit und soziale Sicherung sind die Untergruppen so unterschiedlich, daß hier nicht der gesamte Bereich berücksichtigt werden kann. Das ist im übrigen auch gar nicht angezeigt, weil die zur Verfügung stehende Zeit knapp ist und ohnehin nur ausreichen kann, die wichtigsten Aspekte der gewählten Untergruppe kennenzulernen.

In diesem Zusammenhang muß wiederholt werden, daß der Referendar seine Wahlstationen mit dem Schwerpunktbereich und der gewählten Untergruppe abstimmen muß, also zu entscheiden hat, auf welche Untergruppe des Schwerpunktbereichs er seine Wahlstation bezieht.

IV. Beispiele für Ausbildungspläne

Der Referendar muß nach § 23 JAO einen Ausbildungsplan vorlegen, der vorbehaltlich der Verfügbarkeit der entsprechenden Ausbildungsplätze als verbindlich festgestellt wird. Der Entwurf bedarf keiner bestimmten Form. Er kann nach Maßgabe des § 23 Abs. 6 JAO geändert werden. Die folgenden Beispiele sollen nur zeigen, wie – bei einer Stationsdauer von jeweils drei, sechs oder neun Monaten – eine Aufteilung des Vorbereitungsdienstes bei Berücksichtigung des zu wählenden Schwerpunktbereichs aussehen könnte. Das erste Beispiel zeigt ein Muster eines möglichen Ausbildungsplanentwurfs:

Name des Referendars — Berlin, den ....
Personal-Aktenzeichen — Anschrift ....

An den
Präsidenten des Kammergerichts
Registratur E
Witzlebenstraße 4–5
1000 Berlin 19

Betr.: Entwurf eines Ausbildungsplans

Gewählter Schwerpunktbereich: ....
Untergruppe nach § 36 Abs. 2 JAO: ....

1. Gericht in Zivilsachen	6 Monate ab Monat/Jahr
2. Staatsanwaltschaft	6 Monate ab Monat/Jahr
3. Verwaltungsbehörde	6 Monate ab Monat/Jahr
4. Rechtsanwalt	6 Monate ab Monat/Jahr
5. Wahlstation	6 Monate ab Monat/Jahr

Unterschrift

Beispiele im einzelnen, bezogen auf den jeweiligen Schwerpunktbereich:

1. Schwerpunktbereich Justiz, Untergruppe 1 a
6 Monate Gericht in Zivilsachen
6 Monate Gericht in Strafsachen oder Staatsanwaltschaft
(oder 3 Monate Amtsgericht in Strafsachen und 3 Monate Staatsanwaltschaft)

6 Monate Verwaltungsbehörde
(oder je 3 Monate Verwaltungsbehörde und Verwaltungsgericht oder je 3 Monate Verwaltungsbehörde und Verwaltungshochschule in Speyer)
6 Monate Rechtsanwalt
3 Monate Amtsgericht in FGG-Sachen
3 Monate Familiengericht oder Kammergericht in Zivilsachen.

2. *Schwerpunktbereich Justiz, Untergruppe 1 b*
6 Monate Gericht in Zivilsachen
6 Monate Gericht in Strafsachen oder Staatsanwaltschaft
(oder je 3 Monate Gericht in Strafsachen und Staatsanwaltschaft)
6 Monate Verwaltungsbehörde
(oder je 3 Monate Verwaltungsbehörde und Verwaltungsgericht oder je 3 Monate Verwaltungsbehörde und Verwaltungshochschule in Speyer)
6 Monate Rechtsanwalt
3 Monate Auslandsstation
3 Monate Staatsanwaltschaft oder Gericht in Strafsachen
(je nach Ausrichtung der Pflichtstation in Strafsachen)

3. *Schwerpunktbereich Staat und Verwaltung, Untergruppe 2 a*
6 Monate Gericht in Zivilsachen
6 Monate Gericht in Strafsachen oder Staatsanwaltschaft
(oder je 3 Monate Gericht in Strafsachen und Staatsanwaltschaft)
6 Monate Verwaltungsbehörde
(oder 3 Monate Verwaltungsbehörde und 3 Monate Verwaltungsgericht/Verwaltungshochschule Speyer)
6 Monate Rechtsanwalt
3 Monate öffentlich-rechtliche Rundunkanstalt oder andere öffentlich-rechtliche Anstalt
3 Monate Oberverwaltungsgericht.

4. *Schwerpunktbereich Staat und Verwaltung, Untergruppe 2 b*
6 Monate Gericht in Zivilsachen
6 Monate Gericht in Strafsachen oder Staatsanwaltschaft
(oder je 3 Monate Gericht in Strafsachen und Staatsanwaltschaft)
6 Monate Verwaltungsbehörde
(oder je 3 Monate Finanzamt und Finanzgericht oder je 3 Monate Landratsamt X und Finanzgericht)
6 Monate Rechtsanwalt
6 Monate Steuerberatungsgesellschaft
(oder je 3 Monate Finanzamt und Rechtsanwalt — Fachanwalt für Steuerrecht)

5. *Schwerpunktbereich Wirtschaft*
6 Monate Landgericht in Zivilsachen — Kammer für Handelssachen
6 Monate Staatsanwaltschaft
6 Monate Verwaltungsbehörde — Bundeskartellamt oder Senator für Wirtschaft — Landeskartellbehörde —
(oder je 3 Monate Bundeskartellamt und Verwaltungsgericht)
6 Monate Rechtsanwalt
6 Monate Wirtschaftsunternehmen oder Bank oder Kammergericht, Senat für Handelssachen.

6. *Schwerpunktbereich Wirtschaft*
6 Monate Landgericht in Zivilsachen — Kammer für Handelssachen
6 Monate Staatsanwaltschaft
6 Monate Verwaltungsbehörde
(oder je 3 Monate Verwaltungsbehörde und Verwaltungshochschule Speyer)
6 Monate Rechtsanwalt
3 Monate Auslandsstation — Industrie und Handelskammer —
3 Monate Rechtsanwalt.

7. *Schwerpunktbereich Arbeit und soziale Sicherung, Untergruppe 4 a*
6 Monate Gericht in Zivilsachen
6 Monate Gericht in Strafsachen oder Staatsanwaltschaft
(oder je 3 Monate Gericht in Strafsachen und Staatsanwaltschaft)
6 Monate Verwaltungsbehörde
(oder 3 Monate Verwaltungsbehörde und 3 Monate Verwaltungsgericht/Verwaltungshochschule in Speyer)
6 Monate Rechtsanwalt
3 Monate Arbeitsgericht
3 Monate Gewerkschaft oder Arbeitgeberverband

8. *Schwerpunktbereich Arbeit und soziale Sicherung, Untergruppe 4 b*
6 Monate Gericht in Zivilsachen
6 Monate Gericht in Strafsachen oder Staatsanwaltschaft
(oder je 3 Monate Gericht in Strafsachen und Staatsanwaltschaft)
6 Monate Verwaltungsbehörde — Sozialversicherungsträger als Verwaltungsbehörde —
(oder je 3 Monate Sozialversicherungsträger und Sozialgericht oder Verwaltungshochschule in Speyer)
6 Monate Rechtsanwalt
3 Monate Sozialgericht
3 Monate Verwaltungsgericht — Sozialhilfekammer oder entsprechender Senat beim OVG —.

Bei dem Entwurf des Ausbildungsplans ist jeweils § 23 Abs. 2 Satz 2 JAO zu beachten, nach dem der Ausbildungsplan nicht mehr als sieben Ausbildungsstellen vorsehen soll.

25. Hinweise für den Aktenvortrag in der zweiten juristischen Staatsprüfung

Nach § 12 Abs. 1 Satz 2 JAG erstreckt sich der mündliche Teil der zweiten juristischen Staatsprüfung auch auf einen Aktenvortrag. Wegen der weiteren Einzelheiten ist auf § 38 Abs. 1 JAO zu verweisen. Die JAO regelt nicht, aus welchem Gebiet der Aktenfall zu entnehmen ist, läßt also offen, ob ein Fall aus einem Pflichtgebiet oder aus dem Schwerpunktbereich mit der einen oder anderen Untergruppe vorzutragen und zu beurteilen ist. Der Referendar muß also für jeden Fall vorbereitet sein. Das dürfte allerdings keine Schwierigkeiten bereiten, da es im Prinzip keinen Unterschied macht, ob der Vortrag dem einen oder anderen Gebiet entnommen wird. Es soll daher im folgenden der Aktenvortrag ganz allgemein erörtert und auf die drei Gebiete des Zivilrechts, Strafrechts und öffentlichen Rechts eingegangen werden. Der Vortrag aus einem Schwerpunktbereich ergibt sich daraus. So ist ein steuerrechtlicher Vortrag ein öffentlich-rechtlicher Aktenvortrag, ein handelsrechtlicher ein zivilrechtlicher Aktenvortrag.

I. Ziel

Mit dem Aktenvortrag soll der Referendar die Fähigkeit unter Beweis stellen, in angemessener Zeit einen Sachverhalt zu erfassen, ihn in freier Rede vorzutragen, sich zu den anstehenden Rechtsfragen zu äußern und einen Entscheidungsvorschlag zu machen.

II. Nach § 38 Abs. 1 JAO steht dem Referendar eine Vorbereitungszeit von etwa einer Stunde zur Verfügung. Demgemäß können nur leichte Aktenfälle geringen Umfangs ausgegeben werden. Für den Vortrag selbst stehen 10 Minuten zur Verfügung. Diese Zeit muß eingehalten werden, damit der nachfolgende Prüfling pünktlich mit seinem Vortrag beginnen kann und so für alle Prüflinge gleiche Prüfungsbedingungen hergestellt werden.

Der Aktenvortrag hat im Examen zwar rechnerisch nur begrenzten Einfluß auf die Endnote. Er sollte jedoch nicht unterschätzt werden, da er dem Prüfungsausschuß den ersten Eindruck von den Fähigkeiten des Kandidaten vermittelt.

III. Aufgabenart

a) Zivilrecht

Für den Vortrag wird überwiegend ein Aktenstück aus dem Bereich der gerichtlichen Tätigkeit ausgegeben. Es ist aber auch nicht ausgeschlossen, daß zivilrechtliche Fälle aus anwaltlicher Sicht oder aus ähnlicher juristischer Tätigkeit bearbeitet werden müssen. In der Regel wird eine Entscheidung zu treffen, so vor allem ein Urteilsvorschlag zu machen sein. Ferner kommen Beschlußvorschläge in Betracht, so z. B. Entscheidungen nach übereinstimmender Hauptsachenerledigungserklärung der Parteien, auf den Antrag auf Wiedereinsetzung in den vorigen Stand, auf Anträge auf Erlaß eines Arrestes oder einer einstweiligen Verfügung o. ä. Aus anwaltlicher Sicht sind Fälle denkbar, in denen es um die Frage der Berufung, Beschwerde o. ä. geht.

Das Ergebnis kann aber auch in einem Auflagen- oder Beweisbeschluß, einer Verfügung oder einer sonstigen, dem Fortgang der Sache dienlichen Maßnahme bestehen.

b) Für den *strafrechtlichen* Aktenvortrag eignen sich die verschiedensten Fragestellungen. Ganz überwiegend wird die Aufgabe darin bestehen, nach Auswertung des Aktenstückes vorzuschlagen, welche abschließende Verfügung die Staatsanwaltschaft treffen soll.

Einige Aufgaben bestehen auch darin, eine gerichtliche Entscheidung über die Eröffnung des Hauptverfahrens nach entsprechenden Ergänzungen und Umstellungen des Vorwurfs im Eröffnungsbeschluß (§ 203 StPO) vorzuschlagen.

Weitere Aufgabenarbeiten aus dem gerichtlichen Bereich betreffen die Erarbeitung einer Entscheidung durch Beschluß (z. B. die Ablehnung der Wiedereinsetzung in den vorigen Stand) oder eine Entscheidung des Beschwerdegerichts (z. B. sofortige Beschwerde gegen die Ablehnung der Wiedereinsetzung).

In anderen Aufgaben ist vorzuschlagen, welche Entscheidung ein Richter in einer laufenden Hauptverhandlung bei der sich aus dem Aktenstück ergebenden Prozeßsituation treffen sollte.

Nicht wesentlich von der Behandlung derjenigen Aktenvorträge, in denen die abschließende Verfügung der Staatsanwaltschaft vorzuschlagen ist, unterscheiden sich die Vorgänge, in denen eine Haftentscheidung vorzubereiten ist.

c) Für den *öffentlich-rechtlichen* Aktenvortrag eignen sich die verschiedensten Fragestellungen. Überwiegend wird die Aufgabe darin bestehen, eine gerichtliche Entscheidung vorzuschlagen. In Betracht kommen aber auch Entscheidungen einer Behörde insbesondere im Rahmen eines Vorverfahrens oder ein Gutachten aus anwaltlicher Sicht.

Bei den gerichtlichen Entscheidungen ist entweder ein Urteil in einem Klageverfahren oder eine Entscheidung über einen Antrag auf vorläufigen Rechtsschutz vorzuschlagen. In einigen Fällen kommen aber auch gerichtliche Entscheidungen über Beschwerden, isolierte Kostenentscheidungen (z. B. § 161 Abs. 2 VwGO oder § 162 Abs. 2 Satz 2 VwGO), ein Beiladungsbeschluß (§ 65 VwGO) oder ähnliche Einzelentscheidungen in Betracht. Das Ergebnis des Vortrags kann schließlich auch ein Auflagen- und/oder Beweisbeschluß sein.

Bei Behördenentscheidungen kommen insbesondere Widerspruchsbescheide, aber auch die Frage, ob die Erstbehörde überhaupt einschreiten darf/muß/soll, oder Entscheidungen nach § 80 Abs. 2 Nr. 4 und Abs. 4 VwGO in Betracht.

Aus anwaltlicher Sicht wäre gegebenenfalls die Stellung eines Antrags bei einer Behörde, die Einlegung eines Widerspruchs, die Erhebung einer Klage oder die Einlegung von Rechtsmitteln (Berufung, Beschwerde) zu prüfen.

IV. Aufbau

Der Aktenvortrag sollte wie folgt aufgebaut werden:

1. Einleitender Satz
2. Sachverhaltsschilderung
3. Kurzvorschlag
4. Rechtliche Erwägungen
5. Entscheidungsvorschlag.

Zu 1.

Der einleitende Satz soll eine kurze Vorabinformation darüber geben, um welche Art von Verfahren es sich handelt und in welchem Verfahrensstadium von wem eine Entscheidung zu treffen ist.

Beispiele:

a)

aa) Es handelt sich um den Rechtsstreit des ... gegen ..., der dem Landgericht, Kammer für Handelssachen, vorliegt (oder im Jahre ... vorlag).

bb) Es handelt sich um den Antrag des ..., der dem Amtsgericht ... zur Entscheidung vorliegt (oder im Jahre ... vorlag).

cc) Es handelt sich um den Antrag des Beklagten in dem Rechtsstreit ... auf Wiedereinsetzung in den vorigen Stand wegen Versäumung der Einspruchsfrist.

b)
aa) Wenn die Aufgabe in der Frage besteht, welche abschließende Verfügung die Staatsanwaltschaft treffen sollte, kann die Einleitung etwa wie folgt erfolgen: Es handelt sich um das Ermittlungsverfahren der Staatsanwaltschaft ... gegen den ... wegen Untreue. Der Anzeigende wirft dem Beschuldigten folgendes vor ...
bb) Besteht die Aufgabe darin, die gerichtliche Entscheidung über ein Gesuch um Wiedereinsetzung zur Einbringung des Einspruchs gegen einen Strafbefehl oder Bußgeldbescheid vorzuschlagen, so könnte der Vortrag mit den Worten eingeleitet werden: Ich berichte in der Bußgeld/Strafsache gegen ... wegen ... Es geht um die Entscheidung, ob dem Betroffenen/Beschuldigten zur Anbringung des Einspruchs gegen den ihm zugestellten Bußgeldbescheid/Strafbefehl Wiedereinsetzung gewährt werden kann.

c)
aa) Ich trage vor in der Verwaltungsstreitsache des Heinz Meier aus Berlin gegen das Land Berlin, vertreten durch den Polizeipräsidenten in Berlin, die im Jahre ... bei dem Verwaltungsgericht Berlin anhängig war. Der Kläger begehrt die Wiedererteilung der Fahrerlaubnis.
bb) Ich berichte über den Antrag auf Erlaß einer einstweiligen Anordnung des Emil Schulze aus Münster gegen die Freie Universität Berlin, vertreten durch den Universitätspräsidenten, auf Zulassung zum Studium der Humanmedizin. Das Verfahren war im Jahre ... beim Verwaltungsgericht Berlin anhängig.
cc) Ich berichte über die Beschwerde des Landes Berlin, vertreten durch das Bezirksamt Zehlendorf von Berlin, gegen den Beschluß des Verwaltungsgerichts Berlin vom ..., die im Jahre ... beim Oberverwaltungsgericht Berlin anhängig war. Klägerin des Ausgangsverfahrens ist die Erbengemeinschaft nach dem verstorbenen Hans Müller senior, vertreten durch den Testamentsvollstrecker Hans Müller junior, Beklagter der Beschwerdeführer. Durch den angefochtenen Beschluß hat das Verwaltungsgericht die Beiladung der ABC BaubetreuungsGmbH und Co KG abgelehnt.

Der einleitende Satz darf nicht überladen werden, er soll nur eine kurze Vorabinformation vermitteln. Die Mitteilung des Aktenzeichens ist fast durchgehend unnötig, da es für die Entscheidung regelmäßig ohne Bedeutung ist. Auch die Angabe der genauen Personalien ist fast immer unnötig, es sei denn, aus dem Rubrum ergeben sich besondere Probleme (z. B. Beteiligtenfähigkeit, Vertretungsbefugnis). Im strafrechtlichen Aktenvortrag wird die Bezeichnung als „der Beschuldigte" oder „der Anzeigende" genügen. Empfehlenswert ist hingegen die kurze Kennzeichnung des Beschuldigten dahin, ob es sich um Jugendliche oder Heranwachsende handelt.

Zu 2.

Die Sachverhaltsschilderung, die bei gerichtlichen Entscheidungen im Prinzip wie ein Urteilstatbestand aufzubauen ist, darf nur das Geschehen umfassen, das für das Verständnis der Entscheidung unabdinglich ist. Jedes überflüssige Wort, jede überflüssige Angabe von Zahlen oder Daten ist schädlich und beeinträchtigt den Wert des Vortrages, weil der Zuhörer sich solche Einzelheiten nur begrenzt merken kann und er nicht ohne Not veranlaßt werden woll, sich Daten oder ähnliche Einzelheiten einzuprägen. Rechtsansichten der Beteiligten sind nur mitzuteilen, soweit es zum Verständnis des Falles geboten ist. Im Verwaltungsstreitverfahren wird das allerdings häufiger und in größerem Umfang der Fall sein als in Zivilprozessen. Auch die Prozeßgeschichte ist nur insoweit darzustellen, als sie für die vorgeschlagene Entscheidung von Bedeutung ist (z. B. bei Wiedereinsetzungsanträgen, Kostenentscheidungen, Beschwerden, Einspruch gegen Versäumnisurteil). Es sollte aber im Verwaltungsprozeß nicht übersehen werden, daß bei Anfechtungs- und Verpflichtungsklagen wegen der Klagefrist regelmäßig die Angabe des Datums der Klageerhebung erforderlich ist. Ein Vorverfahren, das im übrigen nicht zur Prozeßgeschichte, sondern zum „Unstreitigen" gehört, ist immer im entscheidungserheblichen Umfang anzuführen.

Auf jeden Fall sind alle diejenigen Tatsachen mitzuteilen, auf die später in der rechtlichen Würdigung eingegangen wird.

Der Referendar sollte sich stets vor Augen halten, daß ein zu breit geschilderter Sachverhalt bei den Zuhörern zu Aufnahmeschwierigkeiten führt. Zudem besteht die Gefahr, daß nicht mehr genügend Zeit für die erforderliche rechtliche Begutachtung und den konkreten Entscheidungsvorschlag zur Verfügung steht.

Der Referendar sollte darauf achten, daß er den Sachverhalt (wie überhaupt den gesamten Vortrag) frei vorträgt. Er kann allerdings bei der Wiedergabe von Anträgen, Daten, Urkunden oder überhaupt, wenn es auf den genauen Wortlaut ankommt, aus dem Aktenstück zitieren.

Zu 3.

Der Sachverhaltsschilderung folgt der Entscheidungsvorschlag in Form des sog. Kurzvorschlages. Der Zuhörer soll jetzt schon erfahren, zu welchem Ergebnis der Referendar kommt, in welche Richtungen seine Überlegungen gehen. Dadurch kann der Zuhörer der Argumentation besser folgen.

Beispiele:

Ich schlage vor, den Antrag zurückzuweisen,
oder
Ich schlage vor, der Klage hinsichtlich des Beklagten zu 1) stattzugeben und sie im übrigen abzuweisen,
oder
Ich schlage vor, dem Kläger die Kosten des Rechtsstreits aufzuerlegen,
oder
Ich schlage vor, gegen den Beschuldigten ... Anklage wegen Untreue zum Schöffengericht zu erheben und das Verfahren, soweit es den Beschuldigten ... betrifft, gemäß § 170 Abs. 2 StPO einzustellen.

Zu 4.

Es sind die Rechtsfragen hervorzuheben, bei denen die juristische Bearbeitung einsetzen muß. Es genügt auch hier eine Skizzierung der rechtlichen Gedankengänge, die nach der Ansicht des Vortragenden die vorgeschlagene Entscheidung stützen. Auf andere Lösungsmöglichkeiten braucht im allgemeinen nicht eingegangen zu werden. Prozessuale Fragen sind nur dann zu erörtern, wenn insoweit Zweifel bestehen. Die rechtlichen Überlegungen sollten bei eindeutigen Ergebnissen im Urteilsstil erfolgen. Innerhalb der Erörterungen kann dann bei problematischen Fragen in den Gutachtenstil übergewechselt werden. Selbstverständlichkeiten dürfen nicht breitgetreten werden. Hinweise auf Fundstellen erübrigen sich. Der Kandidat muß sich allerdings bei entsprechender Problematik mit der obergerichtlichen Rechtsprechung und — soweit im Rahmen eines Vortrages überhaupt möglich — mit der Literatur auseinandersetzen.

Am Ende der rechtlichen Ausführungen sind auch die vorgeschlagenen Nebenentscheidungen kurz zu begründen. Regelmäßig genügt die Angabe der einschlägigen Vorschriften etwa:

Die Kostenentscheidung beruht auf § 91 Abs. 1 ZPO, die Entscheidung über die vorläufige Vollstreckbarkeit auf §§ 708 Nr. 11, 711 ZPO,
oder
Die Kostenentscheidung beruht auf § 154 Abs. 1 VwGO, die Entscheidung über die vorläufige Vollstreckbarkeit auf § 167 VwGO in Verbindung mit §§ 708 Nr. 11, 711 ZPO.

Zu 5.

Der Vortrag schließt mit der konkret vorgeschlagenen Entscheidung ab. Ein kurzer Entscheidungsvorschlag (z. B. ein Urteilstenor) ist im Wortlaut vorzutragen. Bei umfangreicheren vorgeschlagenen Maßnahmen ist der wesentliche Inhalt der zu treffenden Entscheidung oder sonstigen Maßnahme wiederzugeben.

Bei der Anklage kommt die Ausformulierung des Anklagesatzes — ebenso wie bei einem Haftbefehl — wegen der Länge nicht in Betracht. In derartigen Fällen ist vorzuschlagen, wegen welcher Taten Anklage erhoben werden soll (bzw. Haftbefehl zu erlassen ist) und bei welchem Gericht das zu geschehen hat.

Beispiele:

a)

aa) Ich schlage demgemäß den Erlaß folgenden Endurteils vor:

1. Die Klage wird abgewiesen.
2. Der Kläger hat die Kosten des Rechtsstreits zu tragen.
3. Das Urteil ist vorläufig vollstreckbar. Der Kläger darf die Vollstreckung durch Sicherheitsleistung in Höhe von 450,— DM abwenden, wenn nicht der Beklagte vor der Vollstreckung Sicherheit in gleicher Höhe leistet.

bb) Ich schlage den Erlaß eines Beweisbeschlusses vor:

Über die Behauptung des Klägers ... soll auf Antrag des Klägers Beweis erhoben werden durch Vernehmung des als Zeugen benannten ...

b)

Die sofortige Beschwerde des Angeklagten gegen den Beschluß des Amtsgerichts Tiergarten in Berlin vom ... wird als unzulässig verworfen. Der Angeklagte hat die Kosten seines Rechtsmittels zu tragen.

c)

Ich schlage daher den Erlaß folgenden Urteils vor:

Der Bescheid des Bezirksamt Wedding von Berlin vom 14. September 1984 und der Widerspruchsbescheid des Senators für Bau- und Wohnungswesen vom 15. November 1984 werden aufgehoben.

Der Beklagte trägt die Kosten des Verfahrens.

Das Urteil ist hinsichtlich der Kosten vorläufig vollstreckbar. Der Beklagte kann die Vollstreckung durch Sicherheitsleistung in Höhe von 530,— DM abwenden, wenn nicht der Kläger vor der Vollstreckung Sicherheit in gleicher Höhe leistet.

Sachregister

Abänderung von Beurteilungen 113 f.
– von Prüfungszeugnissen 43, 45, 85, 128
Abbruch des Prüfungsverfahrens s. Rücktritt
Aktenvortrag 34, 36, 127 ff., 224 ff.
Amtsanwalt, Referendar als 156
Amtsdauer der Prüfer 42
Amtsgericht, Referendarausbildung 95, 212
Anerkennung von Prüfungen 147, 150 ff.
Anfängerübung 3, 6, 55
Anonymitätsprinzip 68 f., 121
Anrechnung von Leistungsnachweisen 4
– einer Ausbildung für den gehobenen Dienst 4, 9 f., 23, 59 f., 108
Anwärterbezüge 185, 186 ff.
Arbeitsgemeinschaft Referendare 116 ff., 217 ff.
– Studienanfänger 3
Arbeitsgemeinschaftsleiter 117, 112
Arbeitsgericht Referendarausbildung 97
Assessor, Bezeichnung Einf., 38
Auflagen für Wiederholung der Prüfung 88 ff., 132 ff.
Aufnahme in den Vorbereitungsdienst 17 ff., 94 f.
Aufsicht bei Klausuren 72 f.
Aufsichtsarbeiten 1. jur. Staatsprüfung 12 f., 69 ff., 146
– 2. jur. Staatsprüfung 34 f., 120 ff., 146
Ausbilder 22, 112
Ausbildung des Referendars in der Praxis 95, 212 ff.
Ausbildungsabschnitte 95
– beratung 102, 207 ff.
– grundsätze 20
– leiter 22
– nachweis 112 f.
– note 119
– pläne 101 ff., 207 ff., 220
– platz 24
– station 24
– stelle 24, 105
Ausbildungs- und Prüfungsordnung 47 f., 51 ff.
Ausländische Stelle, Vorbereitungsdienst 98, 100 f.
Ausschluß von mündl. Prüfung 78 f., 126 f.

Baulärm 74
Beamtenrechtlicher Status des Referendars 18
Beamtenverhältnis, Einstellungsvoraussetzungen 18, 19, 162
– Begründung 161
– Beendigung durch Prüfung 38 f.
– Diensteid 163
Beamter als Arbeitsgemeinschaftsleiter 117 f.
Bedenken gegen die Persönlichkeit des Bewerbers 18, 162
Beendigung des Beamtenverhältnisses 29, 38, 167 ff.
Befähigung zum Richteramt Einf., 140 f.
Begründung des Prüfungsergebnisses 85, 128
Begutachtung, schriftliche Arbeiten 69
Berichtigung des Prüfungsergebnisses 85
Berufung von Prüfern 40
Bestandteile der 1. jur. Staatsprüfung 12 ff., 86 f.
– 2. jur. Staatsprüfung 34 ff., 130 f.
Bestellung als Verteidiger 158 f.
Besoldung der Referendare 183 ff.
Beurkundung, Prüfungshergang 45 f., 91
Bewertung schriftliche Arbeiten 74 f., 78, 121
– Prüfungsleistungen 14 ff., 34 ff.

Dauer des Vorbereitungsdienstes 23 ff., 95, 143 f.
Deutsches Richtergesetz 140 ff.
Dienst, Fernbleiben vom 165, 184
Dienstaufsicht über Referendare 22
Dienstvorgesetzter des Referendars 22

Einführungslehrgang 105, 212
Einsicht in Prüfungsarbeiten 46
Einstellungstermine 18, 94 f.
Einstufige Ausbildung 4, 10, 140, 160
Einzelleistungen des Referendars 112
Entlassung 168
Entscheidung über Prüfungsleistungen 42 ff.
Erholungsurlaub 109, 170 ff.
Erkrankung im Prüfungsverfahren 73, 76, 91 ff., 125 f.
Ernennung zum Referendar 17
Errechnung des Punktwerts für Prüfungsnote 85 ff., 127, 130 f.
Erste juristische Staatsprüfung 3 ff., 51 ff., 140

Fernbleiben vom Dienst 165, 184
Finanzgericht Referendarausbildung 97
Fortgeschrittenenübung 3, 6, 8 f., 55
Frist für studienbegleitende Leistungskontrollen 3 f., 8, 56 ff., 142 f.

Gastreferendar 107
Gebührenanspruch, Rechtsanwalt für Tätigkeit des Referendars 157 f.
Genehmigung Prüfungsrücktritt 12 f., 133, 135
Geräuschbelästigung 74
Gericht, Referendarausbildung 95, 97, 212 ff.
Gesetzestexte als Hilfsmittel 70 f., 126, 194 ff.
Gestaltung der Referendarausbildung 207 ff.

Häusliche Arbeit 12, 75 ff., 204 ff.
Hilfsmittel 1. jur. Staatsprüfung 70 f., 194 ff.
— 2. jur. Staatsprüfung 126, 197 ff.
Hochschule für Verwaltungswissenschaften 23
Hochschullehrer Einf. 7, 40 f., 43
— Wahlstation im Vorbereitungsdienst 115
Höherer Verwaltungsdienst, Befähigung Einf., 37

Innensenator, Teilnahme an mündlicher Prüfung 83
— Ausbildung bei Verwaltungsbehörde 105
— Prüferbestellung 40
— Praktikum 51 f.
— Richtlinien für Praktikum 52
— Verwaltungsvorschriften Referendarausbildung 120

Juristenausbildungsgesetz 3 ff.
Juristenausbildungsordnung 51 ff.
Justizprüfungsamt 39 ff.
Justizsenator, Teilnahme an mündlicher Prüfung 83
— Prüferbestellung 40
— Praktikum 51 f.
— Richtlinien für Praktikum 52
— Verwaltungsvorschriften Referendarausbildung 120

Kapazität, Aufnahme in Vorbereitungsdienst 19
Kammergericht, Präsident als Referendarausbildungsleiter 22
— Ausbildungsstation 96
Kennummer 68 f., 121
Klausuren 1. jur. Staatsprüfung 12 f., 69 ff., 78 f.
— 2. jur. Staatsprüfung 34 ff., 120 ff., 127
Kollegialentscheidung 42 ff.
Krankheitsfall in der Prüfung 91 ff.
Kürzung der Anwärterbezüge 185, 186 ff.

Ladung zu den Aufsichtsarbeiten 69 f., 120 ff.
Landesjustizprüfungsamt 51 f., 89 ff.

Landgericht, Referendarausbildung 95, 212
Lebenslauf 19, 60, 201
Leistungskontrollen
s. studienbegl. Leistungskontrollen

Meldefrist 1. jur. Staatsprüfung 5, 60 ff.
Meldung zur 1. jur. Staatsprüfung 5, 60 f., 200 ff.
Merkblatt für die Meldung 202 f.
Mindeststudienzeit 5 f.
Mißerfolg in der 1. jur. Staatsprüfung 88 ff.
– in der 2. jur. Staatsprüfung 132 ff.
Mitglieder des Justizprüfungsamts 40 f.
Mitteilung der Noten 74 f., 122, 126
– des Prüfungsergebnisses 85, 128, 130
Mündliche Prüfung 1. jur. Staatsprüfung 83 f.
– 2. jur. Staatsprüfung 34, 36, 127 ff.
Mutterschutz 177 ff.
Mutterschaftsurlaub 178

Nebentätigkeit 164, 181 ff.
Nichtablieferung von Prüfungsarbeiten 72 f., 76, 91 ff., 121, 125
Niederschrift über den Klausurentermin 72, 121
– über den Prüfungshergang 45 f., 91, 136
Noten 14 f., 34, 154 f.

Ordnungswidriges Verhalten im Prüfungsverfahren 72 f., 93 f., 121

Personalakten 166
Personalvertretung der Referendare 131 f.
Pflichtfächer 1. jur. Staatsprüfung 62 f., 64 ff.
Praktikantenverhältnis 18
Politische Betätigung 163
Präsident des Kammergerichts als Ausbildungsleiter 22
Professor als Mitglied des Justizprüfungsamtes 40
Protokoll 45 f., 91
Prüfer 40
Prüflinge, Einsicht in die Prüfungsakten 46
Prüfungsausschuß 42 ff., 79 f.
Prüfungsentscheidung 42 ff.
Pflichtstationen 23, 95 ff.
Prüfungsfächer 1. jur. Staatsprüfung 12 ff., 62 ff., 69 ff., 83 f.
– 2. jur. Staatsprüfung 34 ff., 120 ff., 127 ff.
Prüfungsgespräch 12, 34, 83 ff., 127 f.
Prüfungshergang, Beurkundung 45 f., 91, 136
Prüfungsleistungen, Bewertung 14 f., 74 f., 76 f., 85 ff., 122, 128 ff., 154 f.
Prüfungsnoten 14 f., 34, 154 f.
Prüfungsvoraussetzungen 3 ff., 31
Punktwerte 155
Punktzahlen 154

Rechenfehler 45
Rechtsanwalt als Mitglied des Justizprüfungsamtes 40
– als Referendarausbilder 106, 216
Rechtspflegertätigkeit des Referendars 159 f.
Referendar 17
Regelstudienzeit 10 f.
Reihenfolge der Ausbildungsabschnitte 95
Richter als Arbeitsgemeinschaftsleiter 117
Richteramt, Befähigung Einf. 140, 147
Richter auf Probe 149
Richter kraft Auftrags 149
Richterverhältnis 148
Richtlinien 120
Rücktritt von 1. jur. Staatsprüfung 91, 93
– 2. jur. Staatsprüfung 132, 135

Säumnis 72, 83, 121, 128
Schlußberatung, Prüfungsausschuß 80 f.

Schriftliche Prüfung 1. jur. Staatsprüfung 12 ff., 67 f., 75 ff.
— 2. jur. Staatsprüfung 34 ff., 120 ff.
Schwerbehinderte, Erleichterung für 68, 121
Schwerpunktbereich 23, 97 ff., 207 ff.
Sechswochenarbeit 75 ff., 204 ff.
Selbständige Aufgaben im Vorbereitungsdienst 20 ff.
Seminar 3, 9
Sonderurlaub 172 ff., 175 ff.
Sozialgericht, Referendarausbildung 97
Speyer
s. Hochschule für Verwaltungswissenschaften
Staatsanwalt als Arbeitsgemeinschaftsleiter 117
— Mitglied des Justizprüfungsamtes 40
— Referendar als Staatsanwalt 156
Staatsanwaltschaft, Referendarausbildung 96, 213
Stichentscheid des Präsidenten des Justizprüfungsamtes 42, 44
Stimmenmehrheit im Prüfungsausschuß 42 ff.
Strafgericht, Referendarausbildung 97 ff., 213 ff.
Studienbegleitende Leistungskontrollen 3, 6 ff., 51 ff., 56 ff., 142 f.
Studiendauer 5, 10 f., 141 f.
Studienziel 11 f.

Täuschungsversuch 72 f., 93 f.

Übungsscheine 3 f., 8 f., 51
Universitätsprofessoren 40, 147
Unterhaltsbeihilfe 18
Urlaub 109, 170 ff.

Verkündung der Prüfungsentscheidung 85, 128
Verlängerung des Vorbereitungsdienstes 23, 110 ff.
Verlust des Unterhaltszuschusses 184
Versäumung, Prüfungstermin 72, 83, 121, 128
Versicherungsfreiheit 188 ff., 191 ff.
Verständnisprüfung 11
Verteidigung durch Referendar 158 f.
Vertreter des Rechtsanwalts, Referendar als 157 f.
Verwaltungsbeamter als Arbeitsgemeinschaftsleiter 117
Verwaltungsbehörde 105 ff., 214
Verwaltungsgericht, Referendarausbildung 97
Verwaltungsvorschriften über Referendarausbildung 120
Vorbereitung der Entscheidung des Prüfungsausschusses 79 ff.
Vorbereitungsdienst 17 ff.
Vorbereitungsdienst, Aufnahme 17 ff.
— Einstellungstermine 18, 94
— Einstellungsvoraussetzungen 18, 19
— Einteilung 23
— Entlassung 168
— Beendigung des 29 ff.
— Zurückstellung 19
— Ziel und Inhalt 20
Vorgesetzter des Referendars 22
Vorschläge für Aufgaben 60, 121
Vorsitzender des Prüfungsausschusses 42
Vorstellung zur 2. jur. Staatsprüfung 31
Vortrag 34, 36, 127 f., 224 ff.

Wahlfachgruppen 1. jur. Staatsprüfung 63 f., 66 f.
Wahlstationen 23, 97 ff.
Wahlübung 3 ff.
Wechsel des Prüfungsamtes 89 ff., 136
Weihnachtszuwendung 184
Weisungen für die Anfertigung der häuslichen Arbeit 204 ff.
Wiederholung der 1. jur. Staatsprüfung 17, 88 ff.
— 2. jur. Staatsprüfung 13 ff., 132 ff.
Wünsche für die häusliche Arbeit 76 ff.

Zeugnisse jur. Staatsprüfungen 85, 128
— Ausbildung 113 ff.
Zeugnisinhalt 113 ff.
Ziel der Ausbildung 20
Zivilsachen, Referendarausbildung 23 ff., 212 ff.
Zuhörer bei mündlicher Prüfung 83 f.
Zulassungsvoraussetzungen zur 1. jur. Staatsprüfung 3 ff.
— zur 2. jur. Staatsprüfung 31
Zulassungsgesuch 1. jur. Staatsprüfung 60 ff., 200 ff.
Zurückverweisung in den Vorbereitungsdienst 132
Zuweisung des Referendars 105 ff.
Zweck 1. jur. Staatsprüfung 11 f.
— 2. jur. Staatsprüfung 32 f.
Zweite juristische Staatsprüfung 31 ff, 120 ff.

FSC
www.fsc.org
MIX
Papier | Fördert
gute Waldnutzung
FSC® C083411

Kolibri 360 GmbH
Ferdinand-Jühlke-Straße 7
99095 Erfurt, Deutschland
produktsicherheit@kolibri360.de